La Torah
(El Pentateuco)

Editado por el Departamento de Educación Teológica de la

Editorial Universitaria Libertad

Copyright © 2015 by Editorial Universitaria Libertad

Madrid, España.

Pág. Web: http://alv36588.wix.com/editorial-libertad

Contenido

Indice General 3

El Pentateuco establece el plan de Dios 6

UNIDAD 1: Génesis 8

UNIDAD 2: Éxodo 55

UNIDAD 3: Levítico 98

UNIDAD 4: Números 128

UNIDAD 5: Deuteronomio 151

Apéndice A 174

Apéndice B 176

Glosario I 179

Moisés en el judaísmo rabínico 209

Glosario II 227

Bibliografía selecta 233

Indice General

Introducción al curso: El Pentateuco establece el plan de Dios

UNIDAD 1

Capítulo 1 **La creación (Génesis 1–2)**
Lección 1.1 El libro de Génesis
Lección 1.2 La creación del mundo (Génesis 1–2:3)
Lección 1.3 La creación de los humanos (Génesis 1:26–28; 2)

Capítulo 2 **La caída y el diluvio (Génesis 3–11)**
Lección 2.1 La caída (Génesis 3–5)
Lección 2.2 El diluvio (Génesis 6–9)
Lección 2.3 Después del diluvio (Génesis 10–11)

Capítulo 3 **Abraham: La promesa de Dios (Génesis 12–25)**
Lección 3.1 El llamado y la promesa (Génesis 12–15)
Lección 3.2 El pacto y la promesa aclarada (Génesis 16–19)
Lección 3.3 El ya pero todavía no en relación con el cumplimiento de la promesa (Génesis 20–25:11)

Capítulo 4 **Jacob y José: La continuación de la promesa (Génesis 25–50)**
Lección 4.1 Los relatos de Isaac y Jacob (Génesis 25:19–36:43)
Lección 4.2 El relato de José (Génesis 37–50)

UNIDAD 2

Capítulo 5 **El éxodo y el viaje a Sinaí (Éxodo 1–18)**
Lección 5.1 La preparación para el éxodo (Éxodo 1–10)
Lección 5.2 La Pascua y el éxodo (Éxodo 11–15:21)
Lección 5.3 El viaje a Sinaí (Éxodo 15:22–18:27)

Capítulo 6 **El pacto en Sinaí (Éxodo 19–24)**
Lección 6.1 El pacto (Éxodo 19; 24)
Lección 6.2 Los Diez Mandamientos (Éxodo 20)
Lección 6.3 La primera colección bíblica de las leyes (Éxodo 21–23)

Capítulo 7 **El tabernáculo y la apostasía del becerro de oro (Éxodo 25–40)**
Lección 7.1 La pérdida o valorización de la presencia de Dios (Éxodo 32–34)

Lección 7.2   Dios establece el lugar de su presencia (Éxodo 25–31; 35–40)

UNIDAD 3

Capítulo 8   **Acercándose al Dios Santo (Levítico 1–16)**
- Lección 8.1   Acercándose a Dios con ofrendas (Levítico 1–7)
- Lección 8.2   La ordenación de los sacerdotes y el pecado de Nadab y Abiú (Levítico 8–10)
- Lección 8.3   Puro e impuro (Levítico 11–15) y el Día de la Expiación (Levítico 16)

Capítulo 9   **Viviendo la vida santa (Levítico 17–27)**
- Lección 9.1   La santificación de la vida y la relación marital (Levítico 17; 18; 20)
- Lección 9.2   La santificación de las actitudes y las prácticas (Levítico 19)
- Lección 9.3   La santificación de los medios y los símbolos de la relación con Dios (Levítico 21–27)

UNIDAD 4

Capítulo 10   **Preparativos para el viaje (Números 1–20:13)**
- Lección 10.1   La vida en la presencia de Dios (Números 1–4)
- Lección 10.2   La santidad, la dedicación y la comunicación (Números 5–10:10)
- Lección 10.3   Dios contesta los desafíos (Números 11)
- Lección 10.4   Los celos, el temor y la ira (Números 12–20:13)

Capítulo 11   **Preparativos para la ocupación (Números 20:14–36:13)**
- Lección 11.1   Se enfrenta la oposición a la manera de Dios (Números 20:14–25:18; 31)
- Lección 11.2   Preparativos para heredar (Números 26–36)

UNIDAD 5

Capítulo 12   **Las perspectivas del pacto y los mandamientos 1–4 (Deuteronomio 1–16:17)**
- Lección 12.1   La historia y los principios de las relaciones de pacto (Deuteronomio 1–11)
- Lección 12.2   Aplicando los mandamientos 1–4 (12–16:17)

Capítulo 13   **Los mandamientos 5–10 (Deuteronomio 16:18–34:12) y la conclusión**
- Lección 13.1   Aplicando los mandamientos 5–6 (Deuteronomio 16:18–21:23)
- Lección 13.2   Aplicando los mandamientos 7–10 (Deuteronomio 22–26)
- Lección 13.3   La responsabilidad (Deuteronomio 27–30) y el futuro

(Deuteronomio 31-34)
Apéndice A: Las ofrendas del Antiguo Testamento
Apéndice B: Calendario sagrado: Fiestas y días santos
Glosario I
*Moises en el Judaismo Rabínico
Glosario II
Bibliografía selecta
Lista de lectura sugerida

El Pentateuco establece el plan de Dios

La clave para entender el Antiguo Testamento (AT) es el Pentateuco. El resto de la historia de Israel y la predicación de los profetas, así como las meditaciones en la literatura poética, están todos basados en el pacto de Sinaí entre Dios e Israel, descrito en Éxodo, Levítico, Números y Deuteronomio. Génesis es el fundamento de toda la revelación de Dios en la Escritura. Nuestra relación con el pacto en Sinaí y con las leyes de Moisés, es uno de los temas bíblicos más importantes y desafiantes. Este estudio intentará aclarar cómo los líderes de iglesias pueden enseñar más eficientemente a sus congregaciones la relevancia de estos cinco libros bíblicos.

El enfoque de este estudio es aquel de la disciplina, o campo erudito de estudio, llamado *teología bíblica*. Esto simplemente significa identificar el mensaje de cada escritor de la Biblia y luego los temas generales y mensaje de todas las Escrituras, en sus propios términos y contexto, antes de buscar respuestas a nuestras preguntas. De esta manera, la teología bíblica no tiene la intención de ser lo opuesto a lo no bíblico o teología liberal. Más bien, tiene la intención de ser diferente a la teología sistemática, aunque no está en conflicto con ella. La teología bíblica se pregunta qué estaba predicando y enseñando Moisés por medio de lo cual Dios le guió a escribir en el Pentateuco. Luego, nosotros aplicamos estas verdades eternas a nuestras situaciones hoy en día.

Este curso dará una visión de las secciones generales de cada libro del Pentateuco, revelando hechos básicos, temas y verdades. La atención se centrará en los conceptos teológicos y solamente en el conocimiento más básico de los hechos y estructuras, más bien que en una cantidad de detalles históricos.

El contenido del Pentateuco puede ser resumido como el establecimiento del plan de Dios de enviar al Salvador al mundo a través de Israel, una nación que Él creó. Génesis describe los principios del problema del pecado y la solución de Dios por medio del Salvador prometido por Él, quien vendría en última instancia como un descendiente de Abraham. Éxodo describe el establecimiento de Israel como nación santa de Dios y un reino de sacerdotes, con la presencia de Él entre el pueblo. Levítico revela el camino de Dios para seguir en comunión con Él que es santo. Números relata los puntos teológicos sobresalientes de aprender a obedecer a Dios en el viaje a través del desierto, hacia la Tierra Prometida. Luego Deuteronomio presenta nuevamente el pacto de amor entre Israel y el Señor, mientras los israelitas entran en la tierra prometida.

Descripción del Curso

Un estudio de Génesis, Éxodo, Levítico, Números y Deuteronomio con un enfoque práctico que proveerá material de predicación y enseñanza. El Pentateuco forma la base sobre la cual está fundado el pacto del Nuevo Testamento y es un estudio esencial para el que desee entender toda la Biblia de una forma más completa.

Además de usar su Biblia, le recomendamos que use también El Pentateuco por Pablo Hoff para enriquecer su experiencia de aprendizaje.

Objetivos del Curso

1. Resumir el mensaje y contenido de cada uno de los cinco libros.
2. Explicar cómo los cristianos deberían relacionarse con las leyes del Pentateuco.
3. Definir el concepto bíblico de santidad, y lo puro e impuro.
4. Indicar el significado e importancia del pacto de Sinaí.
5. Resumir la línea del tiempo de los eventos importantes incluidos en el Pentateuco.
6. Resumir los principios de las instrucciones de Dios para Israel en las áreas de ceremonias, adoración y expiación.

UNIDAD 1: Génesis

Libro de los comienzos

En el libro de Génesis, Dios ha registrado los comienzos que conciernen a todos los seres humanos: la creación, el primer pecado, el sufrimiento, la muerte y el plan de Dios para restaurar a la humanidad del pecado a través de un descendiente de Abraham.

Todos nos preguntamos cómo llegamos aquí, de qué se trata la vida, y por qué experimentamos sufrimiento y muerte. La pregunta esencial es: "¿Hay un plan divino, una respuesta a los grandes problemas de la vida?" "¿Podemos conocer al Creador?" "¿Existe la vida después de la muerte?" Génesis contesta estas preguntas con la promesa de esperanza de Dios. Su plan restauraría a la humanidad de la muerte a compañerismo con él mismo. Todos necesitan escuchar el mensaje de Génesis, entender los comienzos de la humanidad, recibir la esperanza que Dios ofrece, y buscar ser parte de su plan.

Capítulo 1   La creación (Génesis 1–2)

Lecciones

1.1   El libro de Génesis
1.2   La creación del mundo (Génesis 1–2:3)
1.3   La creación de los humanos (Génesis 1:26–28; 2)

Capítulo 2   La caída y el diluvio (Génesis 3–11)

Lecciones

2.1   La caída (Génesis 3–5)
2.2   El diluvio (Génesis 6–9)
2.3   Después del diluvio (Génesis 10–11)

Capítulo 3   Abraham: La promesa de Dios (Génesis 12–25)

Lecciones

3.1   El llamado y la promesa (Génesis 12–15)
3.2   El pacto y la promesa aclarada (Génesis 16–19)
3.3   El ya pero todavía no en relación con el cumplimiento de la promesa (Génesis 20–25:11)

Capítulo 4   Jacob y José: La continuación de la promesa (Génesis 25–50)

Lecciones

4.1 Los relatos de Isaac y Jacob (Génesis 25:19–36:43)
4.2 El relato de José (Génesis 37–50)

La creación (Génesis 1–2)

Dios creó el universo bueno. Su amor se concentró en la humanidad, hombre y mujer, creada a imagen de Él. Solamente las personas fueron creadas para tener una relación personal con Dios. Deberían ser tratados en forma diferente a los animales o cosas.

Génesis 1 y 2 son la revelación de Dios acerca de su creación del universo, y enfatiza que Él lo hizo todo bueno. Ningún mal existía en la creación original. Estos capítulos dan perspectiva de los fundamentos básicos sobre la vida y conducen al tercer capítulo, el cual explica por qué el mundo ya no existe en este estado ideal.

Antes de comenzar a trabajar en estas lecciones, lea estos capítulos en su Biblia: Génesis 1–2.

Lección 1.1 El libro de Génesis

Objetivos

1.1.1 *Explicar las opiniones principales acerca de la autoría y fecha del libro de Génesis.*
1.1.2 *Esbozar las divisiones básicas de Génesis, e identificar las diferencias en propósito de los capítulos 1 y 2.*
1.1.3 *Resumir el propósito de Génesis.*

Lección 1.2 La creación del mundo (Génesis 1–2:3)

Objetivos

1.2.1 *Identificar cuatro principios de la creación contenidos en Génesis 1.*
1.2.2 *Definir el concepto de bendición en Génesis.*
1.2.3 *Presentar el concepto del día de reposo en Génesis 2:2–3.*

Lección 1.3 La creación de los humanos (Génesis 1:26–28; 2)

Objetivos

1.3.1 *Identificar el enfoque del relato de la creación de Génesis.*
1.3.2 *Definir la imagen de Dios en los humanos según el contexto de Génesis 1.*
1.3.3 *Enumerar tres principios de las relaciones saludables según el modelo dado por Dios.*
1.3.4 *Indicar la importancia del hecho que los humanos fueron creados por Dios como hombre y mujer.*
1.3.5 *Analizar el uso por parte de Dios de la palabra nosotros en Génesis 1.*

La Torah (El Pentateuco)

El libro de Génesis

Cuando conoce y confía en alguien personalmente, usted lee lo que él o ella escribe, en forma diferente a la manera en que lee lo escrito por alguien que no conoce. Usted no niega la posibilidad de que tal persona cometa errores, pues conoce el corazón de ella y supone lo mejor. Lo mismo es verdad para nuestro enfoque de los cinco libros de Moisés —el **Pentateuco**— y del primer libro: *Génesis*. Nosotros, que hemos llegado a conocer a Dios, que inspiró a Moisés a escribir estas cosas, confiamos en la veracidad de estos relatos, aunque no entendamos todo acerca de ellos.

Explicar las opiniones principales acerca de la autoría y fecha del libro de Génesis.

El Pentateuco fue escrito en el antiguo idioma hebreo. Las copias más antiguas de éste, que datan de alrededor del año 100 a.C., consisten solamente en secciones y trozos encontrados entre los rollos del Mar Muerto. Las copias completas más antiguas datan de alrededor del año 1000 d.C.

En los últimos años de 1700, muchos eruditos **liberales** de Europa y de los Estados Unidos decidieron que la autoría y veracidad de la Biblia debería ser tratada de la misma forma que cualquier otro libro humano. Por lo tanto, ellos negaron cualquier voz clara de Dios y cualquier milagro. La enseñanza común en universidades europeas y de los Estados Unidos es que el Pentateuco contiene historias y mitos inventados acerca de los orígenes de Israel, y no fue escrito por Moisés, sino que procede de varias fuentes. Ellos afirman que estas historias se desarrollaron a través de la historia de Israel, empezando por el tiempo de David y fueron reunidas en un solo volumen después del exilio babilónico.

¿Quién escribió el Pentateuco?

A pesar de tales aseveraciones, no existe evidencia sólida para negar la veracidad de cualquier parte de la Biblia. La Biblia no afirma que Moisés escribió cada palabra del Pentateuco, como lo tenemos ahora. Bien puede él haber sido responsable de haberlo escrito todo, o por lo menos lo central de los cinco libros, como varias referencias bíblicas lo sugieren. La redacción posterior de **Josué** o de otros escritores inspirados es plausible. Tal redacción no habría cambiado el mensaje, sino más bien aclarado ciertos puntos. ¿Cómo fue que Moisés se enteró de los acontecimientos acerca de los cuales escribió,

---

¿Quién escribió el Pentateuco? A Moisés se le atribuye haber escrito la totalidad, o al menos lo fundamental de los cinco libros del Pentateuco, por medio de la inspiración divina. Los libros pueden haber sido editados algún tiempo más tarde por Josué o por algún otro escritor inspirado.

algunos de los cuales datan desde Adán y Eva? Es algo que no se sabe. Dios puede haberlos conservado en tradición oral o mediante documentos transmitidos de generación en generación. Él pudo, sencillamente, haberlos revelado a Moisés. Una persona con una relación personal con Dios, a través de Jesucristo, no tiene razón para dudar que el Pentateuco sea Palabra inspirada por Dios.

Fecha

El período de tiempo para Moisés y el éxodo, de la forma como está presentado en el libro de Éxodo, es ya sea alrededor de 1400 a.C. ó 1280 a.C., según la mayoría de los eruditos. Egipto fue una nación fuerte, con muchos grandiosos proyectos de edificios y victorias sobre otras naciones del Oriente Medio. Era un pueblo religioso con muchos dioses, el más grande de ellos era el Dios Sol.

Bosquejo

Esbozar las divisiones básicas de Génesis, e indentificar las diferencias en propósito de los capítulos 1 y 2.

Génesis fue escrito decidida y hermosamente. Moisés dividió el libro de Génesis en historias. Cada una termina y comienza con la frase "Estas son las generaciones de". La Nueva Versión Internacional traduce la frase como "Esta es la historia de". Esta frase identifica la historia que acababa de concluir y establece la historia o lista de descendientes que proceden de ella.

Las principales divisiones de Génesis son las siguientes:

2:4	"Esta es la historia de los cielos y la tierra." Habiendo acabado de dar una vista general a la creación del universo, ahora la historia se concentra en la creación de los humanos en el sexto día.
5:1	"Ésta es la lista de los descendientes de Adán"—en realidad la **genealogía** de su hijo, Set.
6:9	"Ésta es la historia de Noé"—**el diluvio**.
10:1	"Ésta es la historia de Sem, Cam y Jafet (hijos de Noé)"—las naciones de ellos.
11:10	"Ésta es la historia de Sem"—sus descendientes hasta Abraham.
11:27	"Ésta es la historia de Taré"—en realidad la historia de Abraham.
25:12	"Ésta es la historia de Ismael el hijo de Abraham"—sus descendientes.
25:19	"Ésta es la historia de Isaac el hijo de Abraham"—la historia de Jacob.
36:1	"Ésta es la historia de Esaú"—sus descendientes.
37:2	"Ésta es la historia de Jacob"—la historia de José.

¿Cuáles son las dos partes principales en que se puede dividir el Génesis?

Este estudio del Pentateuco no seguirá estas divisiones, pero las agrupará en divisiones elegidas para contener aproximadamente la misma cantidad de puntos importantes para un estudio introductorio. Génesis se divide en dos partes importantes:

Génesis 1–11   La historia más temprana de todas las cosas hasta la vida de Abraham

Génesis 12–50   La historia del plan de Dios obrando a través de los **patriarcas**: Abraham, Isaac, Jacob y José. Estos hombres son las raíces de la nación de Israel, los agentes del plan de Dios en el Antiguo Testamento.

Génesis 1 describe los seis días de la creación. El relato demuestra, entre los días 1–3 y días 4–6, el uso por parte de Dios del orden, el equilibrio, la simetría y la progresión. De esta forma, el único verdadero Dios es un Dios de plan y propósito. Él es la fuente de sabiduría, belleza y vida.

¿Cómo se diferencia el propósito del capítulo 1 del propósito del capítulo 2?

El estilo de Génesis 2 se diferencia del capítulo 1. El capítulo 1 es un estructurado panorama de la creación cubriendo seis días. Génesis 2 es una historia temática de la creación de las dos primeras personas en el sexto día, enfatizando la participación íntima de Dios (en 2:4 su nombre personal es usado por primera vez, véase Éxodo 3, notas). Dar

---

¿Cuáles son las dos partes principales en que se puede dividir el Génesis? La primera parte es Génesis 1–11, lo que presenta el relato de la más temprana historia de todas las cosas hasta la vida de Abraham. La segunda parte está compuesta de los capítulos 12–50, que cuentan la historia del plan de Dios obrando a través de los patriarcas: Abraham, Isaac, Jacob y José. Estos hombres son las raíces de la nación de Israel, los agentes del plan de Dios en el Antiguo Testamento.

¿Cómo se diferencia el propósito del capítulo El capítulo 1 es un vistazo panorámico estructurado de la creación, que cubre seis días. El capítulo 2 es una historia temática de la creación de las dos primeras personas por Dios en el sexto día.

El capítulo 1 es un vistazo panorámico estructurado de la creación, que cubre seis días. El capítulo 2 es una historia temática de la creación de las dos primeras personas por Dios en el sexto día.

del propósito del capítulo El capítulo 1 es un vistazo panorámico estructurado de la creación, que cubre seis días. El capítulo 2 es una historia temática de la creación de las dos primeras personas por Dios en el sexto día.

El capítulo 1 es un vistazo panorámico estructurado de la creación, que cubre seis días. El capítulo 2 es una historia temática de la creación de las dos primeras personas por Dios en el sexto día.

El capítulo 1 es un vistazo panorámico estructurado de la creación, que cubre seis días. El capítulo 2 es una historia temática de la creación de las dos primeras personas por Dios en el sexto día.

una mirada general a un tema, y luego volver para elaborar los detalles de una parte es común en los documentos del Antiguo Cercano Oriente (**ACO**) y del Antiguo Testamento.

Propósito

Resumir el propósito de Génesis.

¿Cuál es el propósito del libro de Génesis?

Dios concentra su revelación en su plan para nuestra salvación, un plan que opera a través de un pueblo elegido. Génesis fue escrito como un fundamento para toda la revelación de Dios, primero para su pueblo recientemente establecido, Israel, y luego para todas las naciones. Este libro revela la seriedad de nuestro problema con el pecado y la impresionante gracia que Dios expresó en su promesa de salvación.

Imagine que tiene una carta de su bis-, bis-, bis- abuelo para su bis-, bis-, bis- abuela transmitida en su familia. Usted no pondría en duda la afirmación de haber sido escrita por su antepasado porque su familia la ha transmitido, y todo en ella concuerda con lo que usted sabría que es verdad. Usted la valoraría y buscaría entender lo que dice para entender mejor a su antepasado y su legado.

De la misma manera, otorgamos gran valor a los cinco libros de Moisés. Nosotros apreciamos el mensaje divinamente autoritativo de Génesis y del resto del Pentateuco. Damos gracias a Dios por revelarnos estas verdades a través de Moisés, y que podamos leerlas vez tras vez para conocerle a Él y sus propósitos para nosotros (véase Juan 5:39, 46). Debemos escuchar lo que Él dice a través de estos escritos. Permitamos que Dios obre a través de nuestras vidas para traer la luz de sus verdades reveladas a aquellos alrededor nuestro que no han escuchado.

La creación del mundo
(Génesis 1–2:3)

¿Cuál es el propósito del libro de Génesis? Génesis fue escrito como un fundamento para toda la revelación de Dios, primero para su pueblo recientemente establecido, Israel, y luego para todas las naciones. Este libro revela la seriedad de nuestro problema de pecado y la impresionante gracia que Dios expresó en su promesa de salvación.

Todos se han preguntado acerca de la creación del mundo. Génesis presenta la revelación de Dios acerca de sus orígenes. Nosotros necesitamos distinguir entre las verdades importantes que Dios está presentando aquí y las curiosidades que no son tan importantes.

Creado por su Palabra

Identificar cuatro principios de la creación contenidos en Génesis 1.

¿En qué manera difiere el relato bíblico de la creación de las teorías del Antiguo Cercano Oriente y de las teorías científicas?

Dios creó todas las cosas por su Palabra, estableciendo un comienzo real para todo, excepto para Él mismo. Otras religiones antiguas del cercano oriente, así como algunas teorías científicas modernas, no enseñan un comienzo real, sino proponen que la materia ha existido siempre. Sin embargo, Dios creó el universo con su palabra. El hombre ha ideado numerosas teorías intentando explicar el origen del universo y la vida como la conocemos. Tales teorías incluyen el **Big Bang**, al que algunos científicos atribuyen el comienzo de todo. Uno debe preguntar qué existía antes del Big Bang. ¿De dónde vino todo? Génesis y otros pasajes bíblicos contestan eso: "Por la fe entendemos haber sido constituido el universo por la palabra de Dios, de modo que lo que se ve fue hecho de lo que no se veía" (Hebreos 11:3).

Creado por su Plan

Dios creó todas las cosas de acuerdo a su buen plan, no por casualidad. Su creación abarcó la belleza de simetría y equilibrio. Al declarar que todo era bueno, Dios estaba diciendo que la creación funcionaba como Él se lo propuso y cumplía sus propósitos, satisfaciendo sus expectativas y complaciéndole. Originalmente, todo estaba en armonía con Dios y cumplía sus propósitos, beneficiando a toda la creación.

¿En qué manera difiere el relato bíblico de la creación de las teorías del Antiguo Cercano Oriente y de las teorías científicas? El relato bíblico muestra que Dios creó todas las cosas por su Palabra, estableciendo un comienzo real para todo, excepto para sí mismo. Las otras religiones del antiguo cercano oriente y las modernas teorías científicas no enseñan un comienzo real, sino que la materia ha existido siempre, o bien enseñan otras teorías tales como el Big Bang. La Biblia muestra que Dios no simplemente permitió que las cosas llegaran a ser pot casualidad, sino que Él estableció las leyes de la naturaleza en el movimiento y de este modo no maneja los detalles del universo. Esto significa que alguna forma de desarrollo evolucionista no sería automáticamente contraria al Dios de la Biblia.

La descripción de los actos de Dios en Génesis 1 concuerda con nuestras observaciones del universo natural. Éste es estéticamente agradable y se rige por leyes físicas constantes con las cuales podemos trabajar y usar completamente. Dios no dejó que las cosas se desarrollaran simplemente por casualidad sino que Él estableció las leyes de la naturaleza en movimiento, y de esta forma Él no interviene en cada detalle funcional del universo. Esto quiere decir que alguna forma de desarrollo evolutivo no es automáticamente contraria al Dios de la Biblia. Sin embargo, una visión **deísta** que ve a Dios totalmente desconectado del funcionamiento diario del mundo natural no es bíblica. Un asunto esencial que hay que recordar es que las personas fueron hechas personalmente por Dios a su imagen y no fueron un producto del desarrollo fortuito de formas impersonales de vida inferior. El cómo Génesis encaja en las teorías científicas modernas no está claro, pero siempre tenemos que tener cuidado de distinguir entre los hechos comprobados y las teorías. Los hechos precisos no deberían ser un problema para los creyentes de la Biblia. Sin embargo, el saber sólo algunos de los hechos, o enseñar una teoría como si fuera un hecho comprobado es el mayor problema al tratar con la ciencia. Moisés no estaba escribiendo para contestar ese tipo de preguntas, interrogantes científicas sobre el cómo y cuándo de la creación.

La Biblia no otorga detalles precisos para datar los acontecimientos previos a Abraham y tampoco se puede saber con certeza la fecha de aquellos ocurridos antes de la construcción del templo de Salomón. Las referencias a los seis días en Génesis 1 han recibido mucha atención en años recientes pero están más allá del alcance de este estudio. Véase "Lista de lectura sugerida" al final de este libro de texto para encontrar más material sobre este tema. No importa lo que creemos sobre tales temas, tenemos que mantener en perspectiva las verdades claras, esenciales y teológicas que Dios está presentando en Génesis, las que yo he tratado de enumerar aquí. Necesitamos ser cuidadosos de no dividir la iglesia en puntos no esenciales de diferencias de interpretación.

Creado con intervención personal

¿Cómo muestra Génesis que Dios es tanto trascendente como inmanente?

Dios está personalmente involucrado en su creación. A lo largo de estos capítulos y el resto de la Escritura, Dios interacciona con su creación, particularmente con personas. Él

---

¿Cómo muestra Génesis que Dios es tanto trascendente como inmanente? Dios está personalmente involucrado en su creación. A lo largo de estos capítulos y el resto de la Escritura, Dios interacciona con su creación, particularmente con personas. Él habla respetuosamente a Adán y Eva como sus hijos maduros y trata con ellos personalmente. Dios está separado de su creación, pero se relaciona en forma estrecha, cercana e íntima con las personas que lo reciben.

habla respetuosamente a Adán y Eva como sus hijos maduros y trata con ellos personalmente. Algunas religiones ven a Dios como distante y desentendido de nuestro mundo, mientras que otros lo tratan como a una fuerza mística e impersonal alrededor nuestro. Él debería ser concebido como el ideal, benevolente y totalmente soberano rey del universo, que está personalmente involucrado como un padre ideal, no demasiado ni muy poco. Génesis enseña que Dios es tanto **trascendente** como **inmanente**. Él está separado de su creación, pero se relaciona en forma estrecha, cercana e íntima con las personas que lo reciben.

Definir el concepto de bendición en Génesis.

Dios se propuso que todas las criaturas se multiplicaran y llenaran la tierra, y Él las bendijo. **Bendición** es un concepto importante en Génesis. Cuando Dios bendice a sus criaturas quiere decir que provee lo que es mejor para ellas y les permite cumplir el propósito que Él ha designado para ellas. Él les permite prosperar y disfrutar más de su bondad.

Creación, luego descanso

Presentar el concepto del día de reposo en Génesis 2:2-3.

Dios cesó de crear en el séptimo día y estableció el principio del día de reposo, el descanso cada séptimo día. La idea de descanso en el día de reposo es dejar el diario, laborioso y rutinario trabajo de ganarse la vida. Incluye la idea de intencionalmente descansar y confiar el control a Dios. Es un tiempo de reflexión en Dios, su creación, nuestras vidas, nuestro trabajo, nuestras familias y amigos. El mensaje, en esta sección de Génesis, parece ser que Dios ha establecido un ritmo de siete en el universo. Él sirve como modelo de cómo los humanos, que deben imitarlo como sus hijos, deben vivir vidas saludables bajo su benevolente señorío. Los humanos están hechos para tomar un día libre cada siete, para descansar y recrearse en compañía de la familia y amigos, y honrar a Dios como soberano Creador y Señor. El libro de Éxodo dará más detalles sobre el día de reposo y su importancia para Israel. Entonces veremos la relación del día de reposo con los cristianos.

Necesitamos apreciar lo grandioso de la creación de Dios, su bondad original, y su participación personal en ella. No está claro cómo se relaciona todo con las teorías de la ciencia.

La creación de los humanos (Génesis 1:26–28; 2)

Identificar el enfoque del relato de la creación de Génesis.

Las preguntas más grandes de la humanidad son acerca del origen del ser humano y cómo nos relacionamos con Dios. Génesis nos da una perspectiva no presente en cualquier otra enseñanza. Génesis incluye algunas de las enseñanzas bíblicas más importantes para contrastar la revelación bíblica con otras religiones y filosofías.

Distintos a los animales

Definir la imagen de Dios *en los humanos según el contexto de Génesis 1.*

La prioridad de Dios es la raza humana, la culminación de su creación, que es distinta a los animales. El enfoque claro de Génesis y el resto de las Escrituras está en la interacción de Dios con las personas y especialmente con ciertos individuos elegidos para cumplir un propósito para el bien de otros. Esto da una perspectiva apropiada de la importancia de los humanos en el universo.

A su imagen

¿En qué maneras están los humanos hechos a la imagen de Dios?

Dios hizo a los humanos a su imagen para relacionarse. El contexto de la referencia a la imagen de Dios guarda relación con delegación de responsabilidad para gobernar el mundo para Dios. Eso requiere que los humanos sean seres personales, como Dios, capaces de entender privilegio, responsabilidad y confianza en relaciones personales. Se necesita tener conciencia de sí mismo y la capacidad de razonar, comunicarse con lenguaje, tomar decisiones y sentir emociones. Esta verdad es una de las más importantes revelaciones en las Escrituras y no puede ser encontrada en ninguna religión humana. Dios es personal y nos hizo seres personales para relacionarnos con Él.

Relaciones y responsabilidad

Enumerar tres principios de las relaciones saludables según el modelo dado por Dios.

Dios desea que las personas tengan relaciones saludables con un equilibrio en cuanto a privilegio, responsabilidad y confianza. Este equilibrio es la clave para matrimonios

---

¿En qué maneras están los humanos hechos a la imagen de Dios? Los humanos fueron creados para ser seres personales, como Dios, capaces de entender privilegio, responsabilidad y confianza en relaciones personales. El hecho de que Dios haya delegado el gobierno del mundo hace necesario que haya conciencia de sí mismo y la capacidad de razonar, comunicarse con lenguaje, tomar decisiones, y sentir emociones.

saludables, relaciones padre-hijo, eficientes relaciones de trabajo y todas las otras relaciones.

En familias

Indicar la importancia del hecho que los humanos fueron creados por Dios como hombre y mujer

Dios creó a las personas —hombre y mujer— para vivir juntas en familias nucleares. Esto tenía la intención de ser una relación complementaria como se muestra por la preposición hebrea traducida "adecuada" en la NVI o "idónea" en la versión Reina-Valera 1960 (2:20). La idea era de una compañera-ayudadora "correspondiente a" Adán. La pareja humana original era un equipo bien equilibrado.

¿Qué nos muestra el ejemplo de Adán y Eva acerca del plan de Dios para el matrimonio?

Un matrimonio cristiano saludable involucra la valoración de las contribuciones de cada uno a la relación y el equilibrio de las debilidades. Cada ser humano, sea hombre o mujer, y de cualquier trasfondo étnico, es hecho a la imagen de Dios. Aún se podría decir que se necesitan *tanto* hombres *como* mujeres para tener completa la imagen de Dios.

La unión de un hombre y una mujer para toda la vida en matrimonio es la relación humana, esencial e íntima, que Dios creó para que las personas la disfrutaran. Es el fundamento de la familia y de toda la sociedad. Dios creó a los humanos para ser criados en unidades familiares. Moisés también hace un comentario inspirado al final del capítulo 2, que cada compañero está unido al otro y conforman su propio núcleo, aparte de la casa de sus padres. Nosotros debemos entender nuestra humanidad desde tal perspectiva. La familia debería ser valorada como el fundamento de la sociedad humana.

Hablando como un Rey

Analizar el uso por parte de Dios de la palabra nosotros *en Génesis 1.*

¿Qué nos muestra el ejemplo de Adán y Eva acerca del plan de Dios para el matrimonio? El matrimonio tenía la intención de ser una relación complementaria. La pareja humana original era un equipo bien equilibrado, complementándose el uno al otro y creando un equilibrio entre fuerzas y flaquezas. Un matrimonio cristiano saludable involucra valorar las contribuciones de cada uno a la relación. El plan original para el matrimonio involucraba a un hombre y a una mujer juntos, unidos en una relación íntima. Esto formaba la unidad familiar más básica y el cimiento de la sociedad.

Dios usa el pronombre plural "nosotros" en Génesis 1 como un antiguo rey lo haría. Él no estaba esperando que Israel entendiera la Trinidad, como Deuteronomio 6:4 muestra posteriormente al enfatizar que el Señor es uno. Sin embargo, su uso de esta palabra deja abierta la puerta a la unidad plural en Dios, porque la misma palabra para "uno" es usada acerca de Adán y Eva, marido y esposa, llegando a ser uno. No dejaron de ser dos personas distintas. De esta manera, ellos podrían haber entendido algo de la unidad plural.

Necesitamos apreciar la grandeza de ser hechos a la semejanza de Dios, de ser hechos hombre y mujer. Deberíamos mostrar respeto por toda la vida humana y honrar el matrimonio y la familia.

La caída y el diluvio (Génesis 3–11)

Si la humanidad empezó en un estado ideal en la creación, ¿Qué sucedió que estamos tan lejos de ese estado hoy en día? ¿Cómo llegó a ser tan cruel el mundo, lleno de dolor y dirigido hacia la muerte? La humanidad rompió la relación con Dios y provocó sufrimiento y muerte en el mundo. La pecaminosidad de las personas y los mortales efectos del pecado han aumentado como la población se ha multiplicado. Pero Dios no solamente declaró las consecuencias del juicio, Él también anunció su plan para restaurar su relación con las personas y revertir la pena de muerte a través de su regalo de salvación. Su promesa es personificada en el diluvio por medio de la salvación de, y el nuevo comienzo a través de la familia de Noé, el **remanente** fiel de Dios. La lección para la humanidad es que todos los problemas del mundo resultan de las elecciones egoístas y sugeridas por el **diablo**, oponiéndose a Dios y también al juicio de Dios en tales elecciones. La solución es **arrepentirse** y creer en el regalo de salvación de Dios.

Antes de comenzar a trabajar en estas lecciones, lea estos capítulos en su Biblia: Génesis 3–11.

Lección 2.1   La caída (Génesis 3–5)

Objetivos

2.1.1   *Explicar cómo la caída es la raíz de los problemas de la humanidad.*

2.1.2   *Describir las consecuencias de desobedecer a Dios.*

2.1.3   *Describir cómo Dios da esperanza a personas deshechas que enfrentan su juicio.*

Lección 2.2   El diluvio (Génesis 6–9)

Objetivos

2.2.1   *Describir cómo el pecado ha aumentado desde la caída.*

2.2.2   *Analizar qué enseña el diluvio acerca de Dios.*

2.2.3   *Contar qué aprendemos acerca de las personas en el relato del diluvio.*

2.2.4   *Explicar la maldición sobre Canaán.*

Lección 2.3   Después del diluvio (Génesis 10–11)

Objetivos

2.3.1   *Resumir el propósito de Génesis 10 y 11.*

2.3.2   *Analizar el propósito de las genealogías en la Biblia.*

2.3.3   *Identificar lecciones espirituales enseñadas en Génesis 10 y 11.*

La caída (Génesis 3-5)

Explicar cómo la caída es la raíz de los problemas de la humanidad.

El origen del sufrimiento, la muerte y todos los problemas en el mundo es la **caída**: el rompimiento de la relación entre las personas y Dios (Génesis 3). Romanos 5:12 dice que la muerte vino al mundo a través del pecado de Adán. También dice que todas las personas desde entonces han elegido pecar en contra de Dios. Nadie se escapa del problema del pecado, su influencia o sus efectos. Todas las personas nacen fuera del Edén, sin la presencia de Dios en sus vidas y con la tendencia de elegir opuestamente al carácter y voluntad de Dios. El juicio de Dios sobre el pecado afecta a todos. Todos vamos en dirección a la muerte: separados física y eternamente de la presencia de Dios.

Pecado definido

¿Cómo afecta el pecado a la humanidad?

La esencia del pecado es, definida en términos generales, actitudes y comportamientos contrarios a la voluntad y carácter de Dios. Rompe nuestra relación con Dios y nos descalifica para entrar a su presencia. Génesis 3 muestra que la causa de la relación quebrantada entre Dios y las personas, así también entre las personas mismas, se debe a las mentiras del diablo. Se trataba de desconfiar de Dios o de la otra persona. Era anteponer el deseo egoísta a la relación, a las necesidades y valores de Dios y buscar

---

¿Cómo afecta el pecado a la humanidad? El pecado rompe nuestra relación con Dios y nos descalifica para entrar en su presencia. Debido al pecado, el orgullo, el deseo de placer y el deseo de control gobierna a las personas. Ellas buscan éstos a cualquier costo, incluyendo el uso y abuso de otras personas. En relaciones ellas menosprecian a la otra persona y a la relación, rompen compromisos y son infieles.

satisfacción en otra parte. Debido al pecado, el orgullo, el deseo de placer y el deseo de control gobiernan a la humanidad. Buscan éstos a cualquier precio, incluyendo el uso y abuso de otras personas. En relaciones devalúan a la otra persona y a las relaciones, rompen compromisos y son infieles. Esto se asemeja a lo que dice 1 Juan 2:16 que se refiere a "los deseos de la carne, los deseos de los ojos y la vanagloria de la vida".

Consecuencias de la desobediencia

Describir las consecuencias de desobedecer a Dios.

Desobedecer a Dios siempre trae consecuencias serias. Dios tiene a todos por responsables de su palabra. Nadie se puede esconder de Dios. La muerte es el resultado final del pecado, como lo declaró Dios a Adán y a Eva (Génesis 2:19). Santiago dijo: "Sino que cada uno es tentado, cuando de su propia concupiscencia es atraído y seducido. Entonces la concupiscencia, después que ha concebido, da a luz el pecado; y el pecado, siendo consumado, da a luz la muerte" (Santiago 1:14-15). Creo que todas las personas entienden que la muerte es la separación de los vivos, especialmente de los seres amados; pérdida de todos los beneficios de la vida, especialmente la comunión; y la fragmentación o la descomposición de la vida de una persona, particularmente el cuerpo físico. De esta manera, toda separación, pérdida y descomposición son etapas de la muerte y son percibidas como tales por las personas.

¿Qué nos muestra el ejemplo de Adán y Eva acerca de las consecuencias de desobedecer a Dios?

Cuando Adán y Eva pecaron, ellos inmediatamente experimentaron vergüenza, vulnerabilidad el uno hacia el otro y temor a Dios. Esto mostró la muerte en sus relaciones, especialmente su relación espiritual con Dios. Por medio de enviarlos fuera del huerto, Dios mostró que finalmente ellos estaban dirigidos hacia la muerte física y eterna. Desde entonces todos han nacido fuera del Edén, sin la presencia de Dios o la vida eterna y con diversas formas de imperfecciones en el cuerpo y en su vida.

El pecado siempre lleva a más pecado. De la manera que el pecado aumenta, el corazón de una persona se torna insensible hacia pecados aún más serios y los efectos de tal pecado impactan a otros en una escala mucho mayor (Génesis 4, especialmente

---

¿Qué nos muestra el ejemplo de Adán y Eva acerca de las consecuencias de desobedecer a Dios? Cuando Adán y Eva pecaron, ellos inmediatamente experimentaron vergüenza, vulnerabilidad el uno hacia el otro y temor a Dios. Esto mostró la muerte en sus relaciones, especialmente en su relación espiritual con Dios. Por medio de enviarles fuera del jardín, Dios mostró que finalmente ellos estaban dirigidos hacia la muerte física y eterna. Una vez que una persona cede al pecado, éste llega a ser su amo.

Lamec). Dios dijo que el pecado es como una bestia salvaje que finalmente puede devorar a un humano y llevarlo a cometer asesinato (4:8). Una vez que una persona cede al pecado, éste llega a ser su amo (Romanos 6:16). Se torna más y más fácil cometer más pecados y pecados más grandes. Es necesario más pecado, como la mentira y la borrachera, adquisición de malos hábitos, como el uso de drogas, para estar a tono con los efectos del pecado, a menos que nos arrepintamos y recibamos la ayuda de Dios. Dios dio a Abraham, a Eva y a Caín la oportunidad de hacer justamente eso con el fin de restaurar sus vidas.

Dios da esperanza

Describir cómo Dios da esperanza a personas deshechas que enfrentan su juicio.

Dios da esperanza a nuestra lastimosa condición, como se muestra en Génesis 3:15. Él demostró esto a Adán y a Eva y a sus descendientes que creyeron en Él (Génesis 3 y 5). Él viene a nosotros, a nuestra condición separada de vergüenza y temor, buscando restaurarnos. La esperanza de 3:15 es la victoria final de Dios sobre el enemigo y sobre todos los efectos del pecado y la muerte. La promesa formulada lacónicamente indica hacia un descendiente varón de Eva venciendo al enemigo, ejecutando una derrota total y de ese modo liberando y restaurando a personas a una comunión con Dios. Algunos piensan que esta promesa se refiere a los descendientes de Eva colectivamente, y que la promesa de un Salvador vendría más tarde en la revelación de Dios. Sin embargo, los traductores judíos de la **Septuaginta** en Egipto, alrededor de 200 a.C., mostraron su comprensión mesiánica de ella usando el pronombre masculino "él" cuando la gramática exigía un neutro "ello". Además, parece que Eva está buscando a un individuo cuando se refiere al nacimiento de Caín en 4:1. Los padres de la iglesia primitiva se refirieron a 3:15 como el **protoevangelio** o "primer evangelio". Dios prometió liberación del pecado y del problema de la muerte, a través de una persona que Él enviaría.

Dios espera una fe humilde (Génesis 4). La respuesta apropiada a la condición humana de pecado y a la restauración prometida de Dios es aceptación agradecida y **arrepentimiento, fe y obediencia** humilde. En 3:20, Adán puede estar expresando esto cuando le pone el nombre de *Eva* a su nueva esposa. Habiendo acabado de recibir el juicio de muerte, él nombra a Eva como la madre de todos los vivientes. A Caín se le dice que será aceptado si él hace lo que es correcto en vez de enojarse (4:7). Se le dice que debe dominar el pecado que lo amenaza. Al final del capítulo 4, Génesis registra que en medio de la multiplicación de la pecaminosidad de la humanidad, algunos de la línea de Enós aún apelaban al nombre de Dios (4:26). Esto demostraba la esperanza de vida eterna en Génesis. Debiéramos darnos cuenta de la seriedad de nuestra condición de separación de Dios, y aceptar y proclamar la promesa de restauración de Dios.

El diluvio (Génesis 6-9)

Muchos grupos de personas en el mundo incluyen en sus tradiciones e historia el relato de un antiguo diluvio. El énfasis parece estar en la supervivencia increíble de unos pocos de este desastre impresionante. El relato **mesopotámico** antiguo culpa a los dioses de enviar el diluvio debido a la impaciencia con el ruido de la creciente población humana. Sin embargo, Génesis afirma claramente que Dios sufrió dolor emocional (Génesis 6:6) al tratar con la pecaminosidad destructiva del corazón y comportamiento de la humanidad. Además, Dios tenía a las personas por responsables de sus acciones los unos hacia los otros y trató completamente con la amenaza a su creación. El amor verdadero siempre se enfrenta con el pecado que dañaría a un ser querido. Dios demostró su amor hacia la humanidad por medio de ofrecer salvación a Noé y a su familia. El relato del diluvio personifica el mensaje de Génesis y de toda la Biblia por medio de ilustrar principios claves acerca de quién es Dios, quiénes somos nosotros y cómo se relaciona Él con nosotros

El pecado después de la caída

Describir cómo el pecado ha aumentado desde la caída.

Génesis 4 y 6 registra que desde la caída, al paso que aumentaba la civilización y la urbanización, las personas no se sometían al señorío de Dios. En cambio, el materialismo, la inmoralidad, la violencia y otros comportamientos destructivos aumentaban. En el tiempo del diluvio, todos menos Noé estaban viviendo en contra de los valores de Dios y se estaban dañando unos a otros (6:1-13). Génesis 6:1-4, un pasaje difícil de interpretar, debiera verse como una explicación de las condiciones que llevaron al diluvio, sin embargo, uno entiende los detalles. La interpretación que mejor encaja con el contexto y la Biblia es que los **"hijos de Dios"** eran o la línea devota de creyentes o reyes antiguos, ambos contrajeron matrimonio debido a la lujuria, no por una fe compartida. El número de creyentes estaba disminuyendo y el comportamiento egoísta estaba aumentando. El **Nefilim** del versículo 4 se refiere a "los separados", no a "los caídos". Ellos son "hombres del Nombre", de acuerdo al hebreo, no "hombres de renombre (o un nombre)". De esta manera, ellos son los fieles que llegaron a ser menos y menos en número hasta que quedó solamente Noé en relación correcta con Dios. La Biblia no enseña que ángeles caídos pueden producir vástagos con mujeres humanas (véase Marcos 12:25). Nuevamente, cualquier cosa que uno haga con estas oscuras referencias, el tema central del pasaje es que Dios está juzgando la pecaminosidad de la humanidad.

La Torah (El Pentateuco)

El diluvio

Analizar qué enseña el diluvio acerca de Dios.

¿Qué descubrimos acerca del carácter de Dios en el relato del diluvio?

El diluvio muestra que Dios trata seriamente la rebelión (Génesis 6). La **santidad** de Dios debe ser tomada seriamente. Él tiene a las personas como responsables por oponerse a Él y por tratar mal a su creación, especialmente al quitar vida humana. El tiempo viene cuando Él fija los límites y termina con el problema. Él trata completamente con el mal en el mundo y provoca un comienzo nuevo, un "lavado" total.

Dios ofrece gracia al arrepentido, al remanente fiel, y provee una forma de escape y un comienzo nuevo (Génesis 6-8). De la misma forma como dio esperanza a Adán y a Eva respecto al juicio de muerte, Él intervino a favor del que todavía le era fiel, Noé y su familia. Ser **recto**, de la forma cómo Noé es descrito que era en 6:9, quería decir vivir según las normas y valores de Dios, una vida que desbordaba una relación correcta con Dios. Noé caminó con Dios con una conciencia tranquila. A Dios le preocupan todas las personas y está determinado a tener un pueblo que le responda a Él. A través de la Biblia, un grupo fiel de creyentes humildes le permanece fiel mientras que el resto de la humanidad vive para sí mismo, en contra de Dios. Dios interviene para salvar a este remanente de su juicio al mundo y para permitirle disfrutar de sus bendiciones que Él pensaba para la humanidad.

Contar qué aprendemos acerca de las personas en el relato del diluvio.

La salvación de Dios requiere una respuesta de fe y obediencia como la de Noé (Génesis 6-8). Dios le dijo a Noé cómo escapar del juicio. Noé obedeció al construir y de entrar en el **arca**. Dios envió siete de todos los animales **puros** y dos de cada animal **impuro** al arca y cerró la puerta.

La promesa del pacto

¿Qué prometió Dios en el pacto que hizo con Noé?

¿Qué descubrimos acerca del carácter de Dios en el relato del diluvio? El diluvio muestra que Dios trata seriamente la rebelión. Él tiene a las personas como responsables por oponerse a Él y por tratar mal a su creación, especialmente al quitar vida humana. Dios trata a fondo con el mal del mundo y provoca un comienzo nuevo, un "lavado" total. Dios ofrece gracia al arrepentido y fiel remanente, provee un camino de escape y un comienzo nuevo. Dios se preocupa de todas las personas y está determinado a tener un pueblo que le responda a Él. Dios requiere una respuesta de fe y obediencia para salvación.

Dios da recordatorios de su gracia y promesas (Génesis 9:8-17). Cuando Noé y su familia sobrevivieron el diluvio y comenzaron sus vidas en tierra seca nuevamente, Dios les hizo una promesa a ellos en lo que es llamado un **pacto**, un acuerdo vinculante entre dos partes. Como el primer pacto en la Biblia, este pacto es poco común. No estipula ningún requerimiento, solamente una declaración de la voluntad de Dios. Él promete que no volverá a destruir toda la vida con un diluvio. Nada puede cambiar esa promesa. La palabra de Dios es tan segura como las estaciones (Génesis 8:22). Él declara también que el arco iris será un recordatorio de la promesa entre Él y todas las criaturas. La protección de Noé del diluvio y el pacto de Dios con él y la humanidad son un modelo de cómo se relaciona Dios con las personas. Él fortalece la fe por medio de proveer **señales** físicas a quienes atribuye significado especial. Él es un Padre Celestial amable, misericordioso y amoroso.

Noé mostró una respuesta devota a la provisión de Dios por medio de la adoración, reconociendo su necesidad de la gracia de Dios y agradecimiento a Dios. Nosotros debemos también quedarnos en sobrecogimiento y dependientes de Dios.

Los corazones de las personas se vuelven a la maldad desde la juventud (Génesis 8:21). Aún después de un comienzo nuevo, las personas toman decisiones pecaminosas. Noé se embriagó y se avergonzó a sí mismo al permanecer tendido desnudo (Génesis 9:18-27). Su hijo Cam, el padre de **Canaán**, no respondió apropiadamente a la situación y cometió un tipo de pecado en contra de él. Dios espera que las personas se hagan cargo de las situaciones malas de acuerdo a sus valores.

Explicar la maldición sobre Canaán.

Finalmente Dios juzgó a los **cananeos** por su estilo de vida malvado, que empezó con el pecado de Cam en contra de su padre Noé. Esto ayuda a explicar el llamado de Dios para su destrucción y la ocupación de su tierra por medio de su pueblo, Israel. Ellos habían escuchado el testimonio de Abraham y por el tiempo de la conquista, no se habían arrepentido en cuatrocientos años (Génesis 15:13-16). El pueblo de Dios debía ejecutar el castigo capital sobre los cananeos.

Nosotros deberíamos tomar advertencia de estos ejemplos de las consecuencias de vivir en contra de los valores de Dios y determinarnos a estar entre el remanente fiel.

Después del diluvio

¿Qué prometió Dios en el pacto que hizo con Noé? Dios prometió que nunca más iba a destruir toda la vida con un diluvio. Nada puede cambiar esa promesa. Él también proclamó al arco iris como un recordatorio de la promesa entre Él y todas las criaturas.

(Génesis 10-11)

Todas las personas se preguntan de dónde vinieron, cómo llegaron aquí y cuál es su relación con otras personas del mundo. Dios quiere que nos preocupemos de las personas del mundo. Estos dos capítulos explican cómo todas las naciones descienden de los hijos de Noé y cómo las naciones llegaron a hablar diferentes lenguas a través de la intervención de Dios. Estos relatos llevan al relato de Abraham, el comienzo del plan de Dios de enviar a un Redentor a través de un pueblo elegido. Este plan es lo que importa en la historia del mundo.

La torre de Babel

Resumir el propósito de Génesis 10 y 11.

¿Cómo muestra el relato de la torre de Babel el lugar de Israel entre los pueblos del mundo?

Los capítulos 10 y 11 tratan acerca de la repoblación de la tierra por medio de los hijos de Noé después del diluvio y explican los diversos pueblos y lenguas del mundo. Ellos también muestran el continuo problema del pecado y especialmente la rebelión religiosa en contra del único Dios verdadero y la ignorancia acerca de Él. Las personas que no conocen a Dios trabajan juntas para producir religiones egoístas. Tristemente, cuando las personas se unen, a menudo multiplican el pecado. Dios tuvo que intervenir en la **torre de Babel** para impedir la capacidad de las personas en proyectos impíos. Él confundió su lenguaje. Dios deseaba que las personas se dispersaran, así que las esparció por la tierra. La distancia dificultaba la comunicación humana, por lo menos hasta los recientes avances en tecnología. Es interesante que los lingüistas, al describir el desarrollo de las lenguas del mundo, terminan con alrededor de diez lenguas básicas originales y más allá de ellas no pueden rastrear ninguna conexión. Esto cuadra en realidad con la explicación de Génesis 11.

Estos capítulos muestran a Israel su lugar entre las personas del mundo. Ellos preparan para el relato de Abraham quien es el comienzo personal del plan de Dios para proveer salvación a través de un pueblo elegido.

¿Cómo muestra el relato de la torre de Babel el lugar de Israel entre los pueblos del mundo? Esta historia ilustra el continuo problema del pecado y especialmente la rebelión religiosa en contra del único Dios verdadero. Dios confundió el lenguaje de las personas en la torre de Babel para entorpecer su capacidad en los proyectos impíos. Dios deseaba que las personas se dispersaran, así que las esparció por la tierra. La división y separación de las personas prepara a los lectores para el relato de Abraham, quien es el comienzo personal del plan de Dios para proveer salvación a través de un pueblo elegido.

Genealogías

Analizar el propósito de las genealogías en la Biblia.

¿Cuáles son los propósitos de las genealogías en Deuteronomio?

Las genealogías en la Biblia tienen una variedad de propósitos. El contexto indica la razón por la que una genealogía en particular es dada. Cuando uno compara las listas de nombres en Génesis, 1 Crónicas, Esdras y Mateo, uno ve que faltan algunos nombres en la lista. En ese caso, el autor no tenía la intención de enumerar cada nombre. Algunos nombres son dejados fuera para proveer un cierto número de nombres en la lista, tal como siete nombres en una sección. Algunas conexiones son enfatizadas dejando fuera nombres y algunos nombres o relatos conectados con ellos son destacados. Las genealogías a menudo recuerdan al pueblo de Dios acerca de su legado, lo que Dios hizo por sus antepasados y apunta hacia la continuidad de sus promesas para la generación actual. También pueden servir como advertencias acerca de errores pasados. Génesis 10 tiene una variedad de razones para las conexiones de sus nombres, las cuales no todas son linaje de sangre. Es interesante que mientras más alejados de la **tierra prometida** estén los pueblos, menos son los nombres enumerados. Parece ser que el punto central en la Tabla de las Naciones en el capítulo 10 es dar a Israel perspectiva del mundo y de su lugar en él. Dios les estaba diciendo cómo las personas están relacionadas entre sí, especialmente entre los que serían próximamente vecinos de Israel. Él deseaba que ellos estuvieran alertas y se preocuparan de su testimonio frente a y su relación con el mundo.

Identificar lecciones espirituales enseñadas en Génesis 10 y 11.

Los problemas de las personas a menudo datan de bien atrás en su historia. Ellos sufren por sus elecciones al seguir los caminos malvados de sus padres, de la misma forma que los cananeos. Ellos se unen a menudo para oponerse a Dios o intentan crear sus propias religiones para tratar de alcanzarle a Él. Tales esfuerzos son inútiles.

Dios a menudo trata con el pecado en las sociedades humanas de maneras que lo frenan y causan oposición para transformar en cumplimiento su plan de salvación para todas las personas. El capítulo 11 expone la línea de Sem hasta Abraham, mostrando que la prioridad de Dios en la historia es su plan de salvación a través de Israel. Nosotros deberíamos apreciar que el interés de Dios en la historia está en mover su plan de salvación hacia adelante porque Él se preocupa de todas las personas. Todas las personas

---

¿Cuáles son los propósitos de las genealogías en Deuteronomio? Las genealogías recuerdan al pueblo de Dios acerca de su legado, lo que Dios hizo por sus antepasados y apunta hacia la continuidad de sus promesas para la generación actual. También pueden servir como advertencias acerca de errores pasados. Ellas pueden dar al pueblo de Dios perspectiva del mundo y de su lugar en él; resaltan el testimonio de Israel (y posteriormente todos los creyentes) y su relación con el mundo.

están finalmente relacionadas, descendientes de los tres hijos de Noé. Como hijos de Dios, nosotros respetamos a todas las personas y nos preocupamos de su salvación. Deseamos especialmente relacionarnos con nuestros vecinos y ser buenos testigos para ellos de la salvación que Dios ha provisto para todas las personas.

Abraham: La promesa de Dios (Génesis 12–25)

Luego de la repoblación de la tierra por una humanidad pecaminosa durante un período de tiempo desconocido después del diluvio, Dios empezó a tratar con un hombre y su familia para promover su plan de salvación. El hombre que eligió fue Abram, un **semita** de Mesopotamia. Él prometió que Abram llegaría a ser un gran pueblo a través del cual el mundo sería bendecido. Esto tomaría lugar en una tierra que Dios les daría.

Estos capítulos acerca de la vida de Abram, se concentran en la promesa de Dios de un hijo para comenzar a cumplir la promesa de bendición al mundo. Ellos describen el camino de fe de Abram al moverse hacia la tierra prometida, al esperar la llegada de un hijo, y al interactuar con las personas de la tierra. Dios demostró su poder soberano para cumplir su plan e ilustró su interacción personal con individuos en el proceso. Mucho precedente es establecido aquí para caminar con Dios como una persona de fe. Esta porción de Génesis registra el trasfondo de problemas mundiales actuales originados en el Medio Oriente, los que personifican la condición humana.

Antes de comenzar a trabajar con estas lecciones, lea estos capítulos en su Biblia: Génesis 12–25.

Lección 3.1   El llamado y la promesa (Génesis 12–15)

Objetivos

3.1.1   *Describir el tiempo, la ubicación y la cultura de Abram.*

3.1.2   *Explicar el significado de la promesa de Dios a Abram.*

3.1.3   *Enumerar los desafíos que enfrentó Abram y sus respuestas a Dios.*

3.1.4   *Definir un pacto.*

3.1.5   *Indicar formas en las cuales Dios se reveló a sí mismo a Abram.*

Lección 3.2   El pacto y la promesa aclarada (Génesis 16–19)

Objetivos

3.2.1   *Indicar cómo obró Dios a pesar de la pobre elección de Abram en Génesis 16.*

3.2.2   *Identificar al ángel de Dios en Génesis.*

3.2.3   *Describir cómo Dios aclaró aún más su pacto con Abraham.*

3.2.4   *Contrastar la obra de Dios en la vida de Abraham con las vidas de Lot y las personas de Sodoma y Gomorra.*

Lección 3.3   El ya pero todavía no en relación con el cumplimiento de la promesa (Génesis 20–25:11)

Objetivos

3.3.1   *Indicar la suposición errónea de Abraham en Génesis 20.*

3.3.2   *Definir profeta de la referencia a Abraham en Génesis 20:7.*

3.3.3   *Identificar aspectos de la prueba que Dios le hizo a Abraham en Génesis 22.*

3.3.4   *Enumerar formas con las cuales Dios empezó a cumplir su promesa durante la vida de Abraham.*

El llamado y la promesa (Génesis 12–15)

Génesis 1–11 puede verse como el prólogo para el plan de salvación de Dios. En Génesis 12, Dios bosqueja su plan. La salvación vendría a través de los descendientes de Abraham. Génesis 12 y 15 registran los desafíos que Abram enfrentó al asentarse en la tierra prometida. En el capítulo 15, Dios cortó su pacto con Abram y sus descendientes. (El término *cortar* se originó en la práctica de dividir en dos un animal expiatorio para sellar el pacto). Las declaraciones de Génesis 12 y 15 serían citadas más tarde en las declaraciones más importantes del evangelio del apóstol Pablo (por ejemplo: Romanos 4:18; Gálatas 3:6–8).

Tiempo, ubicación y cultura

Describir el tiempo, la ubicación y la cultura de Abram.

El Antiguo Testamento parece indicar que Abram vivió alrededor de 2000 a.C., lo que coincide aproximadamente con un período de transición y movimientos de personas a lo largo de la mayor parte del Medio Oriente antiguo. Abram vino de Ur de Caldea, que la mayoría de los eruditos considera que fue la ciudad antigua de Ur, próxima al Golfo Pérsico. Excavaciones del sitio han revelado que las personas, conocidas como los **sumerios**, tenían una cultura altamente desarrollada. La excavación reveló el círculo de 360 grados y el exquisito trabajo en joyas de metal. Los sumerios escribieron su lenguaje sobre placas de arcilla y tenían una religión extensa que se concentraba en la diosa luna y en la construcción de un templo sobre un zigurat o una pirámide escalonada. Además de Ur había otras grandes ciudades estado, como Ebla, una metrópoli de al menos un cuarto de millón de personas, al sudoeste de Harán. Las ruinas encontradas allí son anteriores a

La Torah (El Pentateuco)

Abram por algunos pocos cientos de años y contienen placas de extensas transacciones comerciales en el Cercano Oriente, algunas escritas en dos o tres lenguajes puestos uno al lado del otro. Las placas antiguas del siglo dieciocho a.C., describen la cultura mesopotámica, especialmente la de Mari, una ciudad a lo largo del Eufrates.

¿Cómo se diferenciaba el mundo de Abram de los beduinos del Cercano Oriente de siglos recientes?

La descripción bíblica de la casa de Abram cuadra con la de nómadas pastorales del antiguo Cercano Oriente. Sin embargo, el mundo de Abram era en realidad bastante diferente a los **beduinos** del Cercano Oriente de siglos recientes, los que muchas personas asocian erróneamente con los patriarcas bíblicos. Abram probablemente era más rico, más conocedor del mundo y más letrado; él trataba con más pueblos urbanos que los beduinos del pasado reciente.

Abram tenía a más de trescientas personas trabajando para él. Estos hombres le acompañaron más tarde a la batalla para rescatar a Lot. Él viajaba con grandes rebaños, se establecía por períodos de tiempo fuera de las ciudades y negociaba convenios con los líderes de las ciudades.

Dios llamó a Abram a dejar su hogar e ir a una tierra nueva. Abram obedeció en fe, sin saber lo que se encontraba por delante en Canaán (Hebreos 11:8). Canaán parece haber sido el "oeste salvaje" del Cercano Oriente antiguo. Debido al desierto en el este y el Mar Mediterráneo en el oeste, era el istmo entre las civilizaciones mundiales más antiguas. Allí los tres continentes de África, Asia y Europa se encuentran. En el cruce del antiguo mundo, Dios escogió establecer un pueblo con el mensaje de salvación eterna.

La promesa de Dios a Abram

Explicar el significado de la promesa de Dios a Abram.

¿Cuál fue la promesa de Dios a Abram y cómo afectaría al resto del mundo?

¿Cómo se diferenciaba el mundo de Abram de los beduinos del Cercano Oriente de siglos recientes? Aunque la familia de Abram coincida con la de los beduinos del Cercano Oriente de siglos recientes, su mundo era en realidad bastante distinto. Abram era probablemente más rico, más conocedor del mundo, y más letrado; él trataba con más pueblos urbanos que los beduinos del pasado reciente. Abram tenía a más de trescientos hombres trabajando para él. Él viajaba con grandes rebaños, se establecía por períodos de tiempo fuera de las ciudades y negociaba convenios con los líderes de la ciudad.

¿Cuál fue la promesa de Dios a Abram y cómo afectaría al resto del mundo? Dios prometió a Abram que él llegaría a ser una gran nación: "Serán benditas en ti todas las familias de la tierra" (Génesis 12:3). Esta promesa, al ser cumplida, sería llamada el evangelio, las buenas nuevas de salvación del

La Torah (El Pentateuco)

Génesis 12:1 describe el llamado de Dios a Abram de romper con su procedencia, dejar a su familia extendida y mudarse a un lugar nuevo donde Dios lo usaría. En ese tiempo, Dios le hizo una promesa a Abram, diciendo que Abram llegaría a ser una gran nación: "Serán benditas en ti todas las familias de la tierra" (Génesis 12:3). Esta promesa, cuando se cumpliera, sería llamada el *evangelio*, las buenas nuevas de salvación del castigo de la muerte eterna decretada por Dios. Pablo indica esto en Gálatas 3:8, afirmando que la Escritura (Génesis 12:3) "dio de antemano la buena nueva a Abraham". La bendición en Génesis se refiere a Dios facilitando sus buenos propósitos en las vidas de las personas que le respondan. Su plan proveyó la respuesta al problema del pecado a través del libertador que Él enviaría a revertir la maldición o juicio sobre el pecado. A través del descendiente de Abram, Dios restauraría la comunión y daría vida eterna a todos los que se arrepintieran y le aceptaran por fe. El mensaje del relato de Abram, empezando en Génesis 12, es que Dios desea que todas las personas sean bendecidas (restauradas, salvadas y que disfruten de la bondad de Dios) y que los creyentes testifiquen a todos del ofrecimiento de Dios de esta relación eterna.

¿Cuál es el significado de los tres elementos de la promesa de Dios a Abram?

La promesa de Dios a Abram incluye tres elementos: (1) la semilla, (2) la tierra y (3) la bendición de las naciones. Dios necesitaba un pueblo creyente, una nación que fuese el lugar de nacimiento del Salvador prometido. Por lo tanto, Dios escogió a Abram, a través de cuyos descendientes (semilla) Él encarnaría a su Hijo y traería la bendición de

---

castigo de la muerte eterna decretada por Dios. Su plan proveyó la respuesta al problema del pecado a través del libertador que Él enviaría a revertir la maldición o juicio sobre el pecado. A través del descendiente de Abram, Dios restauraría la comunión y daría vida eterna a todos los que se arrepintieran y le aceptaran por fe. El mensaje del relato de Abram, empezando en Génesis 12, es que Dios desea que todas las personas sean bendecidas (restauradas, salvadas y que disfruten de la bondad de Dios) y que los creyentes testifiquen a todos del ofrecimiento de Dios de esta relación eterna.

¿Cuál es el significado de los tres elementos de la promesa de Dios a Abram? 1.   La semilla — Dios necesitaba un pueblo creyente, una nación que fuese el lugar de nacimiento del Salvador prometido. A través de los descendientes de Abram (semilla) Dios encarnaría a su Hijo y traería la bendición de la salvación a todos los pueblos.

2.   La tierra — Él también eligió la tierra en la cual Abram se establecería, en el cruce de caminos del mundo antiguo. La tierra era parte de la promesa, porque era un lugar necesario para funcionar como el lugar de nacimiento del Salvador. Desde esta tierra el pueblo de Dios podría preparar al mundo para el Salvador a través de su testimonio de la verdad de Dios.

3.   La bendición de las naciones — sería a través de este Salvador que el resto del mundo sería bendecido. El Antiguo Testamento es el relato de este plan obrando a través de la nación de Israel. El resto de la Biblia es el relato del desarrollo del plan de Dios.

salvación a todos los pueblos. Él también eligió la tierra en la cual Abram se establecería, en el cruce de caminos del mundo antiguo. La tierra era parte de la promesa, porque era un lugar necesario para funcionar como el lugar de nacimiento del Salvador. Desde esta tierra el pueblo de Dios podría preparar al mundo para el Salvador a través de su testimonio de la verdad de Dios. El Antiguo Testamento es el relato de este plan obrando a través de la nación de Israel. El resto de la Biblia es el relato del desarrollo del plan de Dios.

Los desafíos a la promesa

Enumerar los desafíos que enfrentó Abram y sus respuestas a Dios.

Desde el comienzo, Abram enfrentó desafíos a la esperanza de la promesa de Dios, pero en cada situación él aprendió a responder en **fe-obediencia** a Dios. Todos los creyentes experimentan desafíos a las promesas de Dios y pueden aprender de Abram a perseverar en fe-obediencia. Tales desafíos pueden ser vistos como una confirmación de que están haciendo lo que Dios les llamó a hacer. Una forma simple de ver este modelo de la obra del Señor en la vida de sus creyentes es: Promesa, Principio, Problema y Provisión.

La hambruna

¿Cuáles cuatro desafíos enfrentó Abram? ¿Cómo respondió a cada uno de ellos?

Primero, Abram experimentó la prueba de la hambruna. La tierra prometida, a la que Dios le había llamado, experimentó una sequía y no pudo alimentar a Abram. Él tomó la dirección humanamente lógica de ir a Egipto, la región agrícola del antiguo mundo. Sin embargo, anticipando que el faraón desearía a Sarai para su harem y temiendo que el faraón lo mataría para obtenerla, Abram decidió decir que ella era su hermana. De esta

---

¿Cuáles cuatro desafíos enfrentó Abram? ¿Cómo respondió a cada uno de ellos? 1. La hambruna — Abram fue a Egipto donde había abundancia de comida. Mientras estaba allí, mintió al Faraón acerca de su relación con su esposa Sarai. Abram respondió con temor y engaño, confiando en sus propios recursos más que en Dios.

2. El conflicto con Lot — Abram respondió con humildad y generosidad, permitiendo a Lot elegir primero los lugares donde establecerse.

3. El rapto de Lot — cuando Lot y su familia fueron llevados cautivos, Abram arriesgó su vida para rescatarles, confiando en que Dios les cuidaría. Entonces mostró gratitud y adoración por medio de dar el diezmo a Melquisedec el sacerdote.

4. El botín de la victoria — cuando el rey de Sodoma ofreció a Abram parte del botín de su victoria sobre el enemigo, Abram lo rechazó. Él deseaba que todos supieran que era Dios quien lo había enriquecido y no el rey de Sodoma, dando un testimonio fuerte de su dependencia de Dios.

manera, él respondió al miedo con el engaño. Depender de recursos humanos más que de Dios refleja la respuesta típica de Israel a través de la historia y de todas las personas. Génesis retrata el impacto negativo de tales elecciones, sin criticar directamente a Abram. Dios resolvió la situación y Abram regresó a la tierra prometida. Ir a Egipto no es necesariamente un problema o un pecado, pero lo que una persona hace allí y si es que él o ella regresa al lugar de la promesa, es un asunto de preocupación. Una respuesta adicional de Abram, después de volver a entrar en la tierra prometida, fue regresar a su último lugar de adoración, Bet-el, donde había construido un altar. Allí él invocó al Señor nuevamente. Abram continuó construyendo altares e invocando al Señor en lugares significativos, reafirmando su confianza y lealtad hacia Él.

El conflicto con Lot

El segundo desafío que enfrentó Abram fue la disputa entre sus pastores y los de Lot. El conflicto resultó en la separación de las familias. Abram al responder en humildad y generosidad, le dio a Lot a elegir primero los lugares para establecerse. La elección de Lot de la tierra fértil de Sodoma y Gomorra le trajo problema.

El rapto de Lot

El tercer desafío de Abram vino cuando Lot y su familia fueron llevados cautivos con otros de Sodoma y Gomorra durante una batalla. Abram arriesgó su vida para rescatar a Lot, confiando en el Señor. Cuando regresaba, **Melquisedec**, de quien nada se sabe, excepto que era un rey en Canaán y un sacerdote de Dios, se encontró con él y le bendijo. (Aquí la idea de bendición es probablemente una oración en la que Dios proféticamente elabora en los planes que Él tiene para Abram y su continua capacitación de éste para que tenga una vida fructífera.) Abram le pagó un **diezmo** (una décima parte) de todo a Melquisedec, como si se lo estuviera dando al Señor. Al hacerlo, él le atribuyó el crédito a Dios por la victoria y mostró su gratitud y adoración.

El botín de la victoria

El cuarto desafío de Abram vino cuando el rey de Sodoma le ofreció los bienes recuperados a él. Abram rechazó la oferta porque se vería como si el rey le hubiese hecho rico cuando era Dios quien le había dado la victoria. Abram dio un testimonio fuerte de su dependencia de Dios.

> ¿Qué dice la respuesta de Abram a la promesa de Dios de darle un hijo acerca de su relación con Dios?

Finalmente, cuando Abram pudiese haber temido el regreso de los reyes merodeantes, Dios le aseguró que Él continuaría siendo la fuente de seguridad y de prosperidad de Abram (15:1). Entonces Abram le preguntó a Dios acerca de la promesa de un hijo, en vista del hecho que no tenía un heredero excepto su asistente, el jefe de sus sirvientes. Dios usó la imagen visual de las estrellas en el cielo de la noche para inculcar en Abram la certeza y la magnitud de su promesa para él. Sus descendientes espirituales, por medio de la fe en la promesa, serían enormes en número. Como respuesta, Abram "creyó a Jehová y le fue contado por justicia" (15:6). Pablo usó esta afirmación como el fundamento para enseñar la salvación de Dios por medio de la gracia a todos los que creen en Cristo (Gálatas 3:6–8). La respuesta de Abram significaba que él consideraba la palabra de Dios fidedigna y digna de confianza. Él permitió que su vida estuviera identificada con y dependiente del Señor y de su promesa.

Un pacto es cortado

Definir un pacto.

Cuando Abram preguntó a Dios cómo se cumpliría la promesa, en vista del hecho que él no tenía heredero, el Señor hizo un pacto con él. Un pacto es un acuerdo vinculante entre dos partes.

> ¿Cuáles fueron los tres tipos básicos de pactos usados en tiempos antiguos?

¿Qué dice la respuesta de Abram a la promesa de Dios de darle un hijo acerca de su relación con Dios? Abram creyó al Señor. Le fue contado a Abram por justicia debido a su fe en Dios. La respuesta de Abram quería decir que él consideraba que la palabra de Dios era digna de confianza. Él permitió que su vida estuviera identificada con y dependiente del Señor y de su promesa.

¿Cuáles fueron los tres tipos básicos de pactos usados en tiempos antiguos? 1. El primero era una declaración soberana por una persona en el poder sin ninguna condición dada, tal como una cesión real de terreno. Un ejemplo de esto es el pacto que Dios hizo con Noé después del diluvio.
2. El segundo tipo de pacto era el trato de paridad, o un acuerdo entre dos pares. Abram realizó semejante pacto con Abimelec en Génesis 21.
3. El tercer tipo de pacto es el trato de señor feudal-vasallo. En tal pacto un rey poderoso (señor feudal) ofrecía una relación condicional a un vasallo potencial. Básicamente, el señor feudal prometía seguridad al vasallo como miembro de su reinado. A cambio él demandaba impuestos y lealtad completa, incluyendo que el vasallo enviara tropas cuando el señor feudal lo necesitara. El trato señor feudal-vasallo es el tipo de pacto que Dios hizo con Israel en Sinaí.

Documentos antiguos revelados en el Cercano Oriente muestran que tres tipos básicos de pactos eran usados. Uno era una declaración soberana por una persona en el poder sin ninguna condición dada, tal como una cesión real de terreno. Este era el tipo de pacto que Dios hizo con Noé después del diluvio (Génesis 6:18; 9:9). Dios pactó con Noé que nunca más destruiría la tierra con una inundación.

El segundo tipo de pacto era el trato de paridad, o un acuerdo entre dos pares. Abram realizó semejante pacto con Abimelec en Génesis 21.

El pacto más importante para entender el Antiguo Testamento es el trato de **señor feudal**-vasallo. En tal pacto un rey poderoso ofrecía una relación condicional a un vasallo en potencia. O bien el rey poderoso había vencido a un rey más débil o había librado al rey más débil de un tercer rey. El rey poderoso (señor feudal) declaraba luego las condiciones de la nueva relación con el rey que él había ayudado (el vasallo). Básicamente, el señor feudal prometía seguridad al vasallo como miembro de su reinado. A cambio, él demandaba impuestos y lealtad completa, incluyendo que el vasallo enviara tropas cuando el señor feudal lo necesitara.

¿Cuál es el pacto que mejor interpreta el pacto de Dios con Abram?

El trato señor feudal-vasallo es el tipo de pacto que Dios hizo con Israel en Sinaí. También es el que mejor interpreta su pacto con Abram. Los cristianos no están simplemente en un pacto de hermano de sangre con Dios. Él es nuestro Señor y nosotros somos sus vasallos. Nosotros no podemos demandar nada de Dios, pero somos amados por Él.

El pacto con Abram era la forma de Dios de "poner por escrito" sus promesas a Abram. Garantizaba sus promesas de modo que Abram podía estar confiado de que éstas se cumplirían. También especificaba la respuesta esperada de Abram y de sus descendientes.

Abram aceptó las promesas del pacto y obedeció la estipulación de la **circuncisión** (Génesis 17). Al momento de aceptar el pacto, hizo arreglos para "cortarlo", lo que involucró cortar animales expiatorios por la mitad para que las dos partes pudieran pasar entre ellas y pronunciar maldiciones el uno hacia el otro por cualquier traspaso al compromiso (véase Jeremías 34:18-19). Durante la noche, Dios vino en una presencia ardiente para pasar entre las partes, estableciendo el pacto. Abram no necesitaba hacer nada más que estar parado al lado y aceptar el pacto. De esta forma, Dios demostraba que su prometido plan de salvación de la humanidad era su obra y un don para la humanidad. Sin embargo, si cualquiera fallaba en responder a tomar la señal de la circuncisión y a vivir una vida en confianza y en obediencia, sería excluido del pacto. Los dones de Dios no pueden ser ganados pero pueden ser rechazados.

¿Cuál es el pacto que mejor interpreta el pacto de Dios con Abram? El trato señor feudal-vasallo.

Dios predijo que los descendientes de Abram serían esclavizados aproximadamente por cuatrocientos años en una tierra extranjera y luego serían restaurados a la tierra prometida. Una razón por la demora era que Dios estaba dando tiempo a los cananeos para arrepentirse. La demora haría evidente la pecaminosidad de los cananeos, mereciendo el juicio. Mientras tanto, Dios convertiría a su pueblo en una nación poderosa.

La revelación de Dios

Indicar formas en las cuales Dios se reveló a sí mismo a Abram.

¿De qué formas se reveló Dios a sí mismo a Abram?

Dios se reveló a sí mismo y su plan a Abram, de varias formas.

- Primero, Él simplemente habló a Abram. Dios continuó hablando a Abram en ocasiones críticas en el progreso de su plan prometido. Dios también se comunicó en formas no especificadas.
- El Señor "se apareció" a Abram para darle instrucciones (Génesis 12:7).
- Dios se comunicó con faraón de tal forma, que faraón entendió que su pueblo estaba experimentando aflicción debido a que había tomado la esposa de Abram, Sarai.
- Génesis 15:1 dice: "La palabra del Señor vino a Abram en una visión."
- Dios se refirió a las estrellas en el cielo de la noche para inculcar en Abram la certeza y la magnitud de su promesa (Génesis 15:4–5).
- Cuando Dios cortó (o selló) el pacto con Abram, Él exteriorizó el mensaje de su gracia soberana por medio de enviar lo que parecía ser una antorcha ardiente entre las partes del animal.

Dios también se revela a sí mismo a través de sus nombres. El texto a menudo usa el nombre personal de Dios, *Jehová*. Este nombre no era pronunciado por los judíos después

---

¿De qué formas se reveló Dios a sí mismo a Abram? • Dios habló a Abram.
- El Señor "se apareció" a Abram.
- Dios se comunicó con Faraón de tal forma, que Faraón entendió que su pueblo estaba experimentando aflicción debido a que había tomado la esposa de Abram, Sarai.
- El Señor vino a Abram en una visión.
- Dios se refirió a las estrellas en el cielo para mostrar a Abram la magnitud de su promesa.
- Cuando Dios cortó el pacto con Abram, Él envió lo que parecía ser una antorcha de fuego entre los trozos de los animales.
- Dios se reveló a través de sus nombres.

del exilio; en cambio era usada la palabra *Señor*. Éxodo 6:3 dice que Abram no conocía a Dios como el Señor sino que como "Dios Omnipotente". Esto probablemente no quiere decir que Abram no conocía para nada el nombre *Jehová* porque se dirigía a Él como "Señor Jehová" en Génesis 15:2 (lo que la NVI imprime como "Señor y Dios"). Sin embargo, su experiencia de Dios era como el todopoderoso Soberano y el Dios, Altísimo, el Creador (14:19) quien proveía para él y le protegía, liberándole de los enemigos. Dios le dijo a Abram: "Yo soy tu escudo, y tu galardón será sobremanera grande" (15:1). Otros nombres o títulos de la auto-revelación de Dios serán indicados en capítulos posteriores.

El pacto y la promesa aclarada (Génesis 16-19)

Después que Dios estableció su pacto con Abram, Abram enfrentó desafíos significativos. Él recibió el consuelo del Señor que la promesa continuaría a través de un hijo de Sarai. Él recibió la señal del pacto, la circuncisión y la ayuda de Dios para rescatar a Lot.

Una elección costosa

Indicar cómo obró Dios a pesar de la pobre elección de Abram en Génesis 16.

Tal vez, la prueba de fe más común y difícil es enfrentar la aparente demora de las promesas de Dios. Diez años después de la promesa de que Abram sería el padre de una nación, Sarai cumplió setenta y cinco años. Ella decidió que la única forma que ella tendría un hijo sería a través de su sirvienta, Agar. Porque Dios había prometido un hijo y a Sarai se le habían pasado los años para dar a luz un hijo. Abram aceptó la solicitud de Sarai de tener un hijo con Agar. De esta manera nació Ismael.

¿Por qué fue un error para Abraham tener un hijo a través de la sirvienta de Sara?

La elección de Abram pareció lógica en ese tiempo, de la misma forma como había sido su elección de mentir acerca de Sarai en Egipto. Sin embargo, los descendientes de Ismael llegaron a ser enemigos de Israel. Muchos han sufrido las consecuencias de la

---

¿Por qué fue un error para Abraham tener un hijo a través de la sirvienta de Sara? La elección de Abraham de tener un hijo a través de la sirvienta de Sara era lógica para aquel tiempo. La poligamia era una práctica aceptada en aquel tiempo en la historia. Las dos equivocaciones de Abraham fueron 1) fallar en buscar la dirección de Dios en el asunto 2) tratar de ayudar a Dios a que cumpliera su promesa. Dios no necesita ayuda. Él siempre cumple sus promesas.

elección de Abram a través de los conflictos de las naciones descendientes de sus hijos. Su error no estuvo en escuchar a Sarai, sino en no preguntar a Dios acerca de su idea. Posteriormente, Dios le diría a Abraham (véase sección titulada "Pacto aclarado" en la página siguiente) que escuchara la petición de Sara de enviar a Agar y a Ismael fuera por el bien de Isaac (Génesis 21:11-13). Pero demasiado a menudo el pueblo de Dios se encarga por sí mismo de ayudar a cumplir las promesas de Dios. Nosotros siempre necesitamos buscar a Dios primero. Él no necesita ayuda; Él cumple sus promesas.

Abraham puede que no siempre haya respondido a situaciones por medio de buscar a Dios para sabiduría, pero continuamente adoraba y obedecía al Señor. Abraham sufrió por sus elecciones, pero Dios le ayudó a atravesarlas. Dios también ministró a Agar cuando ella huyó del maltrato de Sarai. Un ángel la envió de regreso a Sarai con la promesa del nacimiento de Ismael. Cuando Agar e Ismael fueron echados más tarde, el Señor proveyó milagrosamente para ellos.

Dios obra a pesar de nuestras elecciones malas, pero tenemos que sufrir las consecuencias. El pueblo de Dios necesita aprender a responder a la demora y a la tentación de proveer soluciones humanísticas por medio de buscar la dirección de Dios y de obedecer en fe y perseverancia.

El ángel del Señor

Identificar al ángel de Dios en Génesis.

El ángel del Señor en Génesis y en el Antiguo Testamento fue descrito en términos que indican deidad en forma humana. Jacob luchó con el ángel del Señor y dijo que había visto cara a cara a Dios (32:24, 30). Cuando personajes bíblicos se encontraban con el ángel del Señor, ellos le identificaban como Dios. En Génesis 18, tres ángeles visitaron a Abraham. Uno, llamado el Señor, se quedó con él (Génesis 18:22). Debido a la afirmación de Pablo que hay sólo un **mediador** entre Dios y la humanidad, Jesucristo (1 Timoteo 2:5), es lógico pensar que el Hijo de Dios era el mediador en eventos de revelación, salvación y juicio a través del ángel del Señor. Esto no necesita quitar la encarnación del Hijo de Dios que vino posteriormente. Dios obra a través de su creación para ministrar a sus criaturas. Él lo hizo así como el ángel del Señor.

Pacto aclarado

Describir cómo Dios aclaró aún más su pacto con Abraham.

Otro modelo de la obra de Dios en las vidas de los creyentes es visto en su revelación y aclaración progresiva de su plan a Abraham. También es visto en su relación con

Abraham. En Génesis 17, Dios reafirmó que los descendientes de Abraham pactarían con Dios, un pacto con la señal de la circuncisión. Dios cambió el nombre de Abram a Abraham y el de Sarai a Sara. Este cambio de nombre reflejaba su cambio de destino, de señorío y el carácter de su corazón. La Palabra de Dios, recibida y obedecida —especialmente a través de pruebas y aflicciones— espiritualmente transforma a los creyentes a la imagen de Dios (2 Corintios 3:18; 4:7-18; Efesios 4:23-24; Colosenses 3:10). Finalmente, el Señor especificó que dentro de un año, Sara tendría un hijo llamado *Isaac*.

¿Cómo eran la circuncisión y el cambio de nombre de Abram significativos para el pacto de Dios?

La circuncisión era una señal física, requerida por Dios, que expresaba compromiso hacia Él e identificación con el pacto que Él había hecho con su pueblo. Dios no requiere una señal física para el **Nuevo Pacto**, sino una vida de fe y compromiso. Dios desea que el corazón de su pueblo esté circuncidado (Deuteronomio 10:16; 30:6). El Nuevo Testamento llama al bautismo en agua por un testimonio externo de arrepentimiento y un comienzo nuevo de aquellos creyentes, ahora muertos al pecado y vivos para Cristo (Romanos 6:2-4; Colosenses 2:11-12).

Justicia versus injusticia

Contrastar la obra de Dios en la vida de Abraham con las vidas de Lot y las personas de Sodoma y Gomorra.

La obra de Dios en los creyentes contrasta grandemente con las vidas de los no creyentes (Génesis 18-19). Aquellos que le responden en arrepentimiento, fe y obediencia, experimentan una intimidad de pacto análoga a la de esposo y esposa. Aquellos que no conocen al Señor no pueden imaginar tal relación.

Debido a la relación íntima de pacto que Dios estableció con Abraham, Él le contó a Abraham de su plan de juzgar a Sodoma y a Gomorra con total destrucción. Él vino a Abraham como el ángel del Señor con otros dos ángeles.

¿Cómo muestran los ejemplos de Lot y Abraham el contraste entre la obra de Dios en la vida de los creyentes y en la de los no creyentes?

¿Cómo eran la circuncisión y el cambio de nombre de Abram significativos para el pacto de Dios? La circuncisión era una señal física, requerida por Dios, que expresaba compromiso hacia Él e identificación con el pacto que Él había hecho con su pueblo. Dios reafirmó su pacto con los descendientes de Abraham con la señal de la circuncisión. Dios cambió el nombre de Abram a Abraham y Sarai a Sara. Estos cambios de nombres reflejaban su cambio de destino, señorío y el carácter de sus corazones.

Abraham tuvo autorización para negociar con Dios por las vidas de inocentes en las dos ciudades. Él afirma una gran verdad acerca de Dios en la forma de una pregunta: "El Juez de toda la tierra, ¿no ha de hacer lo que es **justo**?" (18:25). Al final, solamente Lot y sus hijas se salvaron.

El mal de las personas en las dos ciudades fue ejemplificado por el intento de violar a los dos ángeles que visitaron a Lot. Lot ofreció a sus hijas a los hombres malvados. Mientras que Lot era más justo que esas personas, su familia había sido influenciada por medio de vivir entre ellos. Posteriormente, la esposa de Lot miró atrás mientras ellos estaban siendo guiados a la seguridad y fue convertida en una estatua de sal. En los montes, las hijas de Lot cometieron incesto con él para tener hijos porque los hombres que estaban comprometidos con ellas como esposos habían muerto en las ciudades.

El ya pero todavía no en relación con el cumplimiento de la promesa (Génesis 20–25:11)

Un principio bíblico importante es referido como *el ya pero todavía no*. Es parte de la forma cómo Dios creó el tiempo, con la mirada hacia delante, el movimiento lineal de la historia. Muchas culturas ven el tiempo como moviéndose en ciclos sin sentido y sin fin, pero Dios revela que su plan para la historia tuvo un comienzo y tendrá un fin. Él estableció un modelo de promesa y cumplimiento en la Biblia que da esperanza para el futuro a aquellos que le responden a Él. En el proceso, Dios da a su pueblo una muestra, o un depósito inicial de las bendiciones eternas. De esta manera, el cumplimiento de sus promesas puede ser parcialmente experimentado ahora, pero la realización completa viene en el futuro. Ejemplo de esto es el cumplimiento parcial de Dios de la promesa a Abraham.

¿Cómo muestran los ejemplos de Lot y Abraham el contraste entre la obra de Dios en la vida de los creyentes y en la de los no creyentes? Debido a la relación íntima de pacto que Dios estableció con Abraham, Él le contó a Abraham de su plan de juzgar a Sodoma y Gomorra con total destrucción. A Abraham se le permitió negociar con Dios por las vidas inocentes en las dos ciudades. Las personas de las dos ciudades eran malvadas. A pesar de que Lot era más justo que esas personas, su familia había sido influenciada por vivir entre ellas. Lot no tenía la relación con Dios que Abraham tenía. Dios respetó su acuerdo con Abraham y envió ángeles para salvar a Lot y a su familia. Al final, solamente Lot y sus hijas fueron salvados.

Suposición errónea

Indicar la suposición errónea de Abraham en Génesis 20.

¿Qué suposición provocó que Abraham mintiera acerca de su relación con Sara?

Génesis 18 y 19 contrastó al mundo con Abraham, el amigo de Dios (Santiago 2:23). Sin embargo, el capítulo 20 muestra que los creyentes no deben suponer que solamente ellos temen a Dios o le escuchan. Esto supuso Abraham respecto a Abimelec. Debido al temor por su vida, Abraham mintió nuevamente, presentando a Sara como su hermana. Dios advirtió a Abimelec en un sueño que Sara era la esposa de Abraham. Abimelec estaba indignado y aseveró "sencillez de corazón" (RVR-60) o "de buena fe" (NVI). Dios desea personas en armonía con Él. Abimelec cometió una falta en inocencia. No obstante, Dios le dijo que Abraham era un profeta y que debería pedirle a Abraham que orase para que el juicio de Dios fuera levantado del pueblo de Abimelec. Dios había causado que las mujeres quedaran estériles debido a la seriedad del error.

Este incidente y el relato de Melquisedec muestran que Abraham y sus descendientes no eran las únicas personas que se comunicaban con Dios, que conocían la diferencia entre el bien y el mal, y por lo tanto podían ser salvados. Sin embargo, Dios mostró que Abraham tenía una comunicación especial e íntima con Dios como un profeta. Dios reveló que la salvación sería mediada al mundo a través del descendiente de Abraham.

Abraham, un profeta

Definir profeta de la referencia a Abraham en Génesis 20:7.

¿Cuál es la diferencia entre los profetas del Antiguo Testamento y los del Nuevo Testamento?

Abraham fue identificado como un profeta en Génesis 20:7, definiendo de esta manera *profeta* como una persona con una relación tan íntima con Dios que él o ella es usada como un portavoz para Dios y un **intercesor** para el pueblo ante Dios. En el Antiguo

---

¿Qué suposición provocó que Abraham mintiera acerca de su relación con Sara? Abraham cometió el error que muchos creyentes cometen. Suponen que solamente ellos temen a Dios o le escuchan. Abraham cometió este error con Abimelec. Debido al temor que sentía por su vida, Abraham mintió de nuevo acerca de su relación con Sara. Sin embargo, Dios advirtió a Abimelec del engaño, probando que Abraham no era el único con quien Dios se podía comunicar.

¿Cuál es la diferencia entre los profetas del Antiguo Testamento y los del Nuevo Testamento? En el Antiguo Testamento los profetas eran mediadores de la revelación de Dios y mensajeros para su pueblo. En el Nuevo testamento, Dios estableció a creyentes como profetas y también como sacerdotes. Los profetas del Nuevo Testamento no son necesariamente mediadores de los mensajes de Dios, aun cuando ministren mensajes útiles de parte de Dios al resto de la iglesia.

Testamento, los profetas eran mediadores de la revelación de Dios y mensajeros para su pueblo. En el Nuevo Testamento, Dios estableció a creyentes como profetas y también como sacerdotes. Los profetas del Nuevo Testamento no son necesariamente mediadores de los mensajes de Dios, aun cuando ministren mensajes útiles de parte de Dios al resto de la iglesia.

Dios prueba a Abraham

Identificar aspectos de la prueba que Dios le hizo a Abraham en Génesis 22.

Génesis 22:1 dice claramente que Dios probó (probó o determinó la verdadera naturaleza de) a Abraham de una manera similar a como se prueba el metal. Las pruebas de Dios exponen lo que hay en nuestros corazones (véase Deuteronomio 8:2). Dios pidió la prueba más grande de la confianza y obediencia de Abraham por medio de ordenar que sacrificara a su hijo, el hijo de la promesa por quien había esperado tanto tiempo. Abraham debía realizar el sacrificio en un lugar que Dios le mostraría, lo que parece haber sido el Monte Moriah donde finalmente fue construido el templo (2 Crónicas 3:1). Abraham demostró gran fe al contestar las preguntas de su siervo y de su hijo. Él dijo que iban a adorar y que Dios proveería un cordero para el sacrificio. Dios vio que Abraham no retendría nada de Él. Él detuvo a Abraham de matar a su hijo y en cambio proveyó un carnero para el sacrificio. Luego Él reafirmó su promesa a Abraham y a sus descendientes.

Abraham llamó al lugar de sacrificio *Jehová Jiré* o *Yahweh Yireh*, lo que quiere decir "el Señor [lo] proveerá", y de esta forma Él provee el sustituto para nuestra deuda, haciendo posible la salvación. Hebreos 11:19 dice que Abraham recibió figuradamente a Isaac de vuelta de la muerte. Dios a menudo dirige a su pueblo a través de experiencias de muerte y resurrección para establecer su caminar en fe. De la misma manera que Abraham, nosotros debemos estar dispuestos a dejar todo por Él, aún las respuestas que Él acaba de proveer. Dios demostró en Génesis 22, el sacrificio sustitutivo y la vida de resurrección. Él finalmente obraría en la vida de Cristo.

Cumplimiento parcial

Enumerar formas con las cuales Dios empezó a cumplir su promesa durante la vida de Abraham.

¿De qué formas empezó Dios a cumplir su promesa a Abraham mientras aún estaba vivo?

¿De qué formas empezó Dios a cumplir su promesa a Abraham mientras aún estaba vivo? Abraham era visto como una bendición para el mundo cuando Abimelec pidió un pacto con él. Cuando Sara falleció, Abraham compró un pedazo de tierra con una cueva para su tumba. Esta era la primera propiedad que él poseyó en la tierra prometida. Dios dirigió al siervo de Abraham a Rebeca

Génesis demuestra que Dios cumple su palabra. Él cumplió su promesa de dar a Abraham un hijo a través de Sara aunque ellos esperaron veinticinco años y enfrentaron diversas amenazas. Abraham comenzó a ser visto como una bendición para el mundo cuando Abimelec pidió un pacto con él, reconociendo que Dios estaba con Abraham en todo lo que hacía (Génesis 21:22). Cuando Sara falleció, Abraham compró un pedazo de tierra con una cueva para su tumba. Esta era la primera propiedad que él poseyó en la tierra prometida. En el capítulo 24, Dios dirigió al siervo de Abraham a Rebeca cuando Abraham estaba buscando una esposa para Isaac. De esta manera comenzó la promesa de que vendría una nación de ellos. Abraham murió lleno de años y bendecido de parte de Dios en todo sentido. Él vio los comienzos del cumplimiento de la promesa, el plan de salvación para el mundo. Él murió en la esperanza con un gran testimonio.

De acuerdo al ejemplo de la vida de Abraham, ¿cuál es el modelo de Dios para obrar en la vida de las personas?

Nosotros vemos en la vida de Abraham ejemplos de lo que Dios desea que hagamos en nuestra vida. También aprendemos cómo debiéramos responder a situaciones y a la palabra de Dios. Necesitamos mirar continuamente a Dios para que nos dirija y cumpla sus propósitos en nuestras vidas. Él tiene grandes planes para nosotros y para todos los que le respondan a Él. Necesitamos esperar desafíos y pruebas. Génesis y el resto del Pentateuco parece enseñarnos que Dios obra en nuestra vida en el modelo de *Promesa, Principio, Problema y Provisión*. Dios usa los problemas para establecer sus principios en nuestro carácter, empezando con fe-obediencia y perseverancia, antes de proveer el cumplimiento o provisión de la promesa. Debemos confiar en la bondad de Dios.

Jacob y José: La continuación de la promesa (Génesis 25-50)

---

cuando Abraham estaba buscando una esposa para Isaac. De esta manera, comenzó la promesa de que vendría una nación de ellos.

De acuerdo al ejemplo de la vida de Abraham, ¿cuál es el modelo de Dios para obrar en la vida de las personas? Génesis parece enseñar que Dios obra en nuestra vida en el modelo de promesa, principio, problema y provisión. Dios usa los problemas para establecer sus principios en nuestro carácter, empezando con fe-obediencia y perseverancia, antes de proveer el cumplimiento o provisión de la promesa.

La mitad del libro de Génesis está dedicada a los relatos de Jacob y José. Los relatos detallados de períodos seleccionados de sus vidas demuestran enfáticamente dos grandes verdades acerca de la vida funcionando en la historia humana. Ellas son los propósitos soberanos y buenos de Dios, y las elecciones libres, buenas y malas de las personas. Estas verdades se han visto desde el principio de Génesis, pero son demostradas a lo largo de los relatos de estos dos hombres. El lector recibe el mensaje tácito que Dios obra pacientemente con personas para mover su plan y promesa hacia el cumplimiento. No se cumplirá a corto plazo, o sin dolor, pero seguirá moviéndose hacia delante y su palabra se cumplirá.

La promesa de Dios continuó en la vida de Jacob y de José a pesar de amenazas de reyes y de la naturaleza y a pesar de elecciones egoístas. El proceso se concentró en el desarrollo dado por parte de Dios a las personas de la promesa, tanto en forma individual por carácter piadoso como en forma corporativa en misión nacional, cuando Él estableció las doce tribus de Israel en Egipto. Estos capítulos están llenos de ejemplos de los cuales los creyentes pueden aprender, especialmente acerca de cómo Dios puede usar nuestra vida a pesar de nuestras debilidades y errores.

Antes de comenzar a trabajar en estas lecciones, lea en su Biblia estos capítulos: Génesis 25–50.

Lección 4.1   Los relatos de Isaac y Jacob (Génesis 25:19–36:43)

Objetivos

4.1.1   *Indicar cómo el autor de Génesis trató el relato de Isaac.*

4.1.2   *Identificar las actitudes y elecciones del pueblo en los relatos de Isaac y Jacob.*

4.1.3   *Destacar la obra de Dios en los relatos de Isaac y de Jacob.*

4.1.4   *Resumir las lecciones que los creyentes pueden aprender del relato de Jacob.*

Lección 4.2   El relato de José (Génesis 37–50)

Objetivos

4.2.1   *Enumerar las maneras espirituales cómo José respondió a sus circunstancias.*

4.2.2   *Describir las maneras milagrosas en que Dios obró en la vida de José.*

4.2.3   *Explicar el trato de José hacia sus hermanos en Egipto.*

4.2.4   *Resumir el mensaje de Dios para su pueblo al final de Génesis.*

Los relatos de Isaac y Jacob (Génesis 25:19–36:43)

Las vidas de Isaac y Jacob demuestran cómo usa Dios a personas imperfectas para continuar su plan. Sus vidas nos enseñan nuestra necesidad de tener hambre de Dios y de confiar y obedecer. Estos capítulos también describen el origen de las doce tribus de la nación de Israel.

Indicar cómo el autor de Génesis trató el relato de Isaac.

¿Por qué Moisés quitó énfasis a la vida de Isaac al escribir el libro de Génesis?

Dios prescindió del relato de Ismael en Génesis 25:12-18. El versículo 19 empieza con "el relato del hijo de Abraham, Isaac," que, como fue indicado anteriormente, es la historia de lo que sigue a la vida de Isaac, la vida de Jacob. Un "relato de Abraham", lo que podría ser la historia de Isaac, no es provista. Su historia es dividida entre la de Abraham y la de Jacob. El efecto de esto es quitarle el énfasis a la historia de Isaac, aunque él era el muy esperado, prácticamente el hijo de la promesa que regresó de la muerte. La razón parece ser que él no era el descendiente de Abraham que traería bendición al mundo. Para mantener al lector con la mira hacia delante, Moisés quitó énfasis a la vida de Isaac. Isaac se convirtió en el enlace entre Abraham y Jacob, padre de las doce tribus de Israel. El prometido vendría después que Israel fuera establecido como nación.

Las elecciones

Identificar las actitudes y elecciones del pueblo en los relatos de Isaac y Jacob.

¿De qué forma es paralelo el relato de Isaac con el relato de Abraham?

Dios obra en, a través de, y a pesar de las elecciones de las personas, aun si son hechas por temor, egoísmo, codicia, orgullo o flojera. La vida de Isaac, relatada en la historia de

---

¿Por qué Moisés quitó énfasis a la vida de Isaac al escribir el libro de Génesis? La razón parece ser que él no era el descendiente de Abraham que traería bendición al mundo. En cambio Moisés mantenía al lector con la mira hacia delante, haciendo de Isaac el enlace entre Abraham y Jacob, padre de las doce tribus de Israel. El prometido vendría después que Israel fuera establecido como nación. ¿De qué forma es paralelo el relato de Isaac con el relato de Abraham? De la misma forma como Abraham mintió acerca de su relación con Sara por temor a perder su vida, Isaac mintió a Abimelec acerca de su relación con su esposa. Cuando Abimelec supo la verdad estaba tan indignado como su antepasado lo había estado debido a la culpa de tomar la esposa de otro. Dios prosperó a Isaac más que Abraham, lo que atrajo la disputa de las personas en el área debido a los pozos de Abraham. Posteriormente, esas mismas personas llegaron a respetar la bendición de Dios sobre la vida de Isaac y le pidieron un pacto entre ellos. De esta manera, el efecto positivo de Isaac en el mundo se asemejó, o incluso sobrepasó al de Abraham. El Señor repitió su promesa a Isaac, quien respondió por medio de construir un altar y de adorar como lo había hecho Abraham.

Jacob, relata sus experiencias con el rey Abimelec, probablemente un hijo o nieto del rey con quien Abraham trató. El relato de Isaac es similar al de Abraham en ese punto. Isaac también mintió acerca de su esposa por temor de que Abimelec lo matara por ella. Cuando Abimelec supo la verdad, estaba tan indignado como su antepasado lo había estado debido a la culpa de tomar la esposa de otro. Dios prosperó a Isaac más que Abraham, lo que atrajo la disputa de las personas en el área debido a los pozos de Abraham. Posteriormente, esas mismas personas llegaron a respetar la bendición de Dios sobre la vida de Isaac y le pidieron un pacto entre ellos. De esta manera, el efecto positivo de Isaac en el mundo se asemejó, o incluso sobrepasó al de Abraham. El Señor repitió su promesa a Isaac, quien respondió por medio de construir un altar y de adorar, como lo había hecho Abraham. Las personas tienden a repetir los caminos de los padres pero los creyentes se pueden levantar por encima de los errores y debilidades a través de una relación con Dios de arrepentimiento, fe y obediencia.

Isaac y Rebeca (Génesis 25:28; 27) mostraron favoritismo, Isaac hacia Esaú, Rebeca hacia Jacob. Esto llevó a serios problemas familiares y probablemente influenció en Jacob para más tarde mostrar favoritismo hacia sus hijos José y Benjamín. Debido a este favoritismo, Isaac trató de pasar la bendición del primogénito a Esaú, aún cuando Dios había dicho que el mayor serviría al menor. Este acto egoísta, contrario al plan de Dios, fue contrarrestado por el acto egoísta de engaño de Rebeca. Ella llevó a Jacob a engañar a su padre para que le diera a él la bendición. El resultado fue que ella tuvo que enviar lejos a Jacob para evitar que fuera asesinado por Esaú. Nunca volvió a ver a Jacob.

> ¿Qué atributos de Jacob hicieron que Dios lo eligiera a él por encima de Esaú como el que continuaría la línea del prometido?

Estos capítulos contrastan las actitudes de Jacob y de Esaú respecto a las bendiciones de Dios y el plan y promesa. Dios eligió soberanamente a Jacob antes de que los gemelos nacieran para continuar la línea del prometido (Romanos 9:11-13), y sus vidas mostraron la conveniencia de tal elección. Esaú fue un cazador ávido, que pasaba mucho de su tiempo a campo abierto, mientras que Jacob era un "varón quieto que habitaba en tiendas" (25:27). La palabra traducida "quieto" no es traducida de esa forma en ninguna

---

¿Qué atributos de Jacob hicieron que Dios lo eligiera a él por encima de Esaú como el que continuaría la línea del prometido? Jacob era fiable e íntegro. Él no era un hombre salvaje e indisciplinado que vivía una vida salvaje buscando deporte y aventura como su hermano Esaú. Jacob buscó una esposa de entre su pueblo para asegurarse que tendrían los mismos valores. Mas Esaú eligió a sus esposas sin preocupación por los valores familiares ni espirituales. Sus elecciones causaron gran dolor a sus padres. Mas Jacob valoraba y deseaba las cosas de Dios sobre todas sus metas y bendiciones. Jacob tenía hambre de Dios y perseveraba como Abraham, nuevamente había aquí una diferencia con su hermano. Esaú parecía permanecer egoísta, sin orientación hacia Dios.

otra parte. En Job 1:1 en la versión Reina-Valera 1960 es traducida "perfecto" y generalmente es usada para inocencia o integridad ante Dios. Aquí podría significar que Jacob era fiel al pastoreo, el negocio de la familia. Él hubiera sido fiable o quizás, como Walton (2001) dice, "íntegro" (550). Él no era simplemente, como dice Horton (1994) de Esaú, "un hombre salvaje, indisciplinado que vivía una vida salvaje buscando deporte y aventura". Esaú escogió a sus esposas sin preocupación por los valores espirituales ni familiares. Sus elecciones causaron a sus padres gran dolor. Jacob, de acuerdo a la comprensión del texto según Horton (1994), era "sensato, diligente, sumiso y pacífico... y era todo lo que alguien que habitaba en tiendas debería ser".

Jacob valoraba y deseaba las cosas de Dios, sus metas y bendiciones. Sin embargo, originalmente él usaba métodos egoístas y humanos para perseguirlas y cosechó lo que sembró hasta que Dios le ayudó a cambiar. Primero, Jacob sacó ventaja del hambre de Esaú e intercambió comida por la primogenitura de la familia. La primogenitura era, por lo menos, la herencia adicional que el primogénito recibía por sobre sus hermanos. También se podía referir a todos los privilegios del primogénito como heredero del liderazgo de la familia y continuar con la línea del prometido. Esaú no valoró su primogenitura más que un plato de comida. Luego, con la dirección de su madre, Jacob engañó a su padre para que le diera la **bendición patriarcal** profética del primer hijo y líder de la familia.

Cuando Jacob se fue a Harán para encontrar una esposa apropiada entre sus parientes, él cosechó lo que había sembrado. Labán lo engañó para que se casara con la hermana equivocada y le hizo trabajar siete años extras por la hermana que él deseaba. Sin embargo, Jacob finalmente eligió enfrentar a Labán y a todos los desafíos de la vida, a la manera de Dios. Como resultado, él prosperó y su carácter cambió. Él regresó para enfrentar a Esaú y buscar humildemente la ayuda y bendición del Señor. Jacob dio a Dios la gloria cuando se encontró con Esaú pero Esaú egoístamente ignoró a Dios. Cuando sus hijos se metieron en problemas, Jacob regresó a Bet-el al lugar donde había realizado su **voto** original de devoción al Señor. Allí adoró "al Dios de Bet-el" (35:7), lo que literalmente es "el Dios de la casa de Dios". Jacob estaba por lo tanto diciendo que él buscaba la realidad detrás del nombre y no estaba simplemente cumpliendo con la tradición. Jacob tenía hambre de Dios y perseveraba, como Abraham, pero en directo contraste con Esaú. Tanto Isaac como Jacob maduraron en la fe y en tomar elecciones del tipo de Dios. Esaú parecía permanecer egoísta sin ninguna orientación hacia Dios.

¿Cómo apoya el relato de Jacob la idea de que Dios tenía la intención de que el matrimonio fuera entre un hombre y una mujer?

¿Cómo apoya el relato de Jacob la idea de que Dios tenía la intención de que el matrimonio fuera entre un hombre y una mujer? Jacob eligió la poligamia y estableció muchos problemas para sus hijos, los

En la vida familiar, Jacob eligió la poligamia (múltiples esposas) y estableció muchos problemas para sus hijos, los cuales son evidentes en la historia de Israel. (La Biblia da solamente un cuadro negativo de los resultados de la poligamia. La poligamia nunca fue la intención de Dios.) Jacob mostró favoritismo hacia José y sufrió por años, creyendo que José estaba muerto. Al final, Jacob llevó a su familia a Egipto gracias a la invitación de José y terminó bendiciendo a faraón, un testimonio de su significado. Su vida es claramente una mezcla de buenas y malas elecciones y de la soberanía de Dios que continuaba su buen plan a través de y a pesar de ellos.

La obra de Dios

Destacar la obra de Dios en los relatos de Isaac y de Jacob.

Dios obra en, a través de y a pesar de nuestras elecciones. Él hizo que Rebeca fuera capaz de dar a luz hijos y contestó su consulta acerca de la lucha entre los gemelos en su vientre. Él bendijo a Isaac y lo usó para pronunciar la bendición profética y patriarcal sobre Jacob a pesar del intento de Isaac de bendecir a Esaú. Las profecías anunciaron las luchas venideras entre las naciones que vendrían de sus hijos. Dios bendijo a Jacob. En un sueño, Él le mostró a Jacob el contacto entre el cielo donde Él estaba y la tierra donde estaba Jacob. Él reafirmó la promesa a Abraham, concluyendo con promesas de bendecir al mundo a través de él y de sus descendientes, de cuidar de él, y llevarle de regreso a Canaán. Él concluyó: "No te dejaré hasta que haya hecho lo que te he dicho" (28:15). El relato implica que Jacob fue guiado por Dios a la familia de Labán, de la misma forma como Dios había guiado al sirviente de Abraham. Después que Jacob fue engañado por su suegro, el Señor le dio a Jacob un sueño que mostraba cómo sus rebaños prosperarían a expensas de Labán (Génesis 31:10–12). Es posible que Dios le mostrara a Jacob cómo hacer reproducción selectiva, aunque las personas en el tiempo de Jacob no sabían de genética. Dios proveyó hijos a cada una de las esposas de Jacob y ayudó a Jacob, incluyendo la advertencia a Labán en un sueño de no dañar a Jacob.

¿Cuáles fueron las circunstancias en las que Dios cambió el nombre de Jacob?

---

cuales son evidentes en la historia de Israel. La Biblia da solamente un cuadro negativo de los resultados de la poligamia. La poligamia nunca fue la intención de Dios.

¿Cuáles fueron las circunstancias en las que Dios cambió el nombre de Jacob? Jacob luchó con el ángel del Señor y no permitió que el ángel se fuera sin bendecirle. Dios respetó eso. Dios cambió el nombre de Jacob. Desde entonces, Jacob fue llamado Israel, una referencia a su determinación de luchar con Dios.

Un punto culminante en la historia de Jacob es su lucha con el ángel del Señor (Génesis 32:24-31). Jacob perseveró y no permitió que el ángel se fuera sin bendecirle. Dios respetó eso pero humilló a Jacob por medio de tocar su cadera, así que cojeó después de eso. Dios cambió el nombre de Jacob, de la misma forma como cambió el de Abram y Sarai. Desde entonces, Jacob fue llamado Israel, una referencia a su determinación en luchar con Dios. A través de la interacción y perseverancia con Dios, su fe obediente se volvió más fuerte. Esto es un **paradigma** importante de la obra de Dios en las vidas de todos los creyentes.

Finalmente, Dios le dijo a Jacob que regresara a Bet-el para adorar donde Dios se había encontrado con él primero. Jacob y su familia se volvieron a consagrar a sí mismos a la exclusiva adoración del Señor, y "el terror de Dios" impidió a los habitantes los atacaran (35:5). Dios se le apareció como el Dios Omnipotente en Bet-el y reafirmó tanto la promesa como el cambio de nombre (35:9-12).

Las lecciones del relato de Jacob

Resumir las lecciones que los creyentes pueden aprender del relato de Jacob.

Dios está obrando soberanamente en nosotros sus buenos propósitos, su promesa y plan, en la historia humana sin manipular la voluntad de nadie. Nosotros somos libres de hacer buenas o malas elecciones en respuesta a nuestras circunstancias y a Dios. Nosotros también experimentaremos las consecuencias. Dios es paciente, y Él cumple su palabra lenta pero definitivamente, obra en, a través de, y a pesar de las elecciones egoístas de las personas.

Una lección puede ser aprendida del hecho de que Isaac no tuviera su propia historia. Nosotros no deberíamos tomarnos a nosotros mismos tan seriamente en el plan de Dios que restemos mérito a la gloria de Jesús.

¿Qué nos enseña el relato de Jacob acerca del tipo de personas que Dios usa para cumplir su plan?

Aun las personas que Dios usa en su plan y que tienen una comunión íntima con Él, pueden hacer elecciones que causen gran dolor a ellos mismos y a otros. Pero nadie puede detener el plan soberano de Dios para el mundo.

¿Qué nos enseña el relato de Jacob acerca del tipo de personas que Dios usa para cumplir su plan? Dios usa a personas imperfectas. Las personas que Dios usa en su plan pueden tomar decisiones que causan gran dolor a ellos mismos y a otros. De la misma forma que Jacob, las personas que Dios usa pueden repetir los errores y debilidades de sus padres. Dios desea y elige a personas para su plan que tienen un corazón para sus propósitos, sus metas y sus valores. Finalmente, Dios usa a aquellos que están dispuestos a servirle.

Las personas tienden a repetir los errores y debilidades de los padres. Sin embargo, los creyentes se pueden levantar por encima de sus errores a través de un continuo arrepentimiento, fe y obediencia al Señor.

Dios desea y elige a personas para su plan que tienen un corazón para sus propósitos, sus metas y sus valores. Él obra en nosotros no solamente para desear lo que Él desea pero para llevarlo a cabo a su manera.

Los creyentes deben volver a enfrentar problemas que tienen sin resolver con otros. Ellos también necesitan volver a visitar experiencias espirituales importantes con Dios por medio de buscar al Dios de aquellas experiencias de nuevo. Debemos guiar a nuestras familias en compromiso continuo a la devoción exclusiva del Señor.

Importante para los creyentes es permitir que el Señor cambie su carácter para más y más devoción y fe obediente. Esto va a involucrar experiencias de estar casi muertos, en tal punto nosotros debemos perseverar en arrepentimiento, fe y obediencia con Dios. Él dará un comienzo nuevo con revelación fresca de sus promesas y una transformación interna por medio de su Espíritu.

Dios usa a personas imperfectas. Dios siempre cumple su palabra. Los caminos de Dios son los caminos de paz final, de integridad, de realización y de felicidad.

El relato de José (Génesis 37-50)

José, fiel en circunstancias difíciles, fue usado por Dios en una serie de eventos milagrosos que resultaron en la salvación de su familia. El resultado fue la continuación de la promesa y plan de Dios por medio de la formación del pueblo de Israel en Egipto. Ellos se multiplicaron en una nación fuerte a través de la cual vendría el Salvador prometido.

El relato de José tiene una unidad más fuerte en cuanto a argumento y personajes que las historias previas en Génesis. Explica cómo la nación de Israel llegó a estar en Egipto. El testimonio es relatado acerca de la obra soberana de Dios de su plan a pesar de los errores juveniles de José y las elecciones egoístas o malvadas de otros. Dios le levantó del estado de prisionero a ser el segundo al mando en Egipto.

El carácter de José
Enumerar las maneras espirituales cómo José respondió a sus circunstancias.

¿Qué nos dicen las acciones y reacciones de José acerca de su carácter?

La historia de José empieza con sus hermanos odiándole por ser el favorito de Jacob, por darle un informe negativo de ellos y por sus sueños de un día gobernar sobre ellos. Pero cuando las circunstancias se volvieron en su contra, él no actuó inmaduramente. En cambio, proveyó un servicio fiel, de trabajo duro, sabio y justo en la casa de un poderoso funcionario egipcio. Cuando la esposa del funcionario trató de seducirlo, él declaró: "No hay otro mayor que yo en esta casa y ninguna cosa me ha reservado sino a ti, por cuánto tú eres su mujer; ¿cómo, pues, haría yo este grande mal, y pecaría contra Dios?" (Génesis 39:9). Más tarde cuando ella volvió a intentarlo, él huyó de ella. Aún después de ser tomado prisionero falsamente debido a las mentiras de ella, aún así él fue elevado a una posición de responsabilidad en la prisión a través de la diligencia y de la integridad. Él nunca cedió a la autocompasión o ante una mentalidad de víctima. Le dio a Dios el crédito por la interpretación de los sueños. No abrigó rabia o amargura en contra de Dios, aún cuando el copero, cuyo sueño él interpretó, se olvidó de él y José continuó en prisión por dos años más.

José era lo que era en Dios, sin importar sus circunstancias o maltrato de parte de otros. La solidificación del carácter a través del sufrimiento preparó a José para la responsabilidad y la oportunidad en Egipto. Dios usó su posición para proveer para su pueblo y promover su plan de establecerles como una gran nación. José era un testimonio de liderazgo rendido a la sabiduría y poder de Dios. José mostró la profundidad de su sanidad del dolor que sus hermanos le habían causado cuando le dio a la situación la perspectiva de Dios, diciendo que Dios había estado obrando a través de todo para llevar a cabo su plan de salvarles y continuar trayendo al mundo su promesa de salvación (Génesis 45:5-7; 50:19-21).

Dios obra en la vida de José

¿Qué nos dicen las acciones y reacciones de José acerca de su carácter? Incluso como esclavo o prisionero José sobresalía en su trabajo, así que tiene que haber sido fiel, de trabajo duro, sabio, y justo. Nosotros sabemos que él era justo porque rechazó las insinuaciones de la esposa de su amo por medio de preguntar "¿cómo, pues, haría yo este grande mal, y pecaría contra Dios?" (Génesis 39:9). Él nunca sucumbió ante la autocompasión o ante una mentalidad de víctima cuando fue acusado falsamente y enviado a prisión. Fue humilde, atribuyendo a Dios el crédito por la interpretación de los sueños. José no abrigó rabia o amargura en contra de Dios, aun cuando el copero, cuyo sueño interpretó, se olvidó de él y José continuó en prisión dos años más. José fue lo suficientemente sabio para gobernar todo un reinado durante la hambruna. José fue indulgente y mostró la profundidad de su sanidad del dolor que sus hermanos le habían causado cuando explicó que Dios había estado obrando a través de todo para llevar a cabo su plan para salvarles.

Describir las maneras milagrosas en que Dios obró en la vida de José.

¿Cuál fue el papel de José en el plan de Dios para proveer salvación al mundo a través de Cristo?

Aunque José experimentó problemas con sus hermanos, Dios usó la venta de él por sus hermanos a comerciantes para ubicar a José donde pudiera bendecir a la familia. En la prisión, José conoció al copero de faraón, quien posteriormente lo presentaría al faraón. Como resultado, él llegó a ser finalmente la segunda persona más poderosa en Egipto. En el proceso, Dios le dio la habilidad de interpretar sueños. faraón estaba impresionado y reconoció que "el espíritu de Dios" estaba en él (Génesis 41:38), aunque Faraón no tenía conocimiento del verdadero **Espíritu de Dios**.

Moisés supuso, a lo largo de la historia, que la asombrosa cadena de elecciones humanas era una obra de la soberanía de Dios para ubicar a José en un puesto alto en el liderazgo de Egipto. El desarrollo del carácter y del liderazgo que José experimentó en su sufrimiento le preparó para manejar la gran responsabilidad que faraón le dio. Esto no solamente ayudó a Egipto y a su familia, sino que continuó la línea del Prometido en el plan de Dios para proveer salvación al mundo.

La prueba de sus hermanos

Explicar el trato de José hacia sus hermanos en Egipto.

Una gran parte de la historia de José es enviar a sus hermanos a buscar a su hermano menor, Benjamín. Primero hace que Benjamín provoque celos entre sus hermanos. Luego arregla para que parezca que Benjamín había robado a José. Esto proveyó una oportunidad para los hermanos de tratar a Benjamín de la forma como habían tratado a José. Pero los hermanos de José se habían arrepentido de verdad del maltrato que le habían dado a José y trataron de salvar a Benjamín. Judá, en particular, mostró una actitud cambiada por medio de la buena voluntad de ser un sustituto de Benjamín. Anteriormente, en el capítulo 38, Moisés había contrastado el comportamiento impío de Judá involucrando a su nuera Tamar, con la posición recta de José en contra de las insinuaciones de la esposa de su amo. En el capítulo 44, Judá mostró su madurez

---

¿Cuál fue el papel de José en el plan de Dios para proveer salvación al mundo a través de Cristo? José fue vendido a esclavitud para ponerle en una posición donde pudiera bendecir a su familia. Con el tiempo él llegó a ser la segunda persona más poderosa en Egipto. Las aflicciones de José le prepararon para el liderazgo. No solamente ayudó a Egipto a sortear la hambruna y a prosperar debido a eso, sino que también fue capaz de proveer para su familia, continuando la línea del Prometido en el plan de Dios para proveer salvación al mundo.

espiritual por medio de tomar el rol de líder. Los hermanos de José pasaron la prueba del carácter y se **reconciliaron** con José.

Israel en Egipto

Resumir el mensaje de Dios para su pueblo al final de Génesis.

La historia acerca de salvar a los padres de las tribus de Israel explica cómo la nación llegó a estar en Egipto. Dios manejó soberanamente la amenaza a su existencia. Génesis muestra que el plan de Dios se sigue moviendo hacia delante. Para Israel en los días de Moisés, salir de Egipto bajo circunstancias amenazadoras, Génesis era un recordatorio animador de que ellos eran parte del gran plan de Dios. Él continuaría cumpliendo su plan a través de ellos, de la misma forma como lo había hecho a través de los patriarcas. De la forma que los patriarcas experimentaron desafíos, amenazas y oposición, las personas se oponen al plan de Dios, a su pueblo, y a cada creyente desde entonces. Sin embargo, Dios puede y cambiará para bien sus esfuerzos en el avance de su plan eterno.

¿Cuál es el mensaje de Dios para su pueblo al final de Génesis?

Al final de Génesis, todos los aspectos de la promesa se estaban moviendo hacia el cumplimiento. Génesis concluye, mirando hacia el regreso a la tierra prometida. José se identificó con la promesa al decirle a su familia que llevara sus huesos a la tierra prometida cuando Dios les sacara de Egipto (47:30; 50:24-25). Génesis 49:10 menciona al Prometido que viene de Judá. Por lo tanto, el libro de Génesis termina con el mensaje del evangelio, mirando hacia delante al paso siguiente, el éxodo y el cumplimiento final en Cristo (Hebreos 11:22). Toda la Biblia, al igual que Génesis, mira hacia la esperanza de la gracia de Dios y el amor restaurado para todos los que le responderán en arrepentimiento, fe y obediencia.

Los principios de Génesis 25-50

Siguiendo una lista de principios para el pueblo de Dios enseñada en Génesis 25-50:

- Dios puede decir sus planes a través de sueños, pero nosotros debemos ser sabios en compartir aquellos sueños con otros.

¿Cuál es el mensaje de Dios para su pueblo al final de Génesis? Génesis 49:10 menciona al Prometido que viene de Judá. Por lo tanto, el libro de Génesis termina con el mensaje del evangelio, mirando hacia delante al paso siguiente, el éxodo y el cumplimiento final en Cristo. Toda la Biblia, al igual que Génesis, mira hacia la esperanza de la gracia de Dios y el amor restaurado para todos los que le responderán en arrepentimiento, y fe-obediencia.

- Nuestras propias familias pueden perseguirnos a causa del plan de Dios en nuestra vida.
- Dios tiene planes y llamados en nuestra vida que nosotros debemos simplemente obedecer sin compararnos con otros.
- El favoritismo paternal causa problemas familiares.
- Dios premia la fidelidad con privilegio y responsabilidad: mientras más difícil la circunstancia, más grande el premio.
- Dios desea que todo su pueblo desarrolle un carácter más piadoso y Él usa nuestras circunstancias para hacerlo.
- Dios obra su buen plan aún a través de la pecaminosidad y de experiencias dolorosas de las personas.
- Dios desea sanar nuestra amargura por heridas del pasado.
- Egipto es solamente una fuente temporal y mundana de ayuda para el pueblo de Dios en necesidad física.
- Dios desea dar a sus líderes sabiduría para un ministerio efectivo.
- Dios mantiene su plan de salvación para el mundo, moviéndose hacia delante en maneras sorprendentes.

Nosotros debemos seguir identificándonos con la promesa de Dios en fe. Necesitamos confiar que Dios obrará su plan, especialmente nuestra parte en él, al responderle en fidelidad, a pesar de la pecaminosidad de las personas. Debemos recordar que somos bendecidos para ser una bendición.

La Torah (El Pentateuco)

UNIDAD 2: Éxodo

Transformándose en el pueblo de Dios a través de la presencia de Dios

Génesis terminó con las doce tribus de Israel en Egipto esperando el regreso a la tierra prometida, llevando los huesos de José con ellos. El libro de Éxodo continúa el plan de Dios para la salvación del mundo a través de su promesa a Abraham. Él desarrolló a Israel bajo la presión de la esclavitud egipcia y luego los liberó. Él hizo esto a través de su líder escogido, Moisés, con señales y milagros culminando en un acto de poder. Finalmente, el libro registra el establecimiento por parte de Dios del pueblo de Israel como su nación de pacto y teocrática, a través de su revelación en Sinaí. Él estableció entre ellos el lugar de su presencia, su trono en la tierra, el tabernáculo.

Capítulo 5   El éxodo y el viaje a Sinaí (Éxodo 1–18)

Lecciones

5.1   La preparación para el éxodo (Éxodo 1–10)
5.2   La Pascua y el éxodo (Éxodo 11–15:21)
5.3   El viaje a Sinaí (Éxodo 15:22–18:27)

Capítulo 6   El pacto en Sinaí (Éxodo 19–24)

Lecciones

6.1   El pacto (Éxodo 19, 24)
6.2   Los Diez Mandamientos (Éxodo 20)
6.3   La primera colección bíblica de las leyes (Éxodo 21–23)

Capítulo 7   El tabernáculo y la apostasía del becerro de oro (Éxodo 25–40)

Lecciones

7.1   La pérdida o valorización de la presencia de Dios (Éxodo 32–34)
7.2   Dios establece el lugar de su presencia (Éxodo 25–31; 35–40)

El éxodo y el viaje a Sinaí (Éxodo 1–18)

El libro de Éxodo comienza por medio de dar el escenario para el éxodo de Israel fuera de la esclavitud de Egipto. En el proceso, el Señor revela más acerca de sí mismo a Israel a través de Moisés. Él lleva a cabo su liberación a través de señales y milagros, la Pascua impresionante y la división del Mar Rojo. Luego, les guía al Monte Sinaí donde les habla de su pacto y de sus leyes, las que serán tratadas en el próximo capítulo.

Antes de comenzar a trabajar en estas lecciones, lea estos capítulos en su Biblia: Éxodo 1–18.

Lección 5.1   La preparación para el éxodo (Éxodo 1–10)

Objetivos

5.1.1   *Identificar el autor y la estructura del libro de Éxodo y la fecha cuándo Israel dejó Egipto.*

5.1.2   *Describir la esclavitud de Israel y el levantamiento de Moisés como libertador (Éxodo 1–4).*

5.1.3   *Explicar cómo usó Dios las plagas para preparar tanto a Egipto como a Israel para el éxodo.*

5.1.4   *Clarificar el significado del nombre de Dios en Éxodo 3 y 6.*

Lección 5.2   La Pascua y el éxodo (Éxodo 11–15:21)

Objetivos

5.2.1   *Analizar la Pascua en relación a la décima plaga y definir memoriales.*

5.2.2   *Enumerar las verdades del éxodo.*

Lección 5.3   El viaje a Sinaí (Éxodo 15:22–18:27)

Objetivos

5.3.1   *Identificar la ruta del éxodo.*

5.3.2   *Resumir los desafíos y la provisión de Dios y la preparación para el viaje a Sinaí.*

5.3.3   *Describir el regocijo y el consejo de Jetro.*

La preparación para el éxodo (Éxodo 1–10)

El libro de Éxodo comienza con la preparación de Moisés para ser el libertador de Israel. Luego el punto de concentración cambia para motivar al faraón que permita que el pueblo de Israel se vaya por medio de las diez plagas. Este período también incluyó el desarrollo de la fe de Israel. A lo largo de todos estos capítulos, Dios se revela a sí mismo personalmente a Moisés como también poderosamente al mundo.

El trasfondo del libro de Éxodo

La Torah (El Pentateuco)

Autor: Moises

Identificar el autor y la estructura del libro de Éxodo y la fecha cuándo Israel dejó Egipto.

¿Cuál es el principal enfoque o propósito del libro de Éxodo?

A lo largo de Éxodo, Dios habla a Moisés y unas pocas veces Moisés puso por escrito esas cosas. Nosotros no tenemos ninguna razón para suponer que cualquier otro fuera de Moisés es responsable del contenido esencial de este libro. Él probablemente tenía un escriba para hacer el trabajo concreto de la escritura. No sabemos cuándo fue finalizado el texto, como lo tenemos, pero podría haber sido en cualquier momento de la historia de Israel. Todo en el libro cuadra con el tiempo y las circunstancias del éxodo. El libro fue escrito decidida y hermosamente bajo la inspiración del Espíritu Santo como le fue revelado a Moisés. El libro es la continuación del relato del pueblo de Dios que empezó en Génesis.

La estructura

- Moisés es levantado para liberar a Israel de Egipto.
- Dios envía plagas para motivar al faraón que permita ir a los israelitas.
- Israel es liberado de la esclavitud egipcia – el éxodo.
- El viaje de los israelitas desde el Mar Rojo al Monte Sinaí.
- Dios establece su pacto con Israel y les da su primera colección de leyes.
- Los ancianos sellan el pacto con una comida ante Dios.
- El Señor da instrucciones para la construcción del tabernáculo.
- El pueblo le pide a Aarón crear un becerro de oro para que lo puedan adorar.
- Moisés trata con el pecado del pueblo.
- Moisés requiere ver la gloria de Dios; el Señor contesta con una experiencia reveladora de sí mismo.
- El tabernáculo es construido.
- La presencia de Dios llena el tabernáculo.

Fecha del éxodo de Israel

¿Cuál es el principal enfoque o propósito del libro de Éxodo? Las respuestas pueden variar ligeramente, pero deberían incluir por lo menos algunas de las siguientes: El libro de Éxodo es la continuación de la historia del pueblo de Dios que empezó en Génesis. Relata el surgimiento de Moisés y la liberación de Israel de la esclavitud de Egipto. Incluye el viaje hacia la tierra prometida con sus muchas vicisitudes. Explica el pacto que Dios estableció con el pueblo en el Monte Sinaí. Dios da los Diez Mandamientos y el tabernáculo del Señor es construido.

¿Cuáles son las dos teorías diferentes para datar el éxodo de Israel de Egipto?

La fecha del éxodo de Israel de Egipto no está clara en el texto. La palabra *faraón* es una palabra general egipcia para su rey. Por lo tanto, el faraón específico que gobernó en el tiempo del éxodo no está dado. Éxodo 12:40 afirma que Israel vivió en Egipto 430 años. La pregunta es entonces, ¿cuándo entró la familia de Jacob en Egipto? Algunos dicen que los eventos encajan con el período de los gobernantes semitas de Egipto conocidos como los Hyksos, alrededor de 1700 a.C. Esto apoyaría una fecha tardía para el éxodo alrededor de 1280 a.C. Sin embargo, no hay ninguna razón para que la entrada haya tenido que ser bajo los Hyksos. De hecho, el relato de José indica que la corte no conocía el lenguaje hebreo.

La referencia de tiempo más importante es dada en 1 Reyes 6:1, la que dice que el templo fue construido 480 años después del éxodo. A través de comparaciones con registros asirios antiguos que incluyen eclipses solares, podemos datar el templo a 966 a.C. Agregando los 480 años da 1446 a.C. para el éxodo. Sin embargo, muchos eruditos interpretan la evidencia arqueológica como apuntando a alrededor de 1280 a.C., como se ha mencionado anteriormente. Ellos toman los 480 años como un número simbólico, usando el 12 del número de las tribus multiplicado por 40 por los años que representan en promedio una vida útil o una generación. En realidad, un buen argumento e interpretación por eruditos conservadores y creyentes de la Biblia puede ser dado para ambas fechas. Al final, el saber la fecha exacta no importa. Lo que sí sabemos confirma la autenticidad del relato. El autor, aun así, favorece la fecha del 1446 a.C., suponiendo que la supuesta evidencia arqueológica al contrario ha sido malinterpretada.

Necesidad de liberación

Describir la esclavitud de Israel y el levantamiento de Moisés como libertador (Éxodo 1-4)

Como Dios cumplió su promesa en los descendientes de Israel y les multiplicó, el rey egipcio (o faraón) se sintió amenazado y los esclavizó. Él los usó en proyectos de

---

¿Cuáles son las dos teorías diferentes para datar el éxodo de Israel de Egipto? Algunos dicen que los eventos encajan con el período de los gobernantes semitas de Egipto conocidos como los Hyksos, alrededor de 1700 a.C. Esto apoyaría una fecha tardía para el éxodo, alrededor de 1280 a.C. Si se usara la construcción del templo para calcular la fecha, de acuerdo a documentos asirios antiguos que incluyen eclipses solares, podemos datar el templo a 966 a.C. La suma de 480 años (número de años entre el éxodo y la construcción del templo) da 1446 a.C. para el éxodo. Muchos eruditos toman el 480 como un número simbólico, usando el 12 del número de las tribus multiplicado por 40 por los años que representan en promedio una vida útil o una generación.

construcción y ordenó que los bebés varones fueran asesinados. Las parteras, sin embargo, desobedecieron porque temían a Dios. Dios las bendijo por su elección. Siempre ha ocurrido en la historia del pueblo de Dios, mientras más oprimido estaba Israel, ellos más se multiplicaban.

Los primeros años de Moisés

¿Cómo fue el comienzo de la vida de Moisés un testimonio del cuidado milagroso de Dios?

En este escenario, Moisés fue identificado como un niño en cuya vida Dios estaba obrando un trabajo especial. Él sería un redentor para el pueblo de Dios, esperando a Cristo. Él llegó a ser un testimonio del cuidado milagroso de Dios. Dios obró a través de las elecciones de varias personas para proteger a Moisés y llevarle a la familia real, como a José, para que pudiera llegar a ser un libertador para Israel. A la sugerencia de la hermana de Moisés, la hija del faraón envió por su madre para amamantarlo. Cuando Moisés creció, él se metió en problemas por matar a un egipcio que estaba golpeando a uno de los israelitas. Debido a esto, él pasó los siguientes cuarenta años al otro lado del desierto en **Madián** con la familia de **Jetro**, como un pastor. Esto lo humilló totalmente en cuanto a su habilidad de ser un líder poderoso. Sin embargo, también le enseñó los caminos del desierto y lo preparó para dirigir el éxodo. Cuando Dios terminó de prepararlo y los israelitas estaban en su punto más bajo en el sufrimiento, Dios se apareció a Moisés en una zarza que ardía en fuego pero que no era consumida. A la edad de ochenta, Moisés fue enviado a dirigir al pueblo en su salida de la esclavitud de Egipto.

La preparación de Moisés para el liderazgo

La preparación de Moisés para esta gran responsabilidad incluyó una lección crítica de obediencia a los requerimientos del pacto, específicamente la circuncisión. La circuncisión era una identificación exterior con la palabra del pacto de Dios. Éxodo 4:24-26 dice que Dios buscó matar a Moisés pero su esposa Séfora circuncidó a su hijo, enrabiada, y Dios le dejó tranquilo. Esto implica que Moisés había desobedecido debido a la oposición de ella de cortar a su hijo.

¿Cómo fue el comienzo de la vida de Moisés un testimonio del cuidado milagroso de Dios? Cuando Faraón ordenó que todos los bebés varones israelitas fueran matados al nacer, Moisés sobrevivió. Dios obró a través de las elecciones de varias personas para proteger a Moisés y llevarle a la familia real, para que pudiera llegar a ser un libertador para Israel. Luego cuando él estaba en problemas por haber matado a un egipcio, huyó a Madián donde se unió en matrimonio a una familia de pastores. Esto lo hizo humilde y lo preparó para dirigir a los israelitas a través del desierto.

Dios le dio a Moisés dos señales milagrosas para que usara con el faraón. Él permitió a Aarón, el hermano de Moisés, que hablara por él porque él era tímido para hablar. Dios dijo que Aarón sería el profeta de Moisés (7:1, en el hebreo), lo que indica que la idea básica de un profeta era ser un portavoz. Posteriormente, parece que Moisés llegó a ser lo suficiente valiente para hablar él mismo a faraón. Moisés es descrito como el profeta más grande, o el portavoz de confianza, para Dios que haya vivido alguna vez (Deuteronomio 34:10). El pueblo de Dios no debería permitir que sentimientos de insuficiencia impidan obedecer su llamado. Él puede hacernos capaces para hacer cualquier cosa que Él elija (4:11-12).

El pacto recordado

Éxodo 2:24 dice que Dios "se acordó" de su pacto con Abraham mientras preparaba para el éxodo. El uso de la palabra hebrea para "recordar" muestra que no se trataba de recordar repentinamente algo que uno se había olvidado, sino más bien decidirse a concentrar la atención y tratar algo que estaba en espera del pasado. A menudo era usada al elegir cumplir con un compromiso. De esta manera, Dios se había decidido ahora a actuar en sus promesas pasadas. Él siempre cumple su palabra con perfecta puntualidad.

Dios provee motivación

Explicar cómo usó Dios las plagas para preparar tanto a Egipto como a Israel para el éxodo.

¿Qué revelan las acciones de faraón acerca de la soberanía de Dios y cómo se relaciona con las elecciones de las personas?

El Faraón se puso más firme con Israel cuando Moisés por primera vez entregó el mensaje de Dios que debía permitir que su pueblo se fuera (Éxodo 5). El pueblo de Israel descendió a un profundo desánimo y Moisés se quejó ante Dios. A veces, el mensaje de Dios pone las cosas más difíciles para su pueblo y hay una demora en el cumplimiento de sus promesas. Pero a través de estas situaciones, Él revela más de sí mismo y continúa

---

¿Qué revelan las acciones de faraón acerca de la soberanía de Dios y cómo se relaciona con las elecciones de las personas? Faraón se ablandó bajo la presion de una plaga pero cuando Dios la quitó, él cambió de parecer, endureciendo su corazón a la misericordia de Dios y no permitió que Israel se fuera. A través de estas interacciones con Faraón, aunque el texto diga que Dios endureció el corazón de Faraón, una lectura cuidadosa muestra que Faraón endureció su propio corazón antes de que Dios lo hiciera. La Biblia enseña tanto acerca de la soberanía de Dios como acerca de la responsabilidad de las personas por sus elecciones (véase Filipenses 2:12-13). Esto no es simplemente un asunto de o lo uno o lo otro, como algunas teologías lo describen, sino que ambas verdades obrando, en lo que algunos han llamado una antinomia.

desarrollando la fe de su pueblo. Él reveló más de sí mismo a Moisés pero estimuló y motivó al pueblo a través de actos milagrosos: señales, milagros y plagas. Al final de las plagas, culminando en la Pascua, los israelitas finalmente estaban dispuestos a responder a Moisés y dejar Egipto en fe. Aún el pueblo de Dios, necesita a veces ver su intervención milagrosa para desarrollar su fe.

Faraón, por otro lado, no obedecía a Dios. Él se ablandó bajo la presión de una plaga pero cuando Dios la quitó, él cambió de parecer, endureciendo su corazón a la misericordia de Dios y no permitió que Israel se fuera. A través de estas interacciones con faraón, Dios mostró la seriedad de endurecer nuestros corazones a su misericordia y soberanía. Mientras que el texto afirma que Dios endureció el corazón de faraón, una lectura cuidadosa muestra que faraón endureció su propio corazón antes de que Dios lo hiciera. Tales afirmaciones también podrían ser resúmenes sin detalles de cómo Dios usaba situaciones para motivar a faraón. Esto también ilustra el principio encontrado en Romanos 1:24 que Dios entrega a las personas a las cosas que ellos continuamente desean y eligen.

La Biblia enseña tanto acerca de la **soberanía de Dios** como de la responsabilidad de las personas por sus elecciones (véase Filipenses 2:12-13). Esto no es simplemente un asunto de o lo uno o lo otro, como algunas teologías lo describen, sino que ambas verdades funcionan, en lo que algunos han llamado una **antinomia**. La Biblia no explica cómo ambas trabajan juntas pero la analogía más útil es la relación de padre-hijo pequeño. (Nótese que Dios llama a Israel por su hijo en Éxodo 4:22.) Buenos padres saben cómo motivar sin manipular y violar la voluntad o libertad de elección del niño; ¿Cuánto más lo sabe Dios? El padre sabe a menudo lo que el hijo está a punto de hacer y qué resultará, y elige si intervenir o no basado en lo que es mejor para el niño y la situación. Además, el conocimiento previo de Dios de todo lo que va a ocurrir no significa que Él causa todo lo que sucede. Significa que Él elige permitir lo que sucede porque Él, en sabiduría, sabe lo que es mejor para su creación. La Biblia enseña que Dios tiene total control en el sentido que Él puede hacer cualquier cosa que decida y nunca está sorprendido o amenazado. Aún más, Él no manipula a nadie ni tampoco nada de lo que pasa. Ciertamente hay misterio en Dios, pero el corazón de su revelación a nosotros es una relación personal análoga a la relaciones de padre e hijo. En esta relación, se espera de nosotros que actuemos como seres responsables, dándonos cuenta de que Él está obrando para nuestro bien.

Dios en la tierra

Los magos egipcios imitaron las dos primeras plagas. Sin embargo, ellos declararon que los piojos resultaron del dedo de Dios (Éxodo 8:19). Las moscas de la cuarta y las siguientes aflicciones no afectaron a los israelitas, demostrando la protección de Dios. Como dice Éxodo 8:22, las personas sabían que Él estaba "en esta tierra". Dios se preocupa e interviene en el mundo para ayudar a su pueblo, lo que significa "visita" en 3:16; 4:31 y 13:19 en RVR-60, o "venir en su ayuda" en el último versículo en la NVI. Él está personalmente presente en su pueblo para cuidarles y les distingue de todos los demás (8:23).

La mayoría de las plagas afirmaba el poder de Dios por sobre los dioses de Egipto, especialmente aquellos asociados con las fuerzas de la naturaleza. Los más destacados eran "dioses" del Río Nilo, el sol y el hijo de faraón, que supuestamente era un dios. Las plagas demostraron la supremacía de Dios por encima de todos los supuestos poderes. Su confrontación con los poderes de la oscuridad en Egipto fue el primer encuentro de poder descrito en la Escritura. Aún así, Israel necesitaba un evento más de motivación del cual no retrocederían. El Señor usa el dolor y el poder para motivar cuando libera a su pueblo de la esclavitud.

El nombre de Dios

Clarificar el significado del nombre de Dios en Éxodo 3 y 6.

¿Cuál es el sentido y significado del nombre Yahweh [Jehová] como es usado en Éxodo?

Dios se reveló a sí mismo a Moisés como "Yo soy el que soy", lo que está conectado con su nombre, *Yahweh* (Éxodo 3:12–18). El nombre *Yahweh* (YHWH o YHVH en el texto hebreo, 3:16) ha sido pronunciado erróneamente como Jehová. Sin embargo, nadie sabe con certeza cómo era realmente ese nombre. El significado original parece haber tenido que ver con el verbo "ser" o "estar". **William F. Albright** (1968) propuso que quería decir el Dios que "crea lo que llega a existir" (171). Lo que parece más significativo es que los pasajes de Éxodo (3; 6; 34) lo asocian con su presencia activa entre su pueblo. También se asocia con su pacto con Israel de ser su Dios, perdonar los pecados y darles la tierra de Canaán. De esta manera, Dios parece desear que su nombre *Yahweh* esté asociado con su ofrecimiento de una relación personal a través de la salvación. Para Israel, esto incluía su misión en la tierra prometida. El nombre de Dios, en su uso más pleno, se refiere a la auto-revelación de Dios.

¿Cuál es el sentido y significado del nombre Yahweh [Jehová] como es usado en Éxodo? El nombre Jehová está conectado a como Dios se llama a sí mismo "Yo soy el que soy". El significado original parece haber tenido que ver con el verbo "ser o estar". En Éxodo está asociado con la presencia activa de Dios entre su pueblo y con su pacto con Israel de ser su Dios, perdonar los pecados y darles la tierra de Canaán. Parece que Dios desea que su nombre esté asociado con su ofrecimiento de una relación personal a través de la salvación.

Los judíos que volvían del exilio comenzaron la tradición de no decir el nombre de Dios para evitar tomarlo en vano, y porque era demasiado sagrado para pronunciarlo. Ellos sustituyeron "el Señor" (*Adonai*, en hebreo).

Éxodo 6:3 dice que Dios se apareció a los patriarcas como Dios Omnipotente "mas en mi nombre JEHOVÁ no me di a conocer a ellos". La mayoría de los eruditos están de acuerdo que el "conocer" aquí no es que ellos no tuvieran ningún conocimiento del nombre *Yahweh* (véase Génesis 4:26; 15:2; etc.), pero que no había llegado el momento aún para que fuera asociado con conocer por medio de experimentar el cumplimiento de las promesas de su pacto para establecer a su pueblo en la tierra prometida.

De esta manera, "Yahweh" o "Jehová" es el nombre personal, revelado y de pacto de Dios. Nos recuerda que Él es el Dios santo que está presente en gracia salvadora en aquellos que reciben por arrepentimiento y fe su ofrecimiento de perdón de pecados y una relación íntima de pacto. Él está presente para nosotros en cada situación, de la misma forma como lo estaba para Israel. Yahweh Dios desea revelarse a sí mismo para nosotros, redimirnos, cuidarnos y disfrutar de comunión con nosotros para siempre.

La Pascua y el éxodo (Éxodo 11-15:21)

La Pascua y el éxodo fueron las dos etapas de la intervención de Dios que definieron a Israel. El resto del Antiguo Testamento y el Nuevo Testamento miran hacia atrás a estos eventos como el modelo de la promesa de Dios de salvación para todas las personas que se arrepientan y crean. El punto culminante de la comida de Pascua ha llegado a ser la práctica importante de la iglesia conocida como la cena del Señor.

La Pascua

Analizar la Pascua en relación a la décima plaga y definir memoriales.

¿Qué requería Dios como un memorial de la Pascua y por qué?

La décima y final plaga fue la muerte de todos los primogénitos varones de personas y de animales en Egipto. Los israelitas fueron librados al obedecer la instrucción de Dios de poner la sangre de un cordero en los marcos de las puertas. Dios pasó por alto sus casas

---

¿Qué requería Dios como un memorial de la Pascua y por qué? Como un memorial de la Pascua, Dios instruyó al pueblo que guardara una fiesta llamada la fiesta de los Panes sin Levadura. Ellos debían comer una comida que mostrara cómo Israel comió la Pascua precipitadamente, listos para dejar Egipto. Esto era para recordar a las generaciones futuras de estos eventos y motivar vidas devotas que crecieran en gratitud.

cuando vio la sangre. Su obediencia apuntaba a fe en un sustituto provisto por el Señor. Dios les instruyó a redimir cada primogénito varón. Él les había comprado por medio de proveer un sustituto que muriera en su lugar, así que le pertenecían a Él. Como pueblo de Dios, debemos recordar que le debemos nuestras vidas a Él debido al sustituto que Él proveyó. La instrucción para la continuidad de la práctica de este evento está dada aquí para recordar a todos los que vinieron después acerca del significado de su relación con el Señor. Dios requirió que se guardara una fiesta —la **fiesta de los Panes sin Levadura**— para recordar adicionalmente a las futuras generaciones de estos eventos y motivar a vidas piadosas que se originarían de la gratitud. Ilustraba cómo Israel comía la Pascua precipitadamente, listos para dejar Egipto para ir a adorar al Señor en Sinaí. Esto expresaba fe porque el faraón había cambiado de parecer nueve veces antes. Para participar, ellos tenían que circuncidar a todos los varones, demostrando su identificación y compromiso con el Señor y su pacto con Israel.

Los memoriales bíblicos no solamente recordaban al pueblo de Dios acerca de experiencias importantes, eran puntos de contacto con el Dios de esas experiencias. Experimentar adoración que incluía un memorial conectaba al pueblo de Dios con eventos pasados como si estuviesen ocurriendo en el presente. Tales rituales eran como oraciones dramatizadas a Dios, y promesas de Él. Ellos pueden facilitar experiencias significativas de lo que Dios ha hecho y que además desea hacer por nosotros. Los memoriales son importantes para apreciar la historia de quiénes somos y por qué.

La Pascua también significaba un comienzo nuevo para el pueblo de Dios: liberación de la muerte a la vida. En el Antiguo Testamento, el cordero de la Pascua señalaba a Cristo y ahora nosotros guardamos la Cena del Señor para verle a Él como nuestro cordero de Pascua, asesinado por nuestra salvación (1 Corintios 5:7-8). El éxodo fue el momento definitorio en la historia de Israel, la salvación para ellos.

Victoria rotunda

Enumerar las verdades del éxodo.

Al momento que Israel estaba dejando Egipto, el Señor le dijo a Moisés que los hiciera regresar y acampar al lado del mar. La razón era para atraer al faraón con el fin de que los siguiera de tal forma que Dios pudiera decididamente derrotar y terminar, una vez por todas, con los esfuerzos egipcios en contra de su pueblo. En el mar, Dios liberó a su pueblo de Egipto con una demostración de su poder. Él usó a Moisés y la vara de Moisés, que representaba la autoridad y el poder delegado de Dios. Moisés le dijo al pueblo que permaneciera firme, tranquilo, y viera la salvación del Señor. Dios intervino milagrosamente a través de un viento muy fuerte. Después que los israelitas hubieron atravesado el mar, Dios inutilizó los carros egipcios y causó confusión. Los egipcios se dieron cuenta que el Señor estaba peleando por Israel. Los soldados se ahogaron. (Se debería prestar atención a que el texto nunca dice que el faraón fue al mar y que se ahogó con sus tropas.) El resultado fue que el pueblo de Israel "temió a Jehová, y creyeron a Jehová y a Moisés su siervo" (14:31). Finalmente, todos nosotros debemos quedarnos en silencio e impotentes y aceptar el don de salvación de Dios. El Señor guió a su pueblo a una situación extrema, donde Él recibiría toda la gloria por su liberación. A veces esa es la forma como Él establece nuestra fe en Él y sus agentes.

El cántico de Miriam

¿De qué trata el cántico de Miriam?

Llenos de alegría, gratitud y sobrecogimiento, Moisés y los israelitas cantaban al Señor (Éxodo 15). Miriam es llamada una profetisa. Ella guió a las mujeres en la danza y la alabanza (15:20–21). El cántico es una expresión poética de alabanza a Dios. La poesía no tiene una forma universal, pero en cualquier cultura representa la manera en que las personas expresan sentimientos y pensamientos intensos. Un cántico poético como éste, pinta cuadros con palabras y evoca escenas retrospectivas conmovedoras que conectan a las personas con experiencias pasadas. Las palabras son figurativas, no tienen la intención de ser tomadas literalmente o de ser analizadas científicamente. La verdad proclamada a través de este cántico es el poder que Dios tiene sobre la creación y sus enemigos y además su amor asombroso y la comunión que Él pretende para su pueblo. Las dos líneas más grandiosas son: "¿Quién como tú, oh Jehová, entre los dioses? (15:11) y "Jehová reinará eternamente y para siempre" (15:18). Ningún dios o ser puede ser comparado con el Señor. Nosotros nos regocijamos en quien es Él, en lo que Él ha hecho por nosotros y en lo que está haciendo con nosotros. El propósito de Dios no es solamente sacar a personas de la esclavitud pero llevarlas a comunión eterna con Él mismo. Él las lleva a su "lugar", donde ellas experimentan su presencia, y al "lugar" de ellas para cumplir su misión en el mundo. Él finalmente va a establecer su reino eterno.

¿Por qué es usado el término fuerte guerrero para describir a Dios y a Jesús?

¿De qué trata el cántico de Miriam? La canción de Miriam proclama la verdad acerca del poder que Dios tiene sobre la creación y sus enemigos, su amor asombroso, y la comunión que Él pretende para su pueblo. Expresa la idea de que ningún dios o ser puede compararse con el Señor y se regocija en quién Dios es, en lo que Él ha hecho y en lo que Él está haciendo.

¿Por qué es usado el término fuerte guerrero para describir a Dios y a Jesús? Dios pelea por su pueblo y trata el mal decididamente como un fuerte guerrero. La muerte eterna es lo que enfrenta el que no se arrepiente. El hijo único de Dios sacrificó su vida en una ejecución sangrienta para nuestra salvación. De esta manera, Dios fue victorioso al luchar en contra del pecado y de Satanás en el intento del enemigo de destruir a la humanidad.

Una metáfora llamativa usada aquí y a través de la Biblia es la del *conquistador militar*, el *fuerte guerrero*, para describir al Señor. Esto no debiera entenderse solamente como una imagen primitiva sub-cristiana de Dios, porque aún Jesús es descrito de esta manera en Apocalipsis 19. El pecado y Satanás son mortalmente serios y violentos. El mundo está sangriento desde la caída y requiere una salvación sangrienta. Dios pelea por su pueblo y trata el mal decididamente, como un fuerte guerrero. La muerte eterna es lo que enfrenta el que no se arrepiente. El hijo único de Dios sacrificó su vida en una ejecución sangrienta para nuestra salvación.

En la experiencia del éxodo, Israel vivió físicamente los principios de la liberación espiritual de la humanidad de la esclavitud. La liberación de la esclavitud de Egipto es una metáfora y tipo espiritual ideal, un evento histórico que demuestra los mismos principios espirituales que Cristo finalmente cumple por la humanidad.

El viaje a Sinaí (Éxodo 15:22–18:27

Identificar la ruta del éxodo.

No podemos saber con certeza la ruta específica del éxodo, dónde estaba el Mar Rojo en referencia a ellos, y dónde estaba el Monte Sinaí. Sin embargo, la evidencia es sólida para las identificaciones tradicionales. El término *Mar Rojo* viene de la traducción griega del hebreo que literalmente significa "Algas Mar" o "Mar de algas marinas". Lagos con tales plantas pueden ser encontrados en la península del Sinaí, aunque son cuerpos más pequeños de agua que lo que es conocido hoy en día como el Mar Rojo. Sin embargo, muchos de ellos contenían agua suficiente para ahogar a las tropas egipcias. Aún así, una simple mirada a una concordancia hebrea muestra que el término *Algas Mar* fue usado en 1 Reyes 9:26 para el Golfo de Aqaba, la extensión noreste de lo que es hoy en día el Mar Rojo. De esta manera, es posible que los israelitas pasaran, por un acto milagroso de Dios, a través del Mar Rojo más que por algún lago.

Los diversos lugares nombrados en la ruta hacia Sinaí son desconocidos, pero probablemente involucran ocupación egipcia del Sinaí occidental para el propósito de la explotación de minerales, especialmente el cobre. La destrucción del ejército en el mar habría prevenido cualquier hostigamiento futuro de parte de la guarnición egipcia.

Ubicar a Sinaí en el sitio tradicional, conocido como Jebel Musa, en la península sur del Sinaí, es la mejor identificación. Muchos otros han sido propuestos, pero ninguno encaja mejor. No existe evidencia arqueológica alguna a favor de algún sitio en particular.

Dios dirige y provee

Resumir los desafíos y la provisión de Dios y la preparación para el viaje a Sinaí.

A pesar de las quejas y del temor de Israel como resultado de haber olvidado la manera en que Dios había provisto para ellos, el Señor continuó guiándoles y proveyéndoles. También Él les probó para desarrollar su fe. Esto era una muestra del viaje en el desierto narrado en el libro de Números. Esto era un tiempo de transición entre la liberación de ellos por parte de Dios en el Mar Rojo y su revelación en Sinaí al establecer a Israel como su nación de pacto.

Aun después del evento físico de salvación más asombroso de todos los tiempos, el pueblo de Dios continuó expresando temor frente a los desafíos con peligro para la vida. A través de estos desafíos, Dios les enseñaba que Él continuaría siendo su fuente para cada necesidad si ellos continuaban respondiéndole a Él en fe y obediencia. Ellos necesitaban, así como nosotros, aprender que su presencia no es siempre vista pero que siempre es constante, proveyendo para ellos si es que ellos confiaban y obedecían.

¿Cuáles cuatro desafíos enfrentó Israel después de la liberación de Egipto? ¿Cómo proveyó Dios para aquellos desafíos?

En Éxodo 15:22-27, los israelitas experimentaron aguas amargas. Ellos murmuraron y atacaron al liderazgo, olvidando los milagros que habían visto recientemente. Entonces el Señor se reveló a sí mismo como su Sanador (Éxodo 15:26). La idea expresada por medio de la palabra *sanador* es que Él restaura las cosas que están enfermas o no están enteras a su condición original. Él también sostiene la salud. Esta idea es ampliada aún más por medio del siguiente milagro que provee para su hambre y la promesa de Dios de no afligirles con las plagas con las que Él había afligido a los egipcios. Él desea ministrar vida a las personas pero debemos responder a su palabra.

En Éxodo 16:1-36, los israelitas experimentaron hambre y la provisión de Dios. Ellos murmuraron en contra de Moisés y de Aarón e incluso desearon morir. Moisés les dijo que en realidad estaban murmurando en contra de Dios. Cuán fácilmente nos olvidamos de nuestras experiencias de la presencia de Dios y de sus provisiones, en el dolor del

---

¿Cuáles cuatro desafíos enfrentó Israel después de la liberación de Egipto? ¿Cómo proveyó Dios para aquellos desafíos? 1. Aguas amargas — Dios se reveló a sí mismo como un sanador e hizo bebibles las aguas.

2. Hambre — Dios se reveló a sí mismo como un proveedor enviando codornices y "maná" del cielo.

3. Sed — nuevamente Dios proveyó aguas por medio de que Moisés golpeara una roca con su vara.

4. Atacados por los amalecitas — el Señor se reveló a sí mismo como una bandera de protección, dando a los israelitas victoria en la batalla.

momento. Dios mostró su gloria en la nube más allá del campamento. Luego Él proveyó codorniz y "pan" del cielo (el nombre "maná" es de la pregunta "¿Qué es?"). Esto diariamente, la provisión sobrenatural llegó a ser una prueba de su obediencia a sus instrucciones. "Y lo recogían cada mañana, cada uno según lo que había de comer" (16:21). Sin embargo, solamente en el día de reposo podía el maná ser guardado por la noche sin que se pudriese. Ellos juntaron el viernes por la noche lo que necesitaban para el día de reposo. De esta manera, Dios le enseñó a su pueblo a descansar el día de reposo. Ellos debían guardar una muestra del maná para recordar a futuras generaciones cómo el Señor proveyó comida todo el tiempo que ellos vagaron por el desierto. Posteriormente, Deuteronomio 8 indica la lección de su dependencia de Dios enseñada por medio de su provisión del maná.

En Éxodo 17:1-7, los israelitas experimentaron sed y recibieron agua. Dios hizo que Moisés golpeara una roca con su bastón. Moisés había usado el mismo bastón en el Río Nilo en Egipto cuando Dios dividió el Mar Rojo. El agua era esencial para la vida y un tema repetido tanto en el libro de Éxodo como en el libro de Números. Sin embargo, los israelitas siguieron desesperándose en vez de confiar en Dios.

Finalmente, los israelitas fueron atacados por los **amalecitas** y el Señor se reveló a sí mismo como su bandera o punto de organización y fuente de victoria (Éxodo 17:8-16). Esta experiencia también involucra la murmuración de Israel y la falta de confianza. Dios hizo que se defendieran solos, con fe en Él como su fuente de victoria. Esto fue demostrado mirando ellos a Moisés cuyas manos y bastón estaban levantados hacia Dios. El bastón de Moisés simbolizaba la autoridad de Dios delegada en él. Cuando él lo levantaba en el cerro, proveía una señal visual a los soldados de que Dios les estaba guiando a la victoria. Cuando Moisés se cansaba, Aarón y **Hur** ayudaban a mantener esta señal visible por medio de sostener los brazos de Moisés. Moisés indicaba hacia Dios como la bandera de Israel o punto de organización y fuente de victoria. Nosotros buscamos en Dios la ayuda para nuestras batallas. Él es nuestro punto de organización y fuente de victoria sobre todo lo que se oponga en contra nuestra, como su pueblo cumpliendo su misión. El Señor le dijo a Moisés que cada generación tendría que pelear en contra de Amalec hasta que el Señor finalmente los exterminara, tal como nosotros que tendremos continuas batallas en contra del mal del mundo hasta que el Señor establezca su reino en la tierra. Mientras tanto, nos mantenemos concentrados en Él.

El regocijo y consejo de Jetro

Describir el regocijo y el consejo de Jetro.

En Éxodo 18:1-12, Jetro se regocijó por lo que Dios había hecho por Moisés e Israel. El mundo estaba teniendo noticias acerca de lo que el Señor había hecho por Israel y algunos como Jetro confesarían, "Jehová es más grande que todos los dioses" (18:11). Jetro adoró y tuvo comunión con los ancianos de Israel en contraste con los amalecitas que los atacaron. De esta manera, el primero en responder positivamente a Israel después de su salvación fue el suegro de Moisés.

¿Qué pueden aprender los líderes piadosos de hoy en día del consejo de Jetro a Moisés?

En Éxodo 18:13-27, Jetro da consejo concerniente al liderazgo de Moisés. Él observó todo lo que hacía Moisés por el pueblo como único juez. Jetro concluyó que Moisés se iba a agotar. Los líderes de Dios no deben suponer que deben hacerlo todo, pero necesitan instruir y delegar a otros. Jetro le dijo a Moisés que tomara sólo los casos difíciles y que designara oficiales sobre diez, cincuenta, cientos, y miles de personas. Los hombres elegidos eran capaces, confiables y temían a Dios. Ellos mismos decidirían los casos sencillos.

El consejo de Jetro es un consejo excelente para los líderes de Dios en todos los tiempos. Moisés fue sabio en escuchar el consejo de su suegro. Debido a que la ley no había sido dada aún, este pasaje muestra que principios piadosos fueron escritos en los corazones de las personas. Podían encontrarse líderes justos y Jetro tenía sabiduría. Luego Moisés daría las instrucciones detalladas de Dios por escrito para que todos aprendieran (Éxodo 19-24).

El pacto en Sinaí (Éxodo 19-24)

Dios estableció su pacto con el pueblo de Israel como su nación única y **teocrática** a través de su revelación en Sinaí. Él continuaría su plan y promesa de salvación para el mundo a través de ellos. Él les dio sus leyes para su constitución nacional para especificar cómo ellos debían funcionar unidos. Su ley especificaba cómo sus vidas cotidianas podían reflejar su carácter y valores al mundo.

Antes de comenzar a trabajar con estas lecciones, lea estos capítulos en su Biblia: Éxodo 19-24.

Lección 6.1   El pacto (Éxodo 19; 24)

Objetivos

6.1.1   Identificar los puntos del pacto que Dios estableció en Sinaí (Éxodo 19:1-8).

¿Qué pueden aprender los líderes piadosos de hoy en día del consejo de Jetro a Moisés? Los líderes de Dios no tienen que creer que deben hacerlo todo, pero necesitan instruir y delegar a otros. Jetro le dijo a Moisés que tomara solamente los casos difíciles y designara oficiales sobre diez, cincuenta, cientos y miles de personas.

6.1.2 *Explicar la preparación que se requería de Israel para encontrarse con Dios en Sinaí (Éxodo19:9–15).*

6.1.3 *Describir la teofanía en el Sinaí (Éxodo 19:16–25).*

6.1.4 *Indicar los pasos del sello del pacto (Éxodo 24).*

Lección 6.2 Los Diez Mandamientos (Éxodo 20)

Objetivos

6.2.1 *Explicar el término Diez Mandamientos.*

6.2.2 *Analizar los mandamientos 1–3 (Éxodo 20:1–7).*

6.2.3 *Explicar los principios del mandamiento 4 (Éxodo 20:8–11).*

6.2.4 *Clarificar el significado de los mandamientos 5–10 (Éxodo 20:12–17), la respuesta a la teofanía, y la instrucción sobre los altares (Éxodo 20:18–26).*

Lección 6.3 La primera colección bíblica de las leyes (Éxodo 21–23)

Objetivos

6.3.1 *Resumir los casos en que se define el trato a otros y enumerar siete principios que ellos enseñan (Éxodo 21:1–22:17).*

6.3.2 *Clarificar el significado de los mandamientos que prohíben el maltrato de otros y de Dios (Éxodo 22:18–23:19).*

6.3.3 *Parafrasear las promesas y las exhortaciones que concluyen el pacto (Éxodo 23:20–33).*

El pacto (Éxodo 19:24)

El capítulo 19 es la **teofanía** en el Sinaí cuando Dios anunció su pacto con Israel como una nación. El capítulo 23 es el sello del pacto con una comida para los ancianos, en la presencia de Dios. Estos dos capítulos serán abarcados en esta lección para equilibrar la extensión de las lecciones.

El pacto ofrecido

Identificar los puntos del pacto que Dios estableció en Sinaí (Éxodo 19:1–8).

Dos meses después del éxodo, los israelitas llegaron al Monte Sinaí. Dios les comunicó a través de Moisés el ofrecimiento de su pacto con ellos como una nación. Cuando ellos lo aceptaron, Él les dijo que descendería al Monte Sinaí, a la vista de ellos, en el tercer día, así que necesitaban consagrarse a sí mismos.

¿Qué prometió Dios en su pacto con Israel y qué requirió?

La declaración de Dios de un pacto entre Israel y Él mismo comenzó con un resumen de cómo Él había sacado a los israelitas de Egipto para sí mismo. Comparó su acto poderoso con un águila que los lleva, tal vez como un águila madre desciende en picada bajo sus crías. Luego Dios declaró que la condición del pacto era una de total obediencia. Finalmente, prometió que Israel sería especial para Él, como la posesión más preciada para una persona. Ellos tendrían una relación íntima y personal con Él y cumplirían su propósito para la humanidad. Serían para Él un reino de sacerdotes y una nación santa, puestos aparte para su uso. Representaban para el mundo el único camino para comunión con Dios y, como sacerdotes, mediarían al mundo el ofrecimiento de salvación para comunión eterna con Dios. Debían acercar a Dios a las personas que no le conocían a Él. Ellos debían servirle como sacerdotes, adorando y dirigiendo a otros en adoración a Él. Debían servirle como un rey y hacer su voluntad en el mundo, demostrando su reino venidero. De esta manera, ellos eran llamados a ser su nación misionera a través de la cual la salvación, en la persona del Hijo de Dios, vendría al mundo. Éxodo 19:3-6 es un pasaje clave del Antiguo Testamento para entender el plan de Dios y el mensaje de la Biblia.

El pueblo se prepara

Explicar la preparación que se requería de Israel para encontrarse con Dios en Sinaí (Éxodo19:9-15).

¿Cómo se preparó o se consagró a sí mismo el pueblo antes de encontrarse con Dios en el Monte Sinaí?

Antes de que Dios descendiera a hablarles los detalles de la ley, Él instruyó a Moisés para que preparara al pueblo ceremonial y espiritualmente. El verbo para *hacer santo*, o *santificar* a alguien o algo *(qadash)* es usado aquí para la preparación de Israel de ellos

---

¿Qué prometió Dios en su pacto con Israel y qué requirió? Dios prometió que Israel sería especial para Él. Ellos tendrían una relación íntima y personal con Él y cumplirían su propósito para la humanidad. Serían para Él un reino de sacerdotes y una nación santa, puestos aparte para su uso. Debían servirle como sacerdotes, adorando y dirigiendo a otros en adoración a Él. Debían servirle como a un rey y hacer su voluntad en el mundo, demostrando su reino venidero. Para este pacto Él requería obediencia total.

¿Cómo se preparó o se consagró a sí mismo el pueblo antes de encontrarse con Dios en el Monte Sinaí? Exteriormente, necesitaban limpieza apropiada, calidad y una especie de vestimenta. Su apariencia exterior debería reflejar su actitud interna y su idoneidad moral para la presencia del Señor. Cualquier cosa indigna para la presencia de Dios era puesta lejos. Debían lavar sus ropas y abstenerse de relaciones sexuales.

mismos. La mayoría de las traducciones usan la palabra "consagrar". Quiere decir que los israelitas debían hacer lo que era necesario para personas que iban a presentarse ante un gran rey o un Dios santo. Ellos debían mostrar reverencia extrema, honor y humildad hacia el que está en el poder. Exteriormente necesitaban limpieza apropiada, calidad y una especie de vestimenta. Su apariencia exterior debería reflejar su actitud interna y su idoneidad moral para la presencia del Señor. Cualquier cosa indigna para la presencia de Dios era puesta lejos. Debían lavar sus ropas y abstenerse de relaciones sexuales. Lo último era probablemente por un asunto de impureza asociada con emisiones corporales, no porque el sexo fuera considerado malo, pues no lo era. También, tal abstinencia podía haber mostrado dedicación expiatoria mediante la privación de tal placer antes de una actividad seria e intensa, tal como era realizada las noches antes de batallar. La condición indigna de la humanidad para la presencia de Dios, separada de su gracia, debe ser tomada seriamente.

El pueblo de Dios debe cumplir con su misión en el mundo. Debemos ser sus agentes para traer a otros a Él. Debemos darnos cuenta de cuán especiales somos para Él. También debemos tratar seriamente su santidad y nuestra indignidad pecadora y separada para estar en su santa presencia, separados de la gracia de Cristo. Nosotros, como pueblo de Dios, debiéramos responderle a Él con reverencia profunda y reverente, a la vez que con amor por Él como nuestro perfecto Padre Celestial.

La teofanía

Describir la teofanía en el Sinaí (Éxodo 19:16-25).

El pueblo de Israel respondió inicialmente al ofrecimiento de Dios con un compromiso total. Pero Dios les dio una experiencia poderosa que involucró varios sentidos, una teofanía, al establecer su pacto con ellos. El Señor le había dicho a Moisés que el pueblo iba a confiar en él con la venida de Dios en la nube y por el hecho que le iban a escuchar al hablarle a Moisés.

¿Cómo demostró Dios su magnificencia en el Monte Sinaí?

En la teofanía en Sinaí, el Señor demostró su magnificencia a los sentidos humanos en formas que llegaron a ser un modelo para tales apariciones a lo largo de la Biblia. El encuentro incluyó trueno, relámpago, una nube espesa, humo intenso, un fuerte sonido

---

¿Cómo demostró Dios su magnificencia en el Monte Sinaí? Cuando Dios descendió al Monte Sinaí, hubo truenos, relámpagos, una nube espesa, humo intenso, un fuerte sonido de bocina que aumentaba cada vez más y un violento temblor de la montaña.

de bocina que aumentaba cada vez más y un violento temblor de la montaña. Era similar a volcanes y terremotos, una respuesta violenta de la creación a la presencia de Dios.

Todo esto sucedió debido a la santidad de Dios. Nunca debemos perder nuestra reverencia hacia Dios, nuestro temor saludable y respeto profundo por lo muy superior que es Él sobre nosotros. Cuando Dios interactúa con su creación, esta es afectada. Él es tan superior a su creación, tan puro y fiel a lo que Él es, que cualquier cosa contraria a Él no puede existir en su presencia. Debido a que el lugar dónde Él se mostraría a sí mismo sería hecho santo, totalmente puesto aparte para su uso, al pueblo se le dijo que no tocase el monte, o morirían. Para impedir que se acercaran demasiado, fueron establecidos límites. De la misma manera, las disciplinas en las vidas del pueblo de Dios son límites útiles para protegernos de dañar nuestra relación con Él. Sin embargo, nosotros nos concentramos en que esto es una relación personal con nuestro Padre Celestial con el fin de impedir que nuestra obediencia se torne **legalista**, con una imagen distante e impersonal de Dios.

Se nos permite estar en la presencia de Dios solamente debido a su gracia, hecho posible por medio de enviar a su Hijo a morir en nuestro lugar para restaurar la comunión con nosotros y hacernos dignos de estar en su presencia. Este es el mensaje esencial del evangelio y del **tabernáculo**. El último tema del libro de Éxodo sigue a las leyes del pacto. Las buenas noticias son que Dios desea tener comunión con nosotros y ha provisto personalmente el camino. Nosotros necesitamos simplemente responder en fe, admitir nuestra necesidad y apartarnos del pecado a una vida santa en relación personal con Él.

Sellando el pacto

Indicar los pasos del sello del pacto (Éxodo 24).

Después de presentar las expectativas del pacto, Dios llamó a Moisés que se acercara. Los ancianos permanecieron a cierta distancia, y el pueblo estaba aún más lejos. Este es el mismo principio de limitación progresiva de acceso a la presencia de Dios enseñada por el tabernáculo. La siguiente cosa que Dios le dijo a Moisés que hiciera era típica al establecer pactos en el Antiguo Cercano Oriente de ese tiempo. Moisés le dijo al pueblo las leyes de Dios y las escribió. Él también erigió doce columnas representando las doce tribus. Ellas eran un memorial del establecimiento del pacto. Luego Moisés hizo que hombres jóvenes ofrecieran sacrificios costosos expresando la adoración del pueblo y la comunión agradecida con el Señor. Moisés roció la mitad de la sangre sobre el altar. A continuación él leyó el libro del pacto a Israel, probablemente Éxodo 20-24. El pueblo nuevamente prometió obediencia total. Moisés roció la otra mitad de la sangre sobre el pueblo para sellar el pacto, diciendo: "He aquí la sangre del pacto que Jehová ha hecho con vosotros sobre todas estas cosas" (Éxodo 24:8).

Finalmente, Moisés y los ancianos subieron al monte y comieron una cena ante Dios. Ellos vieron a Dios de pie sobre zafiro. Esto era una visión limitada de Dios porque nadie puede ver su rostro y vivir (33:20). Moisés experimentaría más tarde una comunión cara a cara con Él. Él no vio a Dios completamente pero le fue permitida una experiencia más íntima de la presencia de Dios que cualquier otro humano pudo tener (Números 12:7-8). Los ancianos, representando a todo Israel, fueron privilegiados de comer una comida con Dios como anfitrión, lo que adicionalmente selló el pacto entre ellos.

Después de todo esto, Moisés subió a Dios en la nube por cuarenta días. Moisés recibió las tablas de piedra sobre las cuales Dios mismo había escrito lo esencial de las expectativas del pacto, los Diez Mandamientos. El Señor dio instrucciones adicionales, incluyendo detalles para la construcción del tabernáculo.

El Señor desea que su pueblo hoy, igual que Moisés y los ancianos, venga a Él, experimente su comunión íntima y guíe a otros a Él. Lo que Moisés y los ancianos experimentaron, todos los creyentes lo pueden experimentar espiritualmente en el Nuevo Pacto en Cristo. Guardar la cena del Señor a menudo usa palabras similares a las de Éxodo 24:8: "He aquí la sangre del pacto que Jehová ha hecho con vosotros." (Véase 1 Corintios 11:25.) De la misma forma que los ancianos subieron al trono de Dios para sellar el pacto, nosotros podemos experimentar un sabor del cielo al acercarnos a Dios en adoración y en la cena de comunión.

Los Diez Mandamientos (Éxodo 20)

En Éxodo 20, el Señor presentó las expectativas esenciales de moral, comportamiento y actitudes para cada persona en su pacto. Los Diez Mandamientos son las estipulaciones básicas del pacto. A través de ellas, se le han dado a la humanidad las verdades esenciales de cómo vivir con Dios y con los demás, basado en quién es Dios.

Los Diez Mandamientos: "Diez palabras"

Explicar el término Diez Mandamientos.

Dios comenzó sus instrucciones del pacto a Israel con lo que nosotros llamamos los Diez Mandamientos, aunque ese título no está en el texto hebreo. Tres veces aparece "Los Diez Mandamientos" en traducciones al español, pero el hebreo para los tres títulos es en realidad "Diez palabras" (Éxodo 34:28; Deuteronomio 4:13; 10:4). Sin embargo, el contexto de los títulos, y Éxodo 24:12, muestran que ellos eran considerados mandamientos.

¿Cómo se diferencia la numeración judía de los Diez Mandamientos de la protestante?

Vale la pena comparar la numeración de los mandamientos usada por la mayoría de los protestantes con la numeración judía. Dios comenzó por medio de afirmar: "Yo soy Jehová tu Dios, que te saqué de la tierra de Egipto, de casa de servidumbre" (Éxodo 20:2). Los judíos contaban esta afirmación como el primer mandamiento o la primera "palabra". Declaraba que Jehová era quien los había salvado de la esclavitud egipcia y estableció el pacto con ellos. El segundo mandamiento en la lista judía es una combinación de lo que los protestantes consideran el primer y segundo mandamiento. El resto de los mandamientos son enumerados de la misma forma tanto para los judíos como para los protestantes. Los católicos romanos y los luteranos comienzan con los mismos mandamientos que los protestantes, pero los combinan con el segundo de modo que la numeración tiene uno de diferencia hasta el final, donde ellos dividen el décimo mandamiento protestante en dos ya que la codicia está referida dos veces.

¿Cuál es la división lógica de los diez mandamientos?

De esta manera, surge la pregunta: ¿Qué quiso decir Dios con las "Diez palabras"? Ellas claramente son el corazón del pacto, ponen el fundamento de lo que Dios espera de su pueblo (Éxodo 20; Deuteronomio 5). La numeración protestante parece que tiene el mejor sentido, dando diez principios distintos basados en el carácter de Dios. Jesús resumió las expectaciones de Dios en dos mandamientos: Amar a Dios totalmente; amar a otros como a sí mismo (Mateo 22:36-40, citando Deuteronomio 6:5 y Levítico 19:18). Parece lógico dividir los diez mandamientos entre 1-4 en amar a Dios y 5-10 en amar a otros. Sin embargo, ambos mandamientos cuatro y cinco incluyen aspectos de amar tanto a las personas como a Dios. Las personas no pueden decir que aman a Dios si no aman a las personas; los dos son inseparables (1 Juan 4:20).

El mandamiento 1: Servir solamente a Dios

Analizar los mandamientos 1-3 (Éxodo 20:1-7).

¿Cómo se diferencia la numeración judía de los Diez Mandamientos de la protestante? La enumeración judía incluye la declaración de Dios de ser el Señor quien los sacó de Egipto como el primer mandamiento o primera "palabra". El segundo mandamiento es una combinación de lo que los protestantes consideran el primer y segundo mandamiento. El resto está enumerado de la misma forma.

¿Cuál es la división lógica de los diez mandamientos? Los primeros cuatro mandamientos son acerca de amar a Dios y los últimos seis acerca de amar al prójimo.

El primer y segundo mandamiento prohibía servir a otros dioses. El principio es de exclusiva lealtad a Dios, de la misma forma que un matrimonio monógamo. Si otros dioses o poderes existen (nosotros sabemos que el diablo y sus demonios existen, pero ningún otro dios, aunque el entendimiento de Israel tal vez no se había desarrollado tanto) no es el punto aquí, sino a quién servimos. El Dios de la Biblia asevera que Él es el único Dios, la única salvación. Aunque Él es intolerante con aquellos que no creen en Él, continúa haciendo todo lo posible para traer a todas las personas para que crean en Él.

¿Qué quiere decir cuando Dios dice que Él es un Dios celoso?

El Señor dice que Él es un Dios "celoso" (Éxodo 20:5), la palabra hebrea por la que también se puede traducir "ferviente" en otros contextos. Él no es egoístamente paranoico como son los humanos celosos. Es decir, Él es apasionado acerca de su relación con cada persona y pelea para mantenerla. Él confronta cualquier cosa que destruirá a su pueblo o su relación con ella. Él da castigo apropiado o recompensa por comportamiento (el significado de "visita" en la RVR-60). El castigo sobre los padres por sus pecados afecta a cuatro generaciones de aquellos que continúan "odiándole" (rechazándole). Cuatro generaciones es el tamaño de la familia típica, viviendo en proximidad cercana el uno con el otro en esa cultura. Rechazar al Señor en primera prioridad en la vida de uno es el significado de "odio" en un contexto de pacto. La idea opuesta, amar, significa "poner por encima de todo los demás". De esta manera, cuando Jesús dijo a sus seguidores que debían aborrecer a sus padres, Él quiso decir que ellos debían poner a Jesús, no a sus padres, en el primer lugar.

Los pecados de las personas y las consecuencias afectan a sus hijos, parientes y a personas alrededor de ellos. Pero los que se vuelven a Dios serán hechos libres de los pecados de los padres y transmitirán bendiciones a miles de generaciones que le aman a Él y guardan sus mandamientos. Esto no es obediencia legalista, pero obediencia por amor. Una forma de prevenir que la obediencia se transforme en legalista es verla igual que vivir según los valores de Dios por aprecio de todo lo que Él ha hecho por nosotros. Es como hacer nuestra parte en el matrimonio, vivir en armonía con los valores y expectativas que acordamos con nuestros cónyuges en el casamiento.

El mandamiento 2: No hacer imágenes

¿Qué quiere decir cuando Dios dice que Él es un Dios celoso? Dios no es egoístamente paranoico como son los humanos celosos. Significa que Él es apasionado acerca de su relación con cada persona y pelea para mantenerla. Él confronta cualquier cosa que destruirá a su pueblo o su relación con ella.

El segundo mandamiento prohíbe hacer cualquier imagen a causa de los celos de Dios, como se ha explicado anteriormente. Esto sugiere que las imágenes solamente pueden representar a Dios como inferior a lo que realmente es. Las imágenes son hechas por los humanos usando material que Dios ha creado. Hacer y servir a imágenes eran también formas de tratar de manipular a los dioses. Pero Dios es el Dios invisible, inmaterial e ilimitado, demasiado superior a su creación. Por lo tanto, hacer una imagen es erigir otro dios y de ese modo cometer idolatría o ser infiel a Dios. Necesitamos llenar nuestras mentes con las verdades de Dios reveladas en la Escritura y no pensar de Él como algo menos de lo que es. Nunca debiéramos intentar manipularlo, sino que permanecer reverentes ante Él.

El mandamiento 3: usar incorrectamente el nombre de Dios

¿Qué significa para una persona usar incorrectamente el nombre de Dios?

El tercer mandamiento trata del uso incorrecto del nombre de Dios. Nosotros debemos honrar al Señor y ser un testimonio de quien es Él por medio de lo que decimos y la manera en que vivimos. Usar el nombre de las personas era considerado una forma de controlarlas, pero Dios no debe ser manipulado. Levantar o usar el nombre en vano, en el hebreo, puede referirse a orar o maldecir a otros en una forma discordante con el carácter y plan de Dios. También incluye representar incorrectamente al Señor en cualquier cosa que hagamos o digamos. Aunque los términos no son usados aquí, esta es la esencia de la santidad. Puesto que somos su pueblo, nosotros llevamos su nombre. Tenemos que representarle correctamente o menoscabamos su reputación ante el mundo. Para representarle correctamente, nosotros tenemos que conocer su palabra y valorar su revelación. Tenemos que valorar su ofrecimiento de experimentar su presencia en el tabernáculo (donde Él puso su nombre) y finalmente en Cristo. Somos llamados a ser testimonios vivientes de lo que su nombre representa: el Señor santo, bueno y moralmente puro, sabio y poderoso. Nosotros debemos identificarnos con Él y vivir como personas conocidas por su nombre.

¿Qué significa para una persona usar incorrectamente el nombre de Dios? Esto puede referirse a orar o maldecir a otros en una forma discordante con el carácter y plan de Dios. También incluye representar incorrectamente al Señor en cualquier cosa que hagamos o digamos, ya que somos personas que llevamos su nombre. Tenemos que representarlo correctamente, puesto que somos sus testimonios para el resto del mundo.

La Torah (El Pentateuco)

El mandamiento 4: Guardando el día de reposo

Explicar los principios del mandamiento 4 (Éxodo 20:8-11).
¿Cómo "recuerda" una persona o "guarda" el día de reposo y por qué es importante?

El cuarto mandamiento es uno de dos mandamientos positivos, el segundo de ellos es el quinto mandamiento. Dios dice a su pueblo que recuerde—queriendo decir que traigan a conciencia y escojan actuar—considerando el día de reposo (el séptimo día de la semana) de una forma que lo ponga aparte como santo, como especial para Dios. "Sábado" quiere decir un cese o un descanso de trabajar. No quiere necesariamente decir la ausencia de toda actividad; el descanso puede ser una recreación activa. Necesitamos tomarnos un día libre en siete para dejar de concentrarnos en ganarnos la vida y en cambio concentrarnos en Dios, en nuestras familias y en nuestras comunidades de fe. El énfasis en el séptimo día se basa en la Escritura y el número *siete* en el calendario religioso sugiere que Dios construyó un ritmo de sietes en el universo y especialmente en nuestros cuerpos. No debemos ver el mandamiento para descansar como una responsabilidad agobiante, como tampoco es una carga sin sentido seguir las instrucciones de un manual de propietario. Al contrario, encontrarnos con Dios en el día de reposo ha sido comparado con una cita romántica con el cónyuge de uno una vez a la semana, más allá de las breves expresiones de amor del día a día. Este mandamiento desafía a las personas a vivir sus vidas, trabajar durante seis días cada semana, teniendo por delante la llegada del día de reposo. El día de reposo es el punto culminante de su semana y una señal importante de su relación con el Dios santo.

Trabajar continuamente, sin tomar un descanso, no es solamente imprudente para la salud de una persona, también es una mala actitud espiritual. Las personas que hacen así afirman con su estilo de vida que son indispensables, que no pueden confiar que Dios les proveerá sin sus esfuerzos constantes, y que el tiempo con su familia no es importante. Tomar un día libre cada semana es una expresión de fe y gratitud hacia Dios, además de ser un acto de sumisión y obediencia al Señor. Los pastores necesitan ser ejemplos de este equilibrio para que su pueblo tenga vidas y familias más sanas.

El día de reposo era una señal de la relación de Israel con Dios como su pueblo santo (Éxodo 31:12-17). Les recordaba y testificaba al mundo que Israel adoraba y servía solamente al Señor y que confiaba en Él para todas sus necesidades.

¿Cómo "recuerda" una persona o "guarda" el día de reposo y por qué es importante? El día de reposo es para reservarlo como un día de descanso. Eso no necesariamente significa abstenerse de toda actividad. Puede significar recreación activa. Necesitamos tomar un día libre en siete para dejar de concentrarnos en ganarnos la vida y en cambio concentrarnos en Dios, en nuestras familias, y en nuestras comunidades de fe. Tomarse un día libre cada semana es una expresión de fe y gratitud hacia Dios. Descansar en el día de reposo es también un acto de sumisión y obediencia al Señor.

Los creyentes del Nuevo Pacto (cristianos) no están bajo la ley del día de reposo como una señal de su relación con Dios, porque sólo sirvió de esa forma en el pacto del Sinaí con Israel. Sin embargo, los otros principios del día de reposo continúan para el pueblo de Dios en todos los tiempos. Las personas necesitan un descanso semanal. Necesitan tiempo para adoración, comunión y recreación para su salud física y para su saludable relación con Dios, con la familia y con la comunidad de fe. Las expresiones colectivas regulares y externas de nuestras actitudes del corazón hacia Dios son importantes, de la misma forma como lo son en los matrimonios. Finalmente, el pueblo de Dios necesita ser un testimonio al mundo por medio de su capacidad de dedicar tiempo para descansar y expresar confianza en Dios de que Él proveerá. Nótese que la comunidad de fe y la comunidad civil (iglesia y estado) eran lo mismo para Israel, pero no para nosotros.

Clarificar el significado de los mandamientos 5–10 (Éxodo 20:12-17), la respuesta a la teofanía, y la instrucción sobre los altares (Éxodo 20:18-26).

Como se mencionó anteriormente, tanto el cuarto como el quinto mandamiento involucran amor a Dios y a los demás. El mandamiento del día de reposo involucra preocupación por otros miembros de la comunidad de fe como también por los extranjeros al reunirse para celebraciones de adoración. Toda persona o animal que trabajaba para un israelita tenía permiso de descansar en el día de reposo. A cualquier persona que tenía hambre cuando el pueblo de Dios se reunía para un banquete, se le debía proveer. El día de reposo ayudaba a mantener relaciones saludables en las familias y las comunidades. De esta manera, el cuarto mandamiento involucra tanto relaciones verticales como horizontales. Puede ser considerado como el mandamiento de transición entre amar a Dios y amar a otros. Cuando el pueblo del pacto del Señor adora, ellos muestran amor el uno hacia el otro.

El mandamiento 5: Honrar a los padres

¿Cómo está conectado el honrar a los padres con nuestra relación con Dios?

El quinto mandamiento, honrar a nuestros padres, también trata de las relaciones con otras personas como con Dios. Los padres están asociados con la autoridad de Dios sobre un hijo. Ellos tienen el privilegio de traer nueva vida al mundo y la responsabilidad de

---

¿Cómo está conectado el honrar a los padres con nuestra relación con Dios? La autoridad de los padres sobre sus hijos representa la autoridad de Dios sobre sus hijos. Los que no respetan a sus padres y viven en rebelión no respetarán y no se someterán a otras autoridades, incluyendo a Dios. Honrar a nuestros padres es respetar la autoridad en general, lo que es fundamental para una sociedad saludable. Debemos respetar a aquellos que representan a Dios, también respetar la sabiduría de nuestros ancianos, empezando con nuestros padres.

criar al hijo. Como fuente de vida del hijo, ellos tienen autoridad dada por Dios sobre el hijo. Los que no respetan a sus padres y viven en rebelión no respetarán y no se someterán a otras autoridades, incluyendo a Dios. Nuestras relaciones horizontales no pueden ser separadas de nuestra relación vertical con Dios, especialmente en el área de la autoridad.

Honrar a nuestros padres es respetar la autoridad en general, lo que es fundamental para una sociedad saludable. Nosotros debemos respetar a aquellos que representan a Dios, también respetar la sabiduría de nuestros ancianos, empezando con nuestros padres. Esta actitud nos ayuda a vivir vidas saludables en general y da estabilidad a la sociedad. Esto es probablemente parte de la razón de Pablo para decir que es el primer mandamiento con una promesa, que podamos disfrutar larga vida (Efesios 6:1-3). La otra razón que él da es que nuestros propios hijos tenderán a cuidarnos en la vejez de la misma manera que nosotros hemos cuidado a nuestros padres.

Por cuanto tiempo debiera prolongarse la honra a nuestros padres en la vida de una persona, especialmente después de llegar a la condición de adulto, ha sido discutido vigorosamente. Es cierto que siempre debemos mantener respeto profundo por nuestros padres. Pero cuando los vástagos comienzan sus propias familias, Génesis 2:24 dice que los hijos deben dejar a sus padres y aferrarse a su cónyuge. Los hijos adultos no necesitan vivir en sumisión a sus padres. Deben tomar decisiones basadas en lo que creen que es lo mejor para sus propias familias. No debieran deshonrar a sus padres, sino velar por las necesidades legítimas de ellos y considerar seriamente la sabiduría del consejo de sus padres.

El mandamiento 6: No matarás

El sexto mandamiento es no matar, pero también involucra el principio dominante de respetar la vida, particularmente la vida humana, pues es hecha a la imagen de Dios. Esto, y la total lealtad al Señor, son los dos principios sobresalientes del Decálogo (los Diez Mandamientos), otra manera de decir amar a Dios y a los demás. El verbo hebreo en este mandamiento es *ratsach*, no una palabra para matar en general. Es usada estrictamente respecto de quitar la vida humana, o accidentalmente o a propósito, y por lo tanto, sin la autorización de Dios. De la misma forma como Dios ha delegado a los humanos el privilegio y la responsabilidad de traer vida humana al mundo, nosotros tenemos la habilidad de terminar con la vida humana. Este mandamiento tiene como responsable a una persona por terminar deliberadamente con la vida de alguien, lo que es asesinato. Las personas deben respetar la autoridad de Dios sobre la vida humana. Las Escrituras pueden ser interpretadas como enseñanza que Dios puede autorizar a los agentes del gobierno, tal como la policía o soldados, de quitar la vida al ejecutar justicia o al defender a personas inocentes. Otra aplicación de actualidad es que no hay precedente en la

Escritura para que una mujer piense que ella tiene autorización alguna de quitar la vida de su hijo nonato, sin importar cuán pronto después de la concepción. Una sociedad que devalúa la vida humana tiene problemas dentro de sí misma y con Dios.

El mandamiento 7: No adulterar

El séptimo mandamiento prohíbe el adulterio o la violación de la santidad del matrimonio. El principio más grande es respeto por el acto potencialmente engendrador del matrimonio entre un hombre y una mujer para toda la vida. Esto incluye el principio del respeto por la familia, la que nutre la vida humana. Incluido está también el principio de la importancia de la fidelidad y lealtad hacia nuestros compromisos. El adulterio era un pecado en contra de Dios, como José protesta en Génesis 39:9 (véase también Génesis 20:9). La infidelidad en esta relación humana más íntima, creada para ser exclusiva, lleva a infidelidad en otras relaciones, incluso con Dios. La Biblia indica repetidamente que la inmoralidad sexual y la idolatría están relacionadas estrechamente. El respeto por la vida misma, el tema de familias saludables nutriendo vida humana, y el principio relacionado de fidelidad a los compromisos son el fundamento de sociedades saludables. La inmoralidad sexual y los fracasos matrimoniales dañan grandemente a los hijos y contribuyen significativamente a la destrucción de una nación y de la relación de las personas con Dios. Dios toma esto con mucha seriedad.

El mandamiento 8: No hurtar

¿Cómo enfatiza el mandamiento acerca de hurtar el respeto por las vidas de otros?

Continuando con los principios fundamentales de sociedades humanas saludables están el octavo y noveno mandamientos. El octavo prohíbe hurtar lo que le pertenece a los otros. Esto no solamente enseña respeto por la propiedad privada pero continúa el énfasis con el respeto por las vidas de otros por medio de respetar los medios de mantenimiento de sus vidas. La mayoría de los hurtos, en el contexto de Israel en ese tiempo, habrían sido con peligro de vida para la víctima. Uno de los delitos más serios y una tentación común era mover las piedras de los límites. Al hacerlo disminuía la cantidad de tierra que la otra persona tenía para cultivar alimentos. Hurtar es una demostración mayor de egoísmo, cuando una persona logra su propio bienestar a expensas directas de otro.

¿Cómo enfatiza el mandamiento acerca de hurtar el respeto por las vidas de otros? El mandamiento que prohíbe hurtar enfatiza el respeto por las vidas de otros por medio de respetar los medios de mantenimiento de sus vidas. La mayoría de los hurtos, en el contexto de Israel en ese tiempo, habrían sido con peligro de vida para la víctima.

La Torah (El Pentateuco)

El mandamiento 9: No mentir

El noveno mandamiento prohíbe mentir en la corte en contra de otro miembro de la comunidad. Se concentraba en decir la verdad en un escenario público donde la verdad es esperada como parte de un entendimiento social. Es un asunto de establecer justicia. Mentir a los enemigos en la guerra no está prohibido aquí. Este mandamiento es acerca de vivir sinceramente en nuestras comunidades y mantener nuestros compromisos. El tema de la justicia es la meta de Dios para la comunidad. El respeto de la reputación de otro es una consecuencia de este mandamiento. Arruinar la reputación de una persona podría costarle a esa persona su sustento. Por lo tanto, este mandamiento es otra aplicación de respeto por la vida de otro y preocupación por el bienestar de él o de ella. Los mandamientos desde el seis hasta el nueve nos llaman a mejorar la vida y el bienestar de otros y evitar provocarles daño.

El mandamiento 10: No codiciar

¿Cómo está relacionado el acto de codiciar con la idolatría?

Finalmente, el décimo mandamiento prohíbe codiciar y de ese modo regresa al corazón humano como la fuente de elecciones conductuales. Codiciar es un deseo fuerte de obtener algo, sin importar lo que involucra, especialmente algo prohibido o que pertenece a otro. El objeto codiciado llega a ser más importante que cualquier efecto que pueda tener en otros. Es más importante que la voluntad de Dios. Esto es avaricia nacida del egoísmo y Pablo dice en Colosenses 3:5 que la avaricia es idolatría y trae la ira de Dios. *Lujuria* y *codicia* se traducen con las mismas palabras hebreas y griegas. La conexión es el egoísmo que permite que deseos fuertes gobiernen nuestras vidas. De esta manera, el décimo mandamiento ha regresado al tema del primero, total devoción al Señor. No debemos permitir que el egoísmo nos gobierne, que se convierta en idolatría, y lastime a otros. Debemos tratar con nuestras actitudes y deseos y confiar que el Señor va a proveer para nosotros y traer realización a nuestras vidas, al ponerlo a Él en primer lugar.

Después que los Diez Mandamientos fueron dados, Éxodo 20 registra la respuesta de las personas a la teofanía: su temor y la petición a Moisés que se presentara ante Dios por ellos. El asombro que experimentaron tenía la intención de establecer su motivación a no pecar ("probarlos"), a tomar seriamente las instrucciones de Dios.

¿Cómo está relacionado el acto de codiciar con la idolatría? Cuando una persona codicia, el objeto codiciado llega a ser más importante que la voluntad de Dios o cualquier consecuencia relacionada con la codicia del objeto. Esto es avaricia, nacida de un egoísmo y Pablo dice en Colosenses 3:5 que la avaricia es idolatría y trae la ira de Dios.

El capítulo termina repitiendo los pensamientos de los dos primeros mandamientos, la prohibición de hacerse otros dioses, y dando instrucciones para hacer altares de acuerdo a las instrucciones de Dios. El pueblo de Dios no debía usar herramientas sobre ninguna piedra para el altar. El uso de herramientas lo haría inapropiado para el uso. Tal vez, como varios eruditos han concluido, debido a que los cananeos daban forma a las piedras de sus altares. También estaba prohibida la exposición de las partes privadas de un sacerdote cuando subía las gradas del altar. La sexualidad humana no debía estar involucrada en la adoración al Señor, nuevamente en contraste con los cananeos y las religiones de otros pueblos.

La primera colección bíblica de las leyes (Éxodo 21-23)

El Señor reveló su carácter y valores en aplicación a las vidas de su pueblo en las leyes del Antiguo Testamento. Las colecciones exponen los principios de los Diez Mandamientos en situaciones más específicas del diario vivir de Israel. Ellas eran, en un sentido, la **constitución** de Israel para funcionar como una nación en el antiguo mundo del Cercano Oriente. Ellas trataban de cómo aprender a vivir juntos a la manera de Dios, de su misión, tanto en el viaje a la tierra prometida como en la tierra prometida. Ellas serían ejemplo para todas las personas de cómo Dios tenía la intención que las personas vivieran con Él y con los demás. El pacto de Sinaí enseña principios del carácter y valores de Dios que debieran dirigir las vidas de su pueblo en todas las edades.

Las leyes casuísticas

Resumir los casos en que se define el trato a otros y enumerar siete principios que ellos enseñan (Éxodo 21:1-22:17).

La primera mitad de esta colección de leyes trata mayormente con conflicto entre el pueblo de Dios. Aun el pueblo redimido del Señor tiene desafíos al vivir y trabajar juntos en armonía. Él no desea que neguemos nuestros problemas sino que los tratemos a su manera.

¿Cuál es la diferencia entre las leyes casuísticas y las apodícticas?

¿Cuál es la diferencia entre las leyes casuísticas y las apodícticas? Las leyes casuísticas tratan con casos específicos en la forma de "Si esto... entonces esto." Las leyes apodícticas generalmente dicen "Tú tienes que... o, tú no tienes que..." La mitad de las leyes bíblicas mosaicas son apodícticas; son ordenes más absolutos y afirmaciones más generales de normas y principios que vienen de Dios.

Estas leyes están de una forma diferente que aquellas que comienzan más tarde (Éxodo 22:17), las que son más parecidas a los Diez Mandamientos. Las últimas son llamadas **leyes apodícticas** y en forma general dicen, "Tú tienes que... o, tú no tienes que." Sin embargo, las leyes de la primera mitad de la colección son **leyes casuísticas**, queriendo decir que ellas tratan con casos específicos, en la forma de "Si esto... entonces aquello." Es interesante que la colección de leyes del Antiguo Cercano Oriente, tal como el **Código de Hamurabi**, sean todas casuísticas. Generalmente, la mitad de las leyes bíblicas mosaicas son apodícticas. Son órdenes más absolutas y afirmaciones más generales de normas y principios que vienen de Dios. Las leyes de otros grupos de personas no venían de sus así llamados dioses, tampoco reflejaban los valores morales y voluntad de sus dioses. El único Dios le dijo a Israel las instrucciones específicas para el diario vivir basadas en moral consistente y en valores espirituales de su propio carácter.

Los temas de Éxodo 21:1-22:17 son la liberación de los esclavos hebreos, los asaltos y las heridas del uno hacia el otro, y la pérdida o el daño a la propiedad. Los principios más importantes son enseñados en estas leyes. El pueblo de Dios debía hacer lo siguiente:

- Tratar los conflictos al modo del Señor.
- Ser justo e imparcial: hacer que el castigo encaje con el crimen. (Este es el significado de la ley "ojo por ojo", o *ley del talión*).
- Mostrar compasión, misericordia, generosidad y protección hacia el vulnerable y necesitado.
- Responsabilizar apropiadamente a las personas por sus acciones, basándose en las actitudes de sus corazones.
- Tomar seriamente el daño infligido a otros, especialmente a los vulnerables; la rebelión en contra de los padres; quitar la vida a una persona, incluyendo negligencia que cause una muerte; el comercio de esclavos; la propiedad de otros; y la seducción de una joven soltera.
- Requerir que la persona culpable haga restitución a los ofendidos.
- Buscar la verdad diligentemente.
- Mostrar respeto por toda vida humana por ser hechos a la imagen de Dios.
- Valorar a las personas y la vida humana mucho más que a las cosas o animales.
- Proteger la dignidad de cada individuo.
  (Nótese que los tres últimos no se encuentran en las leyes del Antiguo Cercano Oriente.)
- Preocuparse por el bienestar de otros.
- Hablar la verdad en amor.
- Preocuparse del bienestar de todas las criaturas de Dios.

La Torah (El Pentateuco)

Las leyes apodícticas

Clarificar el significado de los mandamientos que prohíben el maltrato de otros y de Dios (Éxodo 22:18-23:19).

En Éxodo 22:18, el estilo cambia a apodíctico con la forma "No hagas..." Estas son afirmaciones fuertes de lo correcto y lo incorrecto, de lo que no puede permitirse que exista, y al final, la instrucción sobre cómo guardar ocasiones especiales para el Señor.

Esta mitad de la colección de las leyes comienza con tres delitos idólatras de pena capital. Luego, era prohibido oprimir a los necesitados y vulnerables, mientras que mostrar compasión al deudor al regresarle su capa (su garantía) cada noche era exigido. Dios tiene por responsable a las personas hacia Él por sus acciones del uno hacia el otro. Ellos tienen obligaciones que demuestran su actitud hacia Él y su relación con Él como su pueblo santo. Algunos actos eran tan viles que ellos no debían ser asociados con su pueblo, tal como comer de la carroña, probablemente por el tratamiento irrespetuoso de la sangre. Luego, Dios prohibió el maltrato a personas vulnerables a través de la mentira y la injusticia en los casos de la corte. Él está preocupado de la justicia. Esta sección termina con el mandato a Israel de no oprimir a los extranjeros, motivados por los recuerdos de haber ellos sido extranjeros en Egipto (23:9).

¿Qué era el año sabático y de qué forma honraba a Dios?

En 23:10-19, el Señor instruyó a Israel que guardara ocasiones especiales para Él, comenzando con el año sabático y el día de reposo, los que eran ejemplos de los principios básicos. Igual que el día de reposo, el séptimo año era un tiempo de descanso, en este caso, descanso para la tierra. El año sabático proveía para los pobres y para los animales salvajes. En todas las prácticas, el pueblo de Dios debía concentrarse en el Señor. Ellos no debían adorar a ningún otro dios. El Señor era la fuente de provisión para Israel, así que el cumplimiento de las prácticas programadas estaba relacionado con las cosechas para celebrar sus provisiones espirituales y físicas.

Las leyes concluyen con cuatro prácticas que eran probablemente importantes para mostrar una actitud apropiada hacia Dios y evitar prácticas de **cultos a la fertilidad**. Por último, los pueblos de Canaán y una gran parte del mundo del Antiguo Cercano Oriente practicaban rituales mágicos y actos inmorales para tratar de conseguir fertilidad para sus esposas, animales y cultivos. El Señor del pacto de Israel no puede ser movido por magia.

¿Qué era el año sabático y de qué forma honraba a Dios? Igual que el día de reposo, el séptimo año era un tiempo de descanso, en este caso, descanso para la tierra. El año sabático proveía para los pobres y para los animales salvajes. En todas las prácticas, el pueblo de Dios debía concentrarse en el Señor. El cumplimiento de las prácticas programadas estaba relacionado con las cosechas para celebrar sus provisiones espirituales y físicas.

Él es personal, amoroso y santo, con sólo lo mejor planificado para su creación, de lo cual Él no puede ser disuadido. Él desea que todas las personas le conozcan y que disfruten de sus bendiciones para siempre, a través del arrepentimiento y fe en su provisión de salvación. Israel debía ser un testimonio de esto.

Conclusión: Promesas y exhortaciones

Parafrasear las promesas y las exhortaciones que concluyen el pacto (Éxodo 23:20-33).

La colección de leyes de Éxodo concluye en la forma de un pacto con promesas y exhortaciones, aunque no con las usuales **bendiciones y maldiciones**. El Señor prometió enviar a su ángel para llevar de forma segura a Israel a la tierra prometida. Su nombre estaría en este ángel, queriendo decir no solamente su autoridad sino su reputación. Debido a esto, Él no les perdonaría si se rebelaban en contra del ángel. Este, por lo tanto, parece ser el ángel del Señor, una manifestación de Dios mismo, en una forma que ellos pudiesen ver y con la cual relacionarse. La presencia de Dios les guiaría y Él se llevaría las enfermedades de ellos. Ellos tendrían vida plena y provechosa. Él prometió enviar cosas como las avispas (23:28) para motivar a los pueblos de la tierra a que se fueran. Su promesa más interesante fue echar gradualmente fuera a las personas hasta que Israel aumentara lo suficiente como para ocupar la tierra. De lo contrario, los animales salvajes llegarían a ser demasiados. Dios usualmente hace pasar a su pueblo a través de los procesos de desarrollo normales y graduales. Él envía agentes en varias formas humanas con autoridad delegada para guiarnos, y nosotros necesitamos obedecerles.

Acá, nuevamente, está la intervención soberana de Dios versus su expectación de la responsabilidad humana. Él dijo que Él entregaría al pueblo de la tierra a Israel para echarles fuera (23:31). Este es un modelo a lo largo de la historia de Israel. Dios les guió a victoria, pero generalmente ellos tenían que pelear. El Señor exhortó a su pueblo a evitar hacer algún trato (pactos) con el pueblo de la tierra y no permitirles vivir en la tierra porque su adoración a dioses falsos tentaría a Israel a pecar. Ellos serían una trampa para el pueblo de Dios. Este es un principio básico en la vida: nosotros no debemos tratar de coexistir con, o estar alrededor de fuentes de tentación.

El Señor prometió una tierra extensa para Israel, desde el Mar Rojo hasta el Mediterráneo y desde el Sinaí hasta el Eufrates (23:31). La pregunta surge si es que aún esto va a ser cumplido. 1 Reyes 4:21 parece indicar que fue cumplido, por lo menos temporalmente bajo Salomón. Sin embargo, puede ser posible que el cumplimiento final de la promesa está por venir en el **milenio** (Ezequiel 47:14).

¿Cuál es el mensaje general de las leyes del pacto en Sinaí?

De estas leyes del pacto en Sinaí viene el mensaje dominante que el Señor desea establecernos en comunión de pacto con Él mismo. En ese pacto, trabajamos juntos en su amor y respeto el uno por el otro para llevar a cabo su propósito eterno y luego disfrutar de su presencia para siempre.

El tabernáculo y la apostasía del becerro de oro (Éxodo 25-40)

Después de establecer el pacto con Israel, el Señor estableció el lugar de su presencia. Él se encontraría con su pueblo en su trono en la tierra —el tabernáculo— en el centro del campamento de Israel. En el proceso, Él tuvo que tratar con la **apostasía** del becerro de oro que amenazaba su relación con los israelitas. Estos dos temas, cubriendo dieciséis capítulos en Éxodo, enseñan mucho acerca del Señor y de cómo debemos responderle a Él.

Antes de comenzar a trabajar con estas lecciones, lea estos capítulos en su Biblia: Éxodo 25-40.

Lección 7.1   La pérdida o valorización de la presencia de Dios (Éxodo 32-34)

Objetivos

7.1.1   *Identificar los puntos centrales de la apostasía del becerro de oro y la intercesión de Moisés (Éxodo 32-35).*

7.1.2   *Enumerar verdades acerca de Dios sacadas del pasaje de la petición de Moisés de ver la gloria de Dios (Éxodo 33:18-23).*

Lección 7.2   Dios establece el lugar de su presencia (Éxodo 25-31; 35-40)

Objetivos

7.2.1   *Explicar los principales principios teológicos enseñados a través de las instrucciones para la construcción del tabernáculo (Éxodo 25-31).*

7.2.2   *Indicar lecciones de la construcción del tabernáculo (Éxodo 35-40).*

¿Cuál es el mensaje general de las leyes del pacto en Sinaí? El mensaje predominante de las leyes del pacto en Sinaí es que el Señor desea establecernos en comunión de pacto con Él mismo. En ese pacto, trabajamos juntos en su amor y respeto el uno por el otro para llevar a cabo su propósito eterno y luego disfrutar de su presencia para siempre.

La pérdida o valorización de la presencia de Dios (Éxodo 32-34)

Identificar los puntos centrales de la apostasía del becerro de oro y la intercesión de Moisés (Éxodo 32-35)

Mientras Moisés estaba en el Monte Sinaí recibiendo las leyes del pacto del Señor, el pueblo se puso impaciente. Ellos apelaron a Aarón para que hiciese dioses que ellos pudiesen ver porque no sabían lo que le había pasado a Moisés. Esto sugiere que ellos no confiaban que el Señor sería bueno con Moisés. Ellos temían que, al igual que los dioses del Antiguo Cercano Oriente, el Señor ya había consumido a Moisés. Aarón accedió por medio de tomar el oro de ellos para hacer una estatua de un toro joven en su máxima fuerza. El pueblo anunció: "Israel, estos son tus dioses, que te sacaron de la tierra de Egipto" (32:4, 8).

¿Por qué Israel creó y adoró al becerro de oro?

El Señor se enojó mucho. Él le dijo a Moisés que destruiría al pueblo y empezaría de nuevo con Moisés. Pero Moisés intercedió por el pueblo, diciendo que las naciones lo interpretarían mal y creerían que Dios había estado planificando matarles todo el tiempo. La reputación del Señor se dañaría. Además, Él había prometido a los patriarcas que sus descendientes ocuparían la tierra un día. Dios decidió que Él no eliminaría totalmente al pueblo, pero prometió que todos los que se habían vuelto a la idolatría serían borrados por medio de plaga. Moisés regresó para tratar con el pueblo. Él tiró al suelo las tablas así que se quebraron, de la misma forma como el pueblo había quebrantado el pacto. Entonces él molió el becerro de oro e hizo que el pueblo lo bebiera en su agua. Finalmente, para controlar al pueblo, los levitas se ofrecieron para ayudar y mataron alrededor de tres mil personas.

Dios trata firmemente la infidelidad, pero es apasionado con su relación con las personas y desea renovar el pacto cuando nosotros lo quebrantamos. Él acepta intercesión a favor de las personas, aunque tiene a los individuos por responsables. Los líderes piadosos se ganan el corazón de Dios. Ellos interceden por las personas y no se dan por vencidos.

¿Por qué Israel creó y adoró al becerro de oro? Mientras Moisés estaba en el Monte Sinaí recibiendo las leyes del Señor, el pueblo se puso impaciente. Ellos apelaron a Aarón para que hiciese dioses que ellos pudiesen ver porque no sabían lo que le había pasado a Moisés. Esto sugiere que ellos no confiaban en el Señor y temían que, al igual que los dioses del Antiguo Cercano Oriente, el Señor ya había consumido a Moisés.

Perdiendo la presencia de Dios

Otra lección aprendida a través de este incidente es que las personas perdieron la presencia de Dios. Muchos también perdieron sus vidas por la impaciencia y la incredulidad, lo que llevó a la idolatría. La tardanza de las promesas de Dios es una de las pruebas más desafiantes en nuestra relación con Él. Permanecer comprometidos en una relación con alguien que es invisible y que raramente habla de forma audible no es fácil. Israel, como la mayoría de las personas, fue rápido en desear algo tangible en que concentrarse y donde buscar ayuda, por lo tanto quebrantó el segundo mandamiento. Demasiado a menudo, nos conformamos con un rápido sustituto en vez de esperar por el genuino.

Enumerar verdades acerca de Dios sacadas del pasaje de la petición de Moisés de ver la gloria de Dios (Éxodo 33:18-23).

Cuando el Señor le dijo a Moisés que Él no iría con el pueblo porque su obstinación resultaría en la destrucción de ellos por parte de Dios, el pueblo se arrepintió con luto. Moisés suplicó al Señor que fuera con ellos porque su presencia entre ellos los distinguía de otros pueblos. Dios trató a Moisés como a un amigo (Éxodo 33:11, 17) y contestó su petición. Dios iría con el pueblo y mostraría a Moisés su gloria.

¿A qué se refiere el término gloria al describir a Dios?

La respuesta del Señor a la petición de Moisés reveló aún más quién era Él, su nombre y su gloria. *Gloria* se refiere al peso de la presencia de Dios, al poder, al carácter y a la inaccesible luz de su presencia. Él explicó que Él pasaría por delante de Moisés, causando que su gloria y su bien pasaran cerca. Al hacerlo, Dios proclamó su nombre a Moisés como un Dios que tiene misericordia de quien Él quiere: "Fuerte, misericordioso y piadoso; tardo para la ira, y grande en misericordia y verdad; que guarda misericordia a millares, que perdona la iniquidad, la rebelión y el pecado, y que de ningún modo tendrá por inocente al malvado" (34:6-7). El concepto de la palabra para "amor" aquí, *chesed*, es de amor de pacto que está comprometido y es leal, actuando con devoción y bondad. Este concepto coincide con ambos conceptos del Nuevo Testamento de amor *ágape* que involucra nuestra voluntad y el concepto de la gracia de Dios. Su nombre, el Señor (*Yahweh*), que representa todo lo que Él es, debe ser asociado con amor fiel y de pacto, perdón y al mismo tiempo justicia. Él juzga a los que continúan en pecado y no aceptan su perdón.

¿A qué se refiere el término gloria al describir a Dios? Gloria se refiere al peso de la presencia de Dios, al poder, al carácter y a la inaccesible luz de su presencia.

Nadie, ni siquiera Moisés, puede realmente ver a Dios y vivir. Moisés experimentó una comunión tan íntima con Dios como es humanamente posible. Él se encontró con Dios "cara a cara" (Éxodo 33:11; Números 12:6-8; Deuteronomio 34:10). El Señor vino en una nube, estuvo al lado de Moisés y le habló a él personalmente.

Obligaciones de adoración

El resto de Éxodo 34 repite varias de las leyes dadas anteriormente acerca de las obligaciones en la adoración. Ellas reafirman las disciplinas y la completa devoción al Señor, especialmente el día de reposo, lo que ayudaría al pueblo de Dios a permanecer leales en vez de caer en la apostasía. Nótese que el día de reposo fue reafirmado como la señal de pacto (capítulo 31) justo antes del relato de la apostasía. El descanso, el tiempo con la familia y una disciplina de asistencia regular a la adoración en el tabernáculo era un importante testimonio del pacto de una persona con el Señor. Tomar a la ligera el día de reposo era como tomar el matrimonio a la ligera. El pacto fue reafirmado y los diez mandamientos ("Diez Palabras") fueron escritos sobre dos tablas de piedra.

Moisés fue el modelo de una comunión directa con el Señor que todos los creyentes pueden disfrutar en el Nuevo Pacto como el ministerio profético de creyentes. Su cara resplandecía tan brillantemente debido a su encuentro con Dios que él se puso un velo sobre su cara. La gloria sobre Moisés con el tiempo se desvaneció pero Pablo dice que nosotros estamos siendo transformados a la imagen de Cristo con gloria siempre creciente (2 Corintios 3:12-18).

Luego de haber tratado con la apostasía, Éxodo continúa con el cumplimiento de las instrucciones para la construcción del tabernáculo, dadas originalmente en 25-31.

Dios establece el lugar de su presencia (Éxodo 25-31; 35-40)

El Señor debe ser honrado como Rey y su presencia debe tomarse con mucha seriedad. Él desea encontrarse personalmente con su pueblo. El mensaje del tabernáculo es que hay solamente un camino a su presencia, el perdón y la comunión eterna con el Dios santo. Es el camino que Él provee, finalmente a través de Cristo, para lo cual el tabernáculo debía preparar al pueblo.

Un santuario

Explicar los principales principios teológicos enseñados a través de las instrucciones para la construcción del tabernáculo (Éxodo 25-31).

Éxodo 25:8-9 y 29:42-46 afirman claramente que el propósito del tabernáculo era ser un lugar santo o un santuario para el uso de Dios. Ahí el Señor permitiría que su presencia y su gloria fueran experimentadas entre los israelitas. El **arca del pacto** era el lugar donde Él estaba entronado en la tierra (1 Crónicas 13:6). Residía en la cámara más íntima, en el lugar Santísimo o el lugar más santo. De esta manera, el tabernáculo era su jefatura de campo, aunque su hogar verdadero está en el cielo donde su pueblo estará con Él después que esta vida se termine.

¿Cuál fue el propósito del tabernáculo?

La palabra hebrea traducida "tabernáculo" es *mishkan*, la que se refiere a un lugar de morada. La palabra *shekinah* es de esta raíz y era usada por los judíos para la presencia de Dios, pero no hasta mucho después del periodo del Antiguo Testamento. El tabernáculo también es llamado *la carpa (o tienda) de reunión*, refiriéndose a que era una estructura movible para la adoración y la comunión con Dios. Debía ser el lugar para la adoración a Dios, para presentarle ofrenda de sacrificios, para escucharle hablar, como su Señor y Padre celestial, y experimentar su presencia.

Debido al propósito divino del tabernáculo, era tratado con sumo respeto para enseñar una actitud saludable hacia Dios y su provisión de comunión con Él. Los materiales usados en el tabernáculo, especialmente el oro y los colores de los tintes eran elegidos porque representaban realeza en culturas del Antiguo Cercano Oriente. El azul puede haber sido usado para recordarles del cielo, el lugar del trono de Dios, el que veían como que estaba más allá del cielo. Las fórmulas para el aceite y el incienso debían ser usadas solamente para la adoración del tabernáculo. El diseño del tabernáculo honraba a Dios como el Rey divino de Israel y facilitaba movimiento fácil dondequiera que Él les guiaba.

Acercándose a un Dios Santo

¿Qué representaban los utensilios y las ceremonias del tabernáculo? ¿Qué enseñaban al pueblo acerca de su relación con Dios?

¿Cuál fue el propósito del tabernáculo? La palabra hebrea traducida como "tabernáculo" se refiere a un lugar de morada y está asociada con la presencia de Dios. El propósito del tabernáculo era un lugar santo o santuario para el uso de Dios. Allí el Señor permitiría a Israel que experimentara su presencia o gloria.

¿Qué representaban los utensilios y las ceremonias del tabernáculo? ¿Qué enseñaban al pueblo acerca de su relación con Dios? Las ceremonias preparaban al pueblo a pensar en y a responder a Dios de acuerdo a sus caminos. El pueblo tenía que ser limpiado ceremonialmente antes de poder entrar

Además de honrar al Señor, el diseño del tabernáculo también enseñaba cómo acercarse a su santidad. Esta estructura santa, en un lugar elegido divinamente, con una puerta y una entrada velada, proclamaba que el pueblo podía ir a Dios solamente a través del camino que Él prescribe. Acercarse de cualquier otra forma puede resultar en destrucción.

Las diversas ceremonias del tabernáculo —los pasos del sacrificio y la representación del pueblo a través de los sacerdotes— eran lecciones objetivas que preparaban al pueblo a pensar en y a responder a Dios de acuerdo a sus caminos. El pueblo cruzaba por una puerta y solamente si estaban ceremonialmente limpios. Los sacerdotes también entraban solamente con la limpieza del Señor. Dios los hacía santos, puestos aparte para su servicio, referido como **santificación** y **unción**. Ellos ofrecían los sacrificios que Dios prescribió involucrando la sangre (vida) de la víctima que era dada en lugar de la vida de la persona para expiar sus pecados. Solamente los sacerdotes podían entrar al lugar santo. Ahí, el pan y las siete lámparas de aceite representaban la comunión con Dios y las provisiones para la vida en la luz de la presencia de Dios. El altar del incienso representaba las oraciones. Los altares actúan como puntos de contacto entre Dios y el pueblo, expresando fe en Dios y su aceptación del pueblo.

El lugar Santísimo

Finalmente, la presencia de Dios moraba entre los querubines del arca, en el lugar Santísimo. Solamente el sumo sacerdote accedía a este lugar una vez al año, en el Día de la **Expiación**. Ese día culminaba el año religioso y daba a todo el pueblo de Dios un comienzo nuevo, ya que todos los pecados del año anterior eran perdonados. El arca era un trono movible para el Señor en la tierra y era donde se guardaban las tablas que representaban el pacto. El pacto proveía comunión con Dios. La sangre aplicada al arca una vez al año removía los pecados que quebrantaban ese pacto. Estos rituales eran lecciones objetivas, repetidas vez tras vez, preparando a Israel y al mundo para la encarnación del Hijo de Dios, el Salvador, Jesucristo. La adoración del tabernáculo era una experiencia positiva e íntima, llena de esperanza, de la misericordiosa presencia de Dios. Él es el soberano y cariñoso Rey que creó el universo y estableció a Israel como su pueblo misionero para restablecer la comunión con las personas que creen y reciben su don de salvación, los que acuden a Él del modo establecido por Él.

---

en el tabernáculo y eso era una señal de la santificación de Dios. Ellos ofrecían sacrificios de sangre; la sangre representaba la vida de la víctima que era dada en lugar de la vida de la persona, para expiar sus pecados. Las lámparas de aceite en el tabernáculo representaban la comunión con Dios y las provisiones para la vida en la luz de la presencia de Dios. El altar del incienso representaba las oraciones, un punto de contacto entre Dios y el pueblo.

Sacerdotes como mediadores

Los sacerdotes eran mediadores de la presencia de Dios, lo que recordaba al pueblo que nadie podía entrar en la presencia de Dios sin autorización y sin haber sido calificado. Los términos usados para la comisión de Dios de los sacerdotes son traducidos como "ordenación", "santificación" y "unción". Ellos debían ser puestos aparte para su servicio (Éxodo 29) y respetados como representantes de la presencia del Señor.

¿Cuál era el significado de las vestimentas sacerdotales?

El libro de Hebreos enseña que Cristo es el único Mediador que se dio a sí mismo por nosotros para que podamos entrar libremente a la presencia de Dios como un sacerdocio de creyentes y como hijos e hijas de Dios. Las vestimentas sacerdotales usadas en el tabernáculo eran diseñadas para dar a los sacerdotes de Dios honor y dignidad a través de la belleza, debido a su rol en servir entre el pueblo y Dios (28:2). El Señor requería ropa interior para evitar desnudez cuando los sacerdotes subían al altar de sacrificio por encima del pueblo. Esto impedía que la lujuria y la perversión sexual, tal como se practicaba por los cananeos, estuviera ligada a la adoración. En el pectoral del sumo sacerdote estaban los nombres de las tribus grabadas en piedras preciosas. Por medio de llevarlas puestas al tabernáculo, el sumo sacerdote intercedía a favor del pueblo para perdón y acceso a la presencia de Dios. Dios también usaba a los sacerdotes para hablar al pueblo, dando instrucciones acerca de sus caminos, su dirección para sus vidas y respuestas a sus preguntas. Una forma muy importante que el Señor usaba para comunicar respuestas era el uso de **Urim y Tumim**, una especie de piedras preciosas. La manera en que Dios las usaba para dar respuestas no está clara.

El uso que hacía Dios de lecciones objetivas para enseñar acerca de sí mismo y de la salvación es llamado **tipología**. A través de la tipología, Dios explica su obra en eventos históricos, personas e instituciones para lograr sus propósitos y demostrar sus verdades. La tipología de verdad dice que los cristianos deberían entender que el Señor obra de acuerdo a los mismos principios que Él usó a través de la vida e historia de Israel.

Ofrendas para el tabernáculo

¿Cuál era el significado de las vestimentas sacerdotales? Las vestimentas sacerdotales usadas en el tabernáculo eran diseñadas para dar a los sacerdotes de Dios honor y dignidad a través de la belleza, debido a su rol en servir entre el pueblo y Dios. En el pectoral del sumo sacerdote estaban los nombres de las tribus grabadas en piedras preciosas. Por medio de llevarlas puestas al tabernáculo, el sumo sacerdote intercedía a favor del pueblo para perdón y acceso a la presencia de Dios.

Indicar lecciones de la construcción del tabernáculo (Éxodo 35-40).

¿Cómo muestra la construcción del tabernáculo que todas las personas tienen una parte que realizar en el plan de Dios?

Dios le dijo a Moisés que siguiera cuidadosamente el modelo del tabernáculo que él recibió en el monte (Éxodo 25:40). Moisés pidió donaciones de los materiales y comenzó la construcción del tabernáculo. El pueblo estaba tan motivado que trajeron más que suficiente y se les tuvo que decir que pararan. Una de las lecciones aprendidas de la construcción del tabernáculo es la importancia de dar al pueblo de Dios la oportunidad de participar en su obra para mostrar aprecio por su don de salvación. En el plan sabio de Dios, todo su pueblo tiene una parte que hacer y ha sido dotado para realizarlo. Esto se manifestó por medio de dar poder a Bezaleel y a Aholiab (31; 35:30-36:5). Ellos eran laicos, ya eran probablemente artesanos diestros y trabajadores de construcción. Dios les llenó con su Espíritu, llevándolos a otro nivel de habilidades, capacitándolos para guiar e instruir a trabajadores en todos los oficios en la construcción del tabernáculo.

Durante todo el relato de la construcción del tabernáculo está la interacción entre la obra de Dios y las respuestas del pueblo y las contribuciones. No todos tenían una motivación similar. Tal vez ellos no se rendían a Dios por egoísmo o porque no estaban en el mismo lugar en la vida y en madurez. Cualquiera fuese la situación, ellos no aparecen enjuiciados en el texto. Esto puede ser una lección para la iglesia. Los líderes debieran fijar la atención en aquellos con la motivación y con poder del Señor para ciertos proyectos, sin condenar a los otros. Dios usa todos los niveles de habilidades naturales y talentos en combinación con grados de otorgamiento de poder. Dios dota a cada uno en su pueblo bajo el Nuevo Pacto, pero no de la misma forma. Además, Dios dio las instrucciones, la habilidad y los recursos (de "despojar" o saquear a los egipcios, 12:35-36) pero el pueblo llevó a cabo la obra y dio de vuelta al Señor lo que Él les había ayudado a obtener. Los israelitas obedecieron al Señor minuciosamente. Nosotros también tenemos que ser administradores fieles de lo que Él nos da.

Principios de adoración

¿Cómo muestra la construcción del tabernáculo que todas las personas tienen una parte que realizar en el plan de Dios? Dios usó a personas comunes y corrientes para hacer su voluntad en la construcción del tabernáculo. Esto se manifestó por medio de dar poder a Bezaleel y a Aholiab, artesanos diestros y trabajadores de construcción para construir el tabernáculo. Dios les llenó con su Espíritu llevándolos a otro nivel de habilidades, capacitándolos para guiar e instruir a trabajadores en todos los oficios en la construcción del tabernáculo. Cuando se le pidió al pueblo donar artículos para la construcción, ellos trajeron materiales más que suficientes para construir el tabernáculo. Esto demuestra, además, que todos tenemos participación en el plan de Dios.

La Torah (El Pentateuco)

Las instrucciones en cuanto a la adoración para el Israel del Antiguo Testamento no están designadas para los creyentes del Nuevo Pacto de hoy en día. Sin embargo, sí aprendemos algunos principios generales:

1. Fijar nuestra atención en el único Dios verdadero, Rey de todo lo que existe, quien se reveló a sí mismo en la Escritura y ha venido a nosotros en su Hijo, Jesucristo, nuestro gran Sumo Sacerdote y el sacrificio de sangre por nuestro perdón y restauración.
2. Tomar seriamente la santidad de Dios y nuestra pecaminosidad y nuestra indignidad para estar en su presencia, pero también su amor y deseo de tener comunión con nosotros. Estar seguros de tener una conciencia tranquila antes de entrar en su presencia para adorar o dirigir a otros. Recordar que nunca podríamos experimentar su comunión sin el don de su Hijo. Nadie viene a Él excepto a través del arrepentimiento y fe en Cristo.
3. Honrar a Dios y su don de vida eterna en todo lo que digamos y hagamos.
4. Esperar experimentar su presencia amorosa y poderosa. Él desea hablarnos y guiar nuestra vida para que podamos vivir a su manera y llevar a cabo su misión en el mundo.
5. Honrar al Señor en todo lo que digamos y hagamos, como el Rey santo del universo.
6. Darnos cuenta que, como cualquier padre, lo que Él desea más que nada es que nuestro corazón exprese libremente amor hacia Él.
7. Esforzarnos continuamente para estar conscientes de su presencia y de todo lo que Él es, no sólo en ciertas ocasiones.
8. Seguir creciendo en intimidad con Él a través de lo que Cristo ha provisto y a través del Espíritu Santo.
9. Recibir su Espíritu Santo para permitir nuestra adoración y comunión con Él. Darnos cuenta que Él desea darnos poder con dones espirituales para contribuir a nuestra misión como su pueblo.
10. Buscar dirección para saber cómo desea Dios que su pueblo venga a Él en adoración. Valorar la preparación cuidadosa y la disciplina, como también la espontaneidad dirigida por Dios para honrarle a Él.
11. Mantener nuestra apariencia modesta en la adoración, apropiada para honrarle a Él.
12. Entender con claridad que Él desea que todas las personas tengan comunión con Él, pero ellos pueden venir solamente por el camino que Él ha provisto en Cristo.
13. Recibir su instrucción para las decisiones diarias a través de sus líderes, ministrando su palabra, en su presencia.

14. Entender que uno no puede desobedecer las instrucciones de Dios y sin embargo experimentar su presencia, excepto en convicción de arrepentimiento.
15. Reconocer que dar es parte de la adoración, para ser usado en satisfacer las necesidades prácticas de la adoración a Dios y funcionamiento de su pueblo.
16. Asegurarse que nuestra adoración es un buen testimonio para el mundo.
17. Esperar que todos los sentidos y toda la persona estén involucrados en la adoración.
18. Como parte de la adoración, valorar el recuerdo de lo que Dios ha hecho.
19. Mantener separados los utensilios usados en la adoración, con el propósito de fomentar la valoración respetuosa de la salvación y la santidad de Dios.
20. Darnos cuenta que la belleza y el orden honran a Dios.
21. Poner cuidado en hacer que el día de reposo sea refrescante para todos.

Después que los israelitas hicieron su parte, Moisés los bendijo (Éxodo 39:43). Esto probablemente quiere decir que Dios habló proféticamente a través de Moisés acerca de su recompensa por su trabajo obediente. Su recompensa incluyó provisiones, facultándoles para disfrutar de su presencia, y dones para facultarles a cumplir su misión.

La gloria de Dios llena el tabernáculo

El libro de Éxodo culmina con la gloria de Dios llenando tangiblemente el recién construido tabernáculo. La presencia de Dios era tan fuerte (la raíz de la palabra *gloria*), que Moisés fue incapaz de entrar en el tabernáculo.

¿Cuál es el punto central que indica Éxodo acerca de cómo se siente Dios respecto a su pueblo?

Experimentar la presencia de Dios es la culminación de todo lo que hacemos como iglesia. Debemos valorar la presencia de Dios en nuestra vida y entre nosotros por sobre todas las demás cosas en esta tierra. Su presencia es lo que hace que nuestra experiencia sea diferente a la de todas las otras religiones. Ello es posible solamente debido a que nos ha dado a Cristo, a quien nosotros debemos responder en fe y obediencia. Nosotros debemos venir a su camino, y luego salir como sus sacerdotes, ofreciendo su presencia y comunión eterna a todas las personas. Este es el punto principal de Éxodo: Dios desea morar entre su pueblo. Él desea que ellos experimenten su presencia. Él la ofrece a todo el mundo. Los eventos de Éxodo debieran haber mantenido al pueblo de Dios caminando en un temor saludable de Dios. Se espera la obediencia cuidadosa antes que su pueblo reciba

---

¿Cuál es el punto central que indica Éxodo acerca de cómo se siente Dios respecto a su pueblo? Éxodo nos muestra que Dios desea morar entre su pueblo. Él desea que ellos experimenten su presencia. Él la ofrece a todo el mundo.

la plenitud de las bendiciones de Dios. El libro de Éxodo termina con un Israel que sigue tras la presencia de Dios según se ve en una columna de nube en el día y de fuego en la noche.

UNIDAD 3: Levítico

La santidad de la adoración y la vida: Continuando la comunión con el Dios Santo

Levítico aborda una de las preocupaciones fundamentales de la existencia humana: una relación permanente con el único Dios que creó y gobierna el universo. Supone que los lectores saben que están separados de Dios, sin esperanza alguna si Él no interviene, como se explica en Génesis 3:1. Sin embargo, ellos también debieran saber que Él se ha revelado a sí mismo como el Señor que ofrece salvación por gracia mediante la fe. El libro de Éxodo registra cómo Él liberó a los israelitas de la esclavitud egipcia y estableció una relación de pacto con ellos como su nación sacerdotal y misionera en el mundo. Las instrucciones en Levítico son algunas de las estipulaciones específicas de ese pacto. Los israelitas habían construido un tabernáculo, u oficina central portátil para el Señor, para que pudiera estar en medio de ellos. Él desea encontrarse con las personas y permitirles experimentar la bondad de su presencia. Sin embargo, la humanidad no está en armonía con su carácter puro y Él no va a permitir el pecado en ninguna asociación de ellos con Él.

Aquí es donde encajan las instrucciones de Levítico 1–16, las que revelan cómo las personas que han violado el pacto con Dios pueden ser reconciliadas con Él y continuar disfrutando de su presencia. Este material trata de la restauración de la comunión quebrantada con Dios en la forma que Él ha provisto.

Levítico 17–27 trata de la santidad en las vidas de las personas con las cuales el Señor tiene una relación. El pecado es serio; es un asunto de vida o muerte porque no puede ser permitido en la presencia de Dios. La santidad de Dios requiere que su pueblo se santifique o le honre a Él como santo en todo lo que son, digan o hagan. Cualquier cosa asociada con la adoración debe ser tratada como algo sagrado. El pueblo de Dios debe aprender a identificar lo que les descalifica de entrar a su presencia y la manera de tratar con eso. Levítico presenta el ofrecimiento de Dios del don de ser calificado para su presencia y de esta manera, restaurado a la comunión con Él.

Capítulo 8   Acercándose al Dios Santo (Levítico 1–16)

Lecciones
8.1   Acercándose a Dios con ofrendas (Levítico 1–7)
8.2   La ordenación de los sacerdotes y el pecado de Nadab y Abiú (Levítico 8–10)
8.3   Puro e impuro (Levítico 11–15) y el Día de la Expiación (Levítico 16)

Capítulo 9   Viviendo la vida santa (Levítico 17–27)

Lecciones

9.1 La santificación de la vida y la relación marital (Levítico 17; 18; 20)

9.2 La santificación de las actitudes y las prácticas (Levítico 19)

9.3 La santificación de los medios y los símbolos de la relación con Dios (Levítico 21-27)

Acercándose al Dios Santo (Levítico 1-16)

Las preguntas implícitas por Levítico 1-16 incluyen lo siguiente: "¿Cómo pueden las personas tener una relación permanente de experiencia con Dios?" "¿Cómo pueden las personas profanas acercarse y experimentar la presencia del Dios santo?" "¿Cómo puede Israel, a quien Dios ha atraído a sí mismo, continuar acercándose a Él cuando han violado el pacto y pecado en contra de su santidad?" Levítico contesta que el Señor deseaba que las personas se acercaran a Él por el camino que Él estipuló: a través de los sacrificios en el tabernáculo, a través de los mediadores que Él eligió y de la forma que Él describió. Acercarse a Él obedientemente y a su manera mostraba fe en su don de perdón. Dios les consideraría santos y les permitiría entrar a la comunión con Él.

En contraste, las religiones del Antiguo Cercano Oriente buscaban apaciguar a dioses airados e inconstantes con soborno. Los dioses representaban ciertas fuerzas, tales como el clima, el amor o la fertilidad que los antiguos deseaban controlar. Las personas esperaban manipular los poderes de los dioses por medio de actos de magia. La Biblia no permite ninguna de esas actitudes o ritos en la adoración al Señor. Él es personal y amoroso y hace un llamado a las personas a confiar en sus buenos propósitos y a ser sinceros en la adoración. Debemos someternos a Él y depender de su poder y sabiduría.

Antes de comenzar a trabajar con estas lecciones, lea estos capítulos en su Biblia: Levítico 1-16.

Lección 8.1 Acercándose a Dios con ofrendas (Levítico 1-7)

Objetivos

8.1.1 Resumir el trasfondo del libro de Levítico.

8.1.2 Dar una visión general de los principios de los sacrificios de expiación.

8.1.3 Explicar los holocaustos y las ofrendas de grano (Levítico 1-2).

8.1.4 Clarificar las ofrendas de pecado y las ofrendas de culpa.

8.1.5 Identificar las ofrendas de paz (Levítico 3).

Lección 8.2 La ordenación de los sacerdotes y el pecado de Nadab y Abiú (Levítico 8-10)

Objetivos

8.2.1 Describir la ordenación de los sacerdotes (Levítico 8-9).

8.2.2 Indicar el pecado de Nadab y Abiú (Levítico 10).

Lección 8.3 Puro e impuro (Levítico 11-15) y el Día de la Expiación (Levítico 16)

Objetivos

8.3.1 Explicar la teología de la santidad y puro o impuro.

8.3.2 Resumir la instrucción sobre criaturas impuras (Levítico 11).

8.3.3 Clarificar la impureza del parto y los flujos corporales (Levítico 12, 15).

8.3.4 Describir los principios de la piel inmunda y las condiciones de superficies (Levítico 13-14).

8.3.5 Bosquejar el Día de la Expiación (Levítico 16).

Acercándose a Dios con ofrendas (Levítico 1-7)

Levítico 1-7 provee las instrucciones para los israelitas acerca de las ofrendas para traer al Señor con el fin de adorar y para la **reconciliación** con Él cuando ellos habían quebrantado el pacto. Las instrucciones están dirigidas en primer lugar al pueblo (1-6:7). Explican las ofrendas en el orden de su importancia, la frecuencia con la cual deberían ofrecerse. Luego de las instrucciones para el pueblo están las normas de las ofrendas para los sacerdotes (6:8-7:38). El orden de las ofrendas fue cambiado, basado en la relevancia de la participación de cada sacerdote. Todas las instrucciones de estos capítulos guiaban a los adoradores para ofrecer sacrificios aceptables al Señor.

Trasfondo del libro de Levítico

Resumir el trasfondo del libro de Levítico.

¿Cuál es el punto principal en que se concentra el libro de Levítico?

El libro de Levítico es el tercero de los cinco libros del Pentateuco. El nombre castellano viene del título usado en la traducción griega, la *Septuaginta*, que pasó a través de la versión latina y significa "relacionado con los levitas", una referencia a los sacerdotes. Los sacerdotes israelitas eran hombres de la familia de Aarón. El título castellano es un poco engañoso, porque el libro no se dirige a los levitas, sino que provee

---

¿Cuál es el punto principal en que se concentra el libro de Levítico? El tema del libro de Levítico es la santidad en la adoración y la vida, basado en la santidad de Dios. El lenguaje del libro enfatiza el acercarse al Dios santo y responder a la presencia santa del Señor.

las instrucciones para todo el pueblo, incluyendo a los sacerdotes. El título hebreo es *Wayyiqra'*, lo que es justamente la primera palabra del libro, y significa "y él llamó". No es ni inspirado ni de mucha ayuda, aunque indica que Dios está dando más instrucciones en Sinaí. El tema del libro es la santidad en la adoración y la vida, basado en la santidad de Dios. El lenguaje del libro enfatiza el acercarse al Dios santo y responder a la presencia santa del Señor. *Santidad* pudo haber sido el título del libro, y habría sido más apropiado que *Levítico*.

De acuerdo al versículo uno y otras partes del libro, Moisés recibió estas instrucciones. De igual forma que Génesis y Éxodo, él es identificado como el único responsable del contenido del libro. Si él realizó la escritura no es importante en realidad, mientras que el significado de lo que Dios le dijo no fuese cambiado. Muchos eruditos desde los 1700 han sugerido que una escuela sacerdotal de pensamiento produjo Levítico durante el exilio, o después, y simplemente lo atribuyeron a su gran antepasado, Moisés. Estos eruditos críticos eligieron creer que la Biblia era solamente una colección de libros humanos y que la instrucción religiosa contenida en Levítico era demasiado avanzada para el tiempo de Moisés. Sin embargo, las evidencias arqueológicas y antropológicas no apoyan tal visión evolutiva. Se ha mostrado que el Pentateuco encaja con los documentos legales y de adoración del período de Moisés, encontrados en la segunda mitad del milenio a.C. (Kitchen 1977, 79-85). Jesús se refirió a Moisés como el autor del Pentateuco (Marcos 12:26; Juan 5:45-46), y Pablo se refirió a Moisés como el autor de Levítico 18:5 (Romanos 10:5). Además, mientras que los eruditos han dividido Levítico en material "P" (capítulos 1-16) y en un documento "H" llamado el "Código de Santidad" (capítulos 17-26), un cuidadoso análisis muestra que Levítico es un documento unificado. Temas definitivos son entretejidos presentando un mensaje unificado de santidad mejor explicados por un solo autor (Cotton 1981).

El escenario del libro de Levítico

El escenario de Levítico es dado en Éxodo 40:17 con referencia a erigir el tabernáculo un año después del éxodo. Debido a que el libro de Números comienza un mes más tarde, la implicación es que Levítico, que afirma ser lo que el Señor habló a Moisés desde el tabernáculo en Sinaí, fue dado dentro de ese mes, un año después del éxodo y antes de que el pueblo siguiera adelante hacia la tierra prometida. Los contenidos de Levítico encajan bien con este escenario. El tema de cómo acercarse al Dios santo, quien acaba de establecer su presencia entre ellos en el tabernáculo, es el próximo tema lógico para el Pentateuco. Muchas referencias son hechas al desierto versus el campamento. Afirmaciones como: "Cuando [ellos] entren a la tierra de Canaán," ciertamente encaja con la anticipación de la conquista (Levítico 14:34; 19:23). Varias conexiones con Egipto aparecen, incluyendo órdenes de no sacrificar a los demonios (17:7); a no hacer "como hacen en... Egipto... [o] en... Canaán, a la cual yo os conduzco" (18:3); y al blasfemo que tenía un padre egipcio (24:10-11). Las referencias a no israelitas entre ellos encajan con la referencia en Éxodo 12:38 a una multitud mixta, "multitud de toda clase de gente", saliendo de Egipto.

El libro de Levítico, estudiado en su contexto cultural y teológico, contiene principios relevantes e importantes para la vida de cada cristiano.

Los sacrificios de expiación

Dar una visión general de los principios de los sacrificios de expiación.

¿Cuáles son los tres sacrificios de expiación y qué proveen?

(*Véase Apéndice A: Las ofrendas del Antiguo Testamento.*)

Los sacrificios en general, permitían a las personas expresarle al Señor las actitudes de arrepentimiento y de fe, de adoración y sumisión, de gratitud y devoción. Los tres sacrificios, llamados las ofrendas de holocaustos, la ofrenda por el pecado y las ofrendas de culpa, tenían que ver directamente con el problema del pecado. Ellos proveían reconciliación con Dios cuando el pacto había sido quebrantado, asumiendo que los pecadores que los ofrecían estaban arrepentidos. A esto se le llamaba expiación en el Antiguo Testamento y significaba remover la barrera en la relación. Proveía liberación de la ira y restauración a la comunión mediante un alto precio (probablemente no significaba "cubrir", como se pensaba previamente).

La provisión para la expiación por el Señor distinguía la fe israelita de aquellas de otras religiones del Antiguo Cercano Oriente. Mostraba que el Señor, el creador del universo, desea tener una relación personal con las personas. Una función importante del sistema de sacrificios era proclamar el ofrecimiento de parte de Dios del perdón, lo que las otras religiones no ofrecían. Los sacrificios bíblicos sustituían la vida de un valorado animal doméstico por la vida de un pecador. Esto demostraba la seriedad del problema del pecado. El perdón y la comunión restaurada llegaban solamente bajo un alto precio. Finalmente, esto podía conseguirse solamente por medio del humano perfecto, el Hijo de Dios, encarnado. Los sacrificios proclamaban un solo camino a Dios, el camino que Él

---

¿Cuáles son los tres sacrificios de expiación y qué proveen? Los tres sacrificios de expiación son el holocausto, la ofrenda por el pecado y las ofrendas de culpa. Ellos proveían reconciliación con Dios cuando el pacto había sido quebrantado, asumiendo que los pecadores que los ofrecían estaban arrepentidos. A esto se le llamaba expiación en el Antiguo Testamento y significaba remover la barrera en la relación. Proveía liberación de la ira y restauración a la comunión mediante un alto precio (probablemente no significaba "cubrir" como se pensaba previamente).

prescribe. Él ha dado a conocer el camino a sí mismo debido a su gran amor y misericordia. Los sacrificios, por lo tanto, eran oraciones exteriorizadas. El adorador demostraba arrepentimiento sincero, fe y gratitud y aceptaba el misericordioso ofrecimiento de reconciliación de Dios. Al mismo tiempo, Dios proclamaba su mensaje de perdón y esperanza.

Dios especificó que los animales ofrecidos no debían tener defectos. Además, las partes que los israelitas antiguos estimaban por sobre todo —la grasa y la sangre— eran ofrecidas por medio del fuego a Dios. De acuerdo a Levítico 17:11, la sangre era identificada con la vida de la víctima, dada para expiar por el pecado. Como tal, la sangre era sagrada. La sangre usada apropiadamente, era el gran purificador, pero fuera de lugar, llegaba a ser el gran contaminante (similar al poder nuclear hoy en día). El adorador se identificaba con el sacrificio poniendo sus manos encima del animal a sacrificar. Eso significaba que la vida del sacrificio estaba siendo dada para tomar el lugar del pecador.

El animal usado más a menudo era una oveja, el animal doméstico más común. Para pecados más serios se ofrecía un toro. El Señor hizo una concesión única en los requerimientos del sacrificio. Para la ofrenda del holocausto y la ofrenda del pecado, Dios permitió al pobre ofrecer aves (Levítico 1:14-17; 5:7-10). La ofrenda del pecado podía hacerse de harina (Levítico 5:11-13) pero sin aceite, levadura o incienso; eso no estaba permitido en ella. La falta de estos elementos, en esa cultura, expresaba la seriedad del pecado. La carne de todos los sacrificios era sagrada y, de las ofrendas del pecado y de la culpa, solamente podían comer los sacerdotes. Nadie podía comer algo de los holocaustos.

Los holocaustos y las ofrendas de grano

Explicar los holocaustos y las ofrendas de grano (Levítico 1-2)

¿Cuál era la importancia del holocausto?

Dios comenzó con el sacrificio común de la adoración antigua, el holocausto, y proveyó instrucciones y significado para el mismo. Quemar totalmente el sacrificio expresaba exaltación total de Dios y dedicación completa de la persona. El sacrificio era una vaca valiosa, una oveja o un macho cabrío. Si alguien no podía presentar éstos, podía ofrecer una paloma. Dios aceptaba la ofrenda por expiación o liberación del castigo del

---

¿Cuál era la importancia del holocausto? Durante el holocausto el sacrificio era quemado completamente, expresando una exaltación total de Dios y dedicación completa de la persona. Dios aceptaba la ofrenda por expiación o liberación del castigo del quebrantamiento del pacto y de esa manera restauraba la relación. El holocausto expresaba una necesidad profunda de un sustituto para morir en lugar de la persona para el perdón de sus pecados.

quebrantamiento del pacto y de esa manera restauraba la relación. De esta forma, las personas expresaban una necesidad profunda de un sustituto para morir en su lugar por el perdón de sus pecados. Las instrucciones para todas las ofrendas guiaban a la persona entera en el acto de adoración, una experiencia que dejaba una impresión duradera.

La ofrenda de grano a menudo acompañaba la ofrenda del holocausto y otros sacrificios. Permitía que las personas dieran a Dios un regalo de las necesidades básicas de la vida, el pan. La ofrenda se hacía en sumisión a Dios, y en aprecio por su señorío benevolente y como un acto de volver a comprometerse con Él como Rey del pacto. El pan tenía que estar desprovisto de todo tipo de fermentación. La sal sazonaba la ofrenda de grano como un recordatorio de su contexto de pacto. Esto era un elemento común en las ceremonias de tratos en el Antiguo Cercano Oriente. Acentuaba la naturaleza perdurable de las promesas realizadas en el convenio.

Las ofrendas de pecado y las ofrendas de culpa (Levítico 4:1-6:7)

Clarificar las ofrendas de pecado y las ofrendas de culpa.

¿De qué manera es diferente la ofrenda de pecado de la ofrenda de culpa?

Si bien que el holocausto era realizado por los pecados en general, la ofrenda por el pecado quitaba la contaminación de ciertos tipos de pecados dirigidos específicamente en contra de Dios. Las ofrendas por el pecado eran requeridas para expiar por quebrantamientos no intencionados a los mandamientos del Señor, incluyendo la negligencia de las propias responsabilidades, cuando uno se daba cuenta de ello. Estos actos no representaban rebelión premeditada y evidente en contra del pacto. Para tal maldad desafiante —el pecado de la "tierra alta"— ningún sacrificio podía ser realizado y el pecador era cortado del pueblo (Levítico 18:29; Números 15:30-31). La ofrenda del pecado purificaba al pecador así que la presencia de Dios podía continuar entre el pueblo. La ofrenda del pecado enseñaba que el pecado contamina y hace a la persona culpable, y a los lugares donde viven y adoran, indignos para la presencia de Dios. La persona que no tenía la intención de terminar la relación de pacto y que sinceramente se arrepentía, era

---

¿De qué manera es diferente la ofrenda de pecado de la ofrenda de culpa? Las ofrendas por el pecado eran requeridas para expiar por quebrantamientos no intencionados a los mandamientos del Señor, incluyendo la negligencia de las propias responsabilidades, cuando uno se daba cuenta de ello. Estos actos no representaban rebelión premeditada y evidente en contra del pacto.
Las ofrendas por la culpa eran por un quebrantamiento definido más estrechamente de la santidad de Dios. Estos pecados quitaban a Dios el honor que se le debía, dañando su reputación, y a veces involucraba engañar a otra persona por medio de usar un falso juramento en el nombre del Señor. Mientras que esta ofrenda expiaba por ofensas accidentales en contra de cosas santas, también podía cubrir pecados intencionales en contra de la propiedad secular.

purificada y la presencia de Dios continuaba con él o con ella. La palabra *pecado* originalmente quería decir errar un objetivo o el blanco intencionado (Jueces 20:16). Indicaba, en el Antiguo Testamento, una ofensa no intencionada en contra de Dios (Levítico 4:2, 13, 22, 27). Estas instrucciones mostraron al pueblo de Dios su incapacidad de vivir perfectamente y la buena voluntad de Dios de perdonar. La ofrenda por el pecado era una manera poderosa de entender la seriedad del pecado a la vista de Dios. Mientras más serio el pecado, más seria la contaminación y la necesidad de limpieza. Los requerimientos para los líderes eran mayores que para las personas comunes, porque los efectos de sus pecados eran más serios (Levítico 4:2-12, 22-26; contraste 4:27-35). Los animales eran más grandes y más caros. En el caso del sacerdote ungido, la sangre de un toro era llevada al lugar Santísimo y la carne no era comida. En contraste, una porción del sacrificio de las personas comunes pertenecía al sacerdote oficiante, para su comida (Levítico 6:24-30). De la misma forma que toda la ofrenda del holocausto, la ofrenda del pecado era graduada, para permitir que los pobres recibieran perdón (Levítico 5:5-10).

La ofrenda de culpa (anteriormente llamada ofrenda de trasgresión) era por un quebrantamiento definido más estrechamente de la santidad de Dios. Este pecado le quitaba a Dios el honor que se le debía, dañando su reputación, y a veces involucraba engañar a otra persona por medio de usar un falso juramento en el nombre del Señor. Mientras que esta ofrenda expiaba por ofensas accidentales en contra de cosas santas, también podía cubrir pecados intencionales en contra de la propiedad secular. La ofrenda de culpa trataba con el hecho de hacer las paces, la reparación y la compensación. La imagen de pagar una deuda costosa expresaba la necesidad seria de las personas ante Dios. La ofrenda de culpa expresaba arrepentimiento que concluía con hacer restitución por medio de pagar los daños incurridos en contra de otro, incluyendo en contra de Dios. Antes de ofrecerla, el pecador debía pagar 120 por ciento de los daños a la persona ofendida. Hacer restitución a través del pago de los daños ayudaba al pecador a demostrar su arrepentimiento. Cristo fue hecho una ofrenda de culpa por la humanidad, de acuerdo a Isaías 53:10. Su sacrificio hizo las paces por nuestra infidelidad y pecados en contra de la santidad de Dios. Él quita tanto nuestros pecados como la culpa de la muerte eterna.

Las ofrendas de paz

Identificar las ofrendas de paz (Levítico 3).

Las ofrendas de paz eran probablemente llamadas así porque ellas se relacionaban con la armonía, la integridad y el bienestar con Dios y los demás. La NVI las llama sacrificios de comunión. Eran algunos de los sacrificios más comunes, porque proveían una oportunidad para expresiones voluntarias de alabanza y de gratitud por todo lo que Dios había hecho por el bienestar de una persona. También se usaban para una comida de comunión por la familia en celebración de la bondad del Señor. Primero, la sangre, la grasa y ciertos órganos eran ofrecidos a Dios. Luego, la carne era dividida entre la familia del adorador y el sacerdote (Levítico 7:12-18). Había tres tipos de ofrendas de paz: las que expresaban acciones de gracias, las relacionadas con votos y las que expresaban espontáneamente el amor de la persona a Dios.

Las instrucciones para las ofrendas concluyeron con la explicación de Moisés a los sacerdotes de sus responsabilidades al ofrecer los sacrificios y su privilegio de comer algo de lo que era sacrificado. De esta forma, los sacrificios eran un medio para que el pueblo proveyera para aquellos que ministraban a su favor.

La totalidad del sistema de sacrificios miraba hacia el cumplimiento en el sacrificio perfecto por todo el pecado: Jesucristo, el Hijo de Dios. Su muerte y resurrección quitarían todas las barreras para la comunión con Dios. El sistema de sacrificios del Antiguo Testamento expresaba esto a través de imágenes de perdón y de reconciliación, de sanidad y de purificación, y de pago de deuda.

La ordenación de los sacerdotes y el pecado de Nadab y Abiú (Levítico 8-10)

Describir la ordenación de los sacerdotes (Levítico 8-9).

Levítico 8, 9 y 10 se traslada del tema de la instrucción sobre cómo efectuar sacrificios y habla de cómo ordenar a aquellos que efectuaban los sacrificios, los sacerdotes. Dios había elegido a Aarón y a sus hijos para acercarse a la presencia de Dios en el tabernáculo a favor del pueblo. Ellos eran mediadores, y solamente ellos podían ofrecer la sangre para la expiación de los pecados. Por lo tanto, ellos tenían que ser apartados en forma especial y pública, y dedicados a este ministerio. El proceso de la ordenación involucraba símbolos de principios espirituales:

> ¿Cuáles eran los símbolos involucrados en la ordenación de los sacerdotes y qué representaban?

¿Cuáles eran los símbolos involucrados en la ordenación de los sacerdotes y qué representaban? El proceso de la consagración involucraba símbolos de principios espirituales:

- El lavamiento representaba romper con el pasado y empezar una nueva vida y servicio dedicado a los propósitos de Dios.
- La vestimenta y la unción eran su designación oficial, que les confería la autoridad de Dios como líderes en adoración y como mediadores.
- Las ofrendas hacían expiación por los pecados de los sacerdotes.

La Torah (El Pentateuco)

- El lavamiento representaba romper con el pasado y empezar una nueva vida y servicio dedicado a los propósitos de Dios.
- La vestimenta y la unción eran su designación oficial, que les confería la autoridad de Dios como líderes en adoración y como mediadores.
- Las ofrendas hacían expiación por los pecados de los sacerdotes.
- Las ofrendas también purificaban el altar que era el punto de contacto entre el Señor y el pueblo que expresaba su fe.
- La aplicación de la sangre a las extremidades acentuaba que ellos eran totalmente purificados y dedicados al servicio de Dios.

La ceremonia de ordenación tomaba una semana y establecía a los sacerdotes públicamente ante el pueblo. Durante la semana de la ordenación, los sacerdotes permanecían en el patio del tabernáculo hasta que su **consagración** estaba completa. Si no lo hubiesen hecho de esa forma, habrían muerto. El tiempo de espera enfatizaba la seriedad de cumplir los compromisos de una persona con Dios. También reconocía la importancia de permitir a Dios hacer su obra y santificarles. Luego, los sacerdotes ofrecían sus primeros sacrificios como sacerdotes ordenados, expresando la dependencia del pueblo en el Señor, su fe en Él y su adoración de Él. Cuando Aarón bendijo al pueblo, la presencia visible de Dios, llamada su gloria, llenó el tabernáculo (Éxodo 40:34-38; Levítico 9:23-24). Al acercarse el pueblo a Dios a través de líderes santificados y en obediente respuesta a su revelación, el Señor se acercó a ellos. Los sacerdotes eran lecciones objetivas del mediador que vendría, Jesucristo, y el privilegio de tener comunión con Dios.

Indicar el pecado de Nadab y Abiú (Levítico 10).

¿Cuál fue el pecado de Nadab y Abiú? ¿Cuáles fueron las consecuencias de ese pecado?

Los hijos de Aarón, Nadab y Abiú, cometieron el primer quebrantamiento de las instrucciones acerca de ministrar en la presencia de Dios (Levítico 10). Ellos quemaron fuego no autorizado y fueron muertos por fuego de la presencia de Dios. Esto dejó en

---

- Las ofrendas también purificaban el altar que era el punto de contacto entre el Señor y el pueblo que expresaba su fe.
- La aplicación de la sangre a las extremidades acentuaba que ellos eran totalmente purificados y dedicados al servicio de Dios.

¿Cuál fue el pecado de Nadab y Abiú? ¿Cuáles fueron las consecuencias de ese pecado? Los hijos de Aarón, Nadab y Abiú, cometieron el primer quebrantamiento de las instrucciones acerca de ministrar en la presencia de Dios (Levítico 10). Incapacitados por el uso del alcohol, ellos quemaron fuego no autorizado. Como resultado, fueron muertos por fuego proveniente de la presencia de Dios.

claro que la santidad de Dios debe ser tomada con seriedad por medio de obediencia cuidadosa a su revelación de cómo acercarse a Él. La prohibición de usar alcohol al ministrar es dada aquí. Con eso está la orden para los sacerdotes de distinguir entre lo que es santo (es decir, dedicado a Dios y conforme a su revelación) y lo que era común (es decir, secular, no devoto a Dios y contrario a sus valores). Ellos debían enseñar al pueblo que hiciera lo mismo. Esto daba al Señor el honor que le correspondía y mostraba quién era Él realmente. Cualquier otro tipo de conducta implicaría que su carácter era menos que la pureza moral que Él reveló. Haber dado esta prohibición en este punto implica que el juicio de Nadab y Abiú había sido causado por el alcohol. Ellos tomaron livianamente la santidad de Dios, haciendo el proceso de adoración a su antojo. Levítico 10:1-7 muestra la seriedad de la obediencia a las instrucciones del Señor y la manera apropiada de acercarse a Dios.

Puro e impuro (Levítico 11-15) y el Día de la Expiación (Levítico 16)

Levítico 11-15 trata con lo que descalifica a una persona para acercarse a Dios. Se refiere a esto como ser impuro. Ciertas acciones y condiciones eran tan negativas espiritualmente en esa cultura antigua, y tenían un sentido tan fuerte de contaminación y de impureza, que el Señor no permitió que se asociaran con su santa presencia. Él es puro, y es lo opuesto a la maldad y la muerte. Por lo tanto, las acciones o las condiciones asociadas con la maldad o la muerte, incluyendo enfermedades o las etapas de la muerte, harían que cualquier persona, o cualquier cosa que tuviera contacto con ellas fuera indigno de estar ante Dios. Necesitarían ser limpiados y descontaminados para mantener la presencia de Dios. Las regulaciones servían como lecciones objetivas de la necesidad continua de ser limpiados por Dios, o del perdón a través de la sangre de Cristo. Ellas recordaban al pueblo de Dios que debía considerar las decisiones de cada día y cómo el ser el pueblo de Dios los apartaba de los estilos de vida no santos del resto del mundo.

Levítico 16 concluye con el Día de la Expiación, la práctica más santa del año para Israel. Esto daba énfasis a la necesidad del perdón de Dios y de un nuevo comienzo para su pueblo pecador. Para que se les permitiera continuar teniendo la presencia de Dios entre ellos, el pueblo de Dios debía abordar el tema de su indignidad de la forma que Él lo prescribe. La ceremonia indicaba hacia la expiación final del pecado a través de Jesucristo para todos los que le reciben a Él, dándose cuenta de su condición pecadora.

La santidad

Explicar la teología de la santidad y puro / impuro.

El Señor es santo. La santidad no es sólo una de sus cualidades, sino que es un resumen de todas sus cualidades como el único Dios. Él hizo el universo y está separado de toda su creación, inalterablemente fiel a lo que Él es y totalmente dedicado a sus propósitos, así que nada lo aparta de ellos. Él está separado de todo mal, lo que puede definirse como cualquier cosa opuesta a Él, a su carácter y a sus valores.

¿Cuál es la diferencia entre la idea del Antiguo Cercano Oriente acerca de la santidad y la idea de Dios de la santidad?

En el mundo del Antiguo Cercano Oriente, la idea de santidad era algo puesto aparte para el uso de la deidad cuya presencia se temía. La definición que ellos tenían de *santidad* no involucraba la moralidad, mientras que el Dios verdadero ha revelado que la base de la santidad es su carácter, el cual es amoroso y de la más alta pureza moral.

La santidad de las cosas y de las personas, entonces, se refiere a su relación con el Dios santo y su presencia, la que está en armonía con su carácter, valores y propósitos. Ser santo, en términos bíblicos, es estar separado de lo común, del uso maligno, para el uso exclusivo, puro y eterno del Señor, ser especial para Él. Nada es santo por naturaleza; solamente Dios lo es. Las cosas y las personas son santas solamente por medio de su relación con el Señor. Sin embargo, las personas santas deben continuar siguiendo un estilo de vida en santidad. La santidad es tanto un privilegio como una responsabilidad, o una respuesta al Dador de la santidad. Involucra una vida entera vivida bajo el señorío del Rey divino. Una persona que pertenece a Dios tiene que elegir continuamente reflejar su carácter y propósitos en todo lo que piensa, dice y hace. La santidad involucra acciones visibles hacia fuera como también actitudes internas y carácter, todo basado en el carácter santo de Dios, revelado en las Escrituras y especialmente en Levítico. Todo lo que decimos y hacemos expresa actitudes que son, o fieles a Dios, o contrarias a Él. Significa amar a Dios con todo nuestro ser y amar a los demás como a nosotros mismos (Mateo 22:37). Esta es la única respuesta lógica de personas que tienen un verdadero respeto por la santidad de Dios y gratitud por su misericordia (Romanos 12:1).

Lo puro e impuro

¿A qué se refiere "pureza" en el contexto del Antiguo Testamento?

¿Cuál es la diferencia entre la idea del Antiguo Cercano Oriente acerca de la santidad y la idea de Dios de la santidad? En el mundo del Antiguo Cercano Oriente, la idea de santidad era algo puesto aparte para el uso de la deidad cuya presencia se temía. La definición que ellos tenían de santidad no involucraba la moralidad, mientras que el Dios verdadero ha revelado que la base de la santidad es su carácter, el cual es amoroso y de la más alta pureza moral.

¿A qué se refiere "pureza" en el contexto del Antiguo Testamento? La pureza en el Antiguo Testamento se refiere a pureza espiritual versus contaminación. Es estar condicionado o calficado para la santa

Un concepto importante y relacionado es el de *puro e impuro*. En su contexto del Antiguo Testamento, el que generalmente es desconocido para nosotros, esto no se refiere a limpieza física o higiene, sino a la pureza espiritual versus la contaminación. Es estar condicionado o calificado para la santa presencia de Dios. Distinguir entre lo puro y lo impuro se refiere a discernir lo que descalifica a una persona o cosa de la presencia de Dios y que provoca su ira. Lo que es inmundo o impuro no debe entrar en contacto con lo que es santo para el Señor. Algo es descalificado o contaminado porque se opone a la naturaleza de Dios o está asociado con la oposición a Él. Cualquier cosa opuesta a Él es expulsada de su presencia.

¿Qué mostraban las leyes de la impureza acerca de nuestra relación con Dios?

Asociaciones negativas habrían existido en el antiguo mundo para muchas condiciones no saludables porque las personas las habrían relacionado con las enfermedades que resultaban. Sin embargo, Dios no estaba estrictamente enseñando a través de estas leyes acerca de la salud física, sino más ampliamente acerca de la salud espiritual. Todas las anormalidades, enfermedades y la muerte indicaban hacia la muerte eterna que cada persona enfrenta debido a la caída registrada en Génesis 3. Ninguna de estas cosas negativas, hirientes y temibles existiría si no fuera por los pecados de la humanidad, empezando con Adán y Eva. El Señor usó las leyes de la impureza como recordatorios de la condición del mundo, perdido o separado de Dios. Acentúan su santidad y la seriedad de la pecaminosidad de la humanidad y la necesidad de su gracia. Él ofrece libremente su misericordia a todos los que se arrepienten y creen en el don de su Hijo para limpiarles de todo pecado. Ese don quita todo lo que descalifica a una persona de su presencia, todo lo que impide una relación entre las personas y el Dios santo. Las instrucciones sobre puro e impuro, entonces, crearon lecciones objetivas para instruir al pueblo de Dios en la actitud apropiada hacia la santidad de Dios y el don de la salvación. Insertaban en el corazón de su pueblo sus principios y valores, preparándoles a ellos y al mundo para la venida de Cristo. Ahora que Cristo ha venido, el propósito de esas

---

presencia de Dios. Distinguir entre lo puro y lo impuro se refiere a discernir lo que descalifica a una persona o cosa de la presencia de Dios y que provoca su ira. Algo es descalificado o contaminado porque se opone a la naturaleza de Dios o está asociado con la oposición a Él.

¿Qué mostraban las leyes de la impureza acerca de nuestra relación con Dios? Las leyes de impureza eran usadas como recordatorios de la condición del mundo, perdido o separado de Dios. Acentúan su santidad y la seriedad de la pecaminosidad de la humanidad y la necesidad de su gracia. Ellas preparan al pueblo de Dios para tomar la actitud correcta hacia la santidad de Dios y el don de la salvación. Ellas arraigaban sus principios y valores en el corazón de su pueblo, preparándoles a ellos y al mundo para la venida de Cristo.

lecciones se ha cumplido. (Ejemplos: no comer sangre, no cortar las puntas de la barba de uno, Levítico 17:10-12; 19:27).

La comida

Resumir la instrucción sobre criaturas impuras (Levítico 11).

La más básica de las elecciones humanas, lo que uno come, es la primera área de instrucción en cuanto a la inmundicia. Por varias razones culturales y de salud, ciertas criaturas no debían ser comidas. Las cosas que representaban algo que no debe asociarse con Dios debían ser evitadas. De la misma forma como el pueblo de Dios estaba separado del mundo de pecado y muerte, así se separaban de las comidas asociadas con la maldad o con la enfermedad y muerte. Esto llevó entonces a la pregunta de la contaminación por tocar. Dios clarificó que tal contaminación viene solamente por tocar el cuerpo muerto de cualquier criatura. De las comidas limpias, Dios designó ciertos animales para los sacrificios, así como eligió a la familia de Aarón y a los levitas para ministrar en el tabernáculo. Todas estas reglas recordaban al pueblo de Dios que debía considerar cómo sus decisiones diarias podrían reflejarse en la santidad, la reputación y la presencia de Dios.

El parto

Clarificar la impureza del parto y los flujos corporales (Levítico 12, 15).

El parto requería limpieza, probablemente debido a la participación de sangre (Levítico 12). El nacimiento de una niña requería un tiempo más largo de limpieza, probablemente debido a la participación femenina con la sangre. La necesidad de limpieza en el parto le recordaba al pueblo que todos los niños nacen en un mundo caído y no tienen relación con Dios. Desde el nacimiento, las personas necesitan el perdón de Dios y la restauración a su comunión.

Los flujos

El área final acerca de lo impuro abarcó los flujos de los órganos reproductivos (Levítico 15). El Señor da gran importancia al privilegio que dio a la humanidad de dar a luz hijos. Cualquier problema que involucrara sus órganos reproductivos-sexuales no debía ser asociado con los propósitos buenos y dadores de vida de Dios. Al abarcar esa área estaba la primera cosa que Adán y Eva hicieron después de haber experimentado la vergüenza de su pecado en contra de Dios. Esto representa la más grande vulnerabilidad de las personas y el privilegio y responsabilidad más grande en la relación marital de un hombre y una mujer. Tiene que estar sometido y santificado por Dios. Que una persona pudiera ser considerada inaceptable para Dios aun cuando no tuviera falta alguna en sí misma, hacía que las personas recordaran la necesidad humana universal del don de restauración a la armonía con Dios.

La piel y otras superficies

Describir los principios de la piel inmunda y las condiciones de superficies. (Levítico 13-14).

Algunas condiciones de la piel, la vestimenta y las superficies de las casas a menudo eran traducidas por "**lepra**", pero no estaban restringidas al significado moderno de la enfermedad de lepra. Estas condiciones eran consideradas tan negativas que había necesidad de reglas detalladas para diagnosticarlas y limpiarlas. Nuevamente, estos eran recordatorios de la seriedad del pecado y un llamado a estar de duelo por ellas y buscar la restauración en Dios. No por pecados específicos propios, las personas experimentan aflicciones con amenaza de muerte, porque todas las personas y animales fueron afectados por la caída (Génesis 3). Esto hace que una persona sea indigna para estar en la presencia de Dios.

Esta lección objetiva inculcó en el pueblo de Dios que el pecado es complejo, infeccioso y penetrante. Tiene que ser tratado minuciosa y decididamente o si no destruirá a la persona y a quienes tienen contacto con ella. Como el pecado separa a la persona de Dios y de su pueblo, de la misma forma las condiciones inmundas de la piel separaban a una persona del resto del pueblo de Dios. Dios quita la maldad y la muerte de su presencia. La restauración requiere que el pecado sea quitado de la vida de una persona, que es de lo que se ocupa la expiación. Esto involucra un verdadero arrepentimiento, estar de luto por nuestro pecado y sus efectos, y alejarse decididamente del pecado. La persona expresa una fe que da la bienvenida y se identifica con el don de perdón de Dios, limpieza y restauración. El arrepentimiento verdadero y la fe reconocen lo costoso de la provisión de restauración y humildemente miran hacia la reconciliación con Dios. La reconciliación con Dios le da a uno un comienzo nuevo y es como nacer de nuevo. Los actos de limpieza de la ley de Dios involucraban estas imágenes. Sin embargo, el reingreso a la comunidad era por etapas, por el bien de todos. La limpieza no impide la contaminación futura pero la experiencia debería motivar a una persona a evitar la tentación. Estas instrucciones exhortan al pueblo de Dios para estar de luto por el pecado, advertir unos a otros en contra del pecado, y aislar a aquellos que pecan para mantenerse alejados de su influencia (Levítico 13:45-46). El Espíritu Santo está disponible a los creyentes para ayudarles a tomar las decisiones correctas y continuar en santidad con

Dios. La ceremonia del ungimiento con aceite incluiría el significado de la dotación de poder de Dios.

Bosquejar el Día de la Expiación (Levítico 16).

¿Qué pasó en el Día de la Expiación y qué significaba?

El capítulo 16 culmina la primera mitad de Levítico con el cumplimiento de aquello hacia lo cual indica todo: la necesidad del perdón de Dios y un comienzo nuevo para su pueblo pecador. Para continuar teniendo autorización de acercarse a Él, ellos deben tratar con su indignidad de la forma cómo Él lo prescribe. El Día de la Expiación fue un don de perdón de parte del amoroso Padre celestial de Israel que dio acceso a su presencia. Una vez al año el sumo sacerdote entraba en el lugar santísimo del tabernáculo para expiar con la sangre del sacrificio por el pecado. Luego, los pecados del pueblo eran confesados sobre un macho cabrío vivo, el que luego era enviado al desierto para simbolizar la eliminación del pecado. El pueblo mostraba su dolor profundo por su condición pecadora por medio de ayunar ese día. Todo esto apuntaba hacia el sacrificio final de Jesucristo para la salvación de todos los que le reciben, llegando ellos a tener conciencia de la seriedad del problema de pecado.

Levítico 16, al igual que la primera mitad del libro de Levítico, trata de la permisión de acercarnos a Dios y de restaurar la comunión quebrantada de la forma que Él ha provisto. Es acerca de la limpieza y de un nuevo comienzo de la relación. Levítico presenta el ofrecimiento de Dios de restauración a su comunión, el don de ser hechos calificados para su presencia. El pecado es un asunto de vida o muerte; no puede ser permitido en la presencia de Dios. La santidad requiere santificar el nombre del Señor y todo lo asociado con su presencia. La segunda mitad de Levítico se concentrará en la santidad de las vidas de las personas que el Señor permite experimentar su santa presencia.

Viviendo la vida santa (Levítico 17–27)

¿Qué pasó en el Día de la Expiación y qué significaba? Una vez al año el sumo sacerdote entraba en el lugar santísimo del tabernáculo para expiar con la sangre del sacrificio por el pecado. Luego, los pecados del pueblo eran confesados sobre un macho cabrío vivo, el que luego era enviado al desierto para simbolizar la eliminación del pecado. El pueblo mostraba su dolor profundo por su condición pecadora por medio de ayunar ese día. Esto era un don de perdón de Dios que daba acceso a su presencia. Todo esto apuntaba hacia el sacrificio final de Jesucristo por la salvación de todos los que le reciben, llegando ellos a tener conciencia de la seriedad del problema de pecado.

Levítico 17 hace la transición de la primera mitad del libro, que trata acerca de acercarse al Dios santo a través de la expiación (la categoría teológica de la justificación) a la segunda mitad que es acerca de vivir la vida expiada pura, y santa (la categoría teológica de la santificación) en respuesta a la reconciliación con el Dios santo. Los capítulos 17–27 llaman al pueblo de Dios a la santificación, vivir para honrar al Señor mediante el refleja de sus valores. El mensaje de Levítico es la santidad, vivir bajo el señorío de Dios, separado de la maldad, dedicado a sus propósitos y llegando a ser más y más semejante a Él. La santidad involucra acciones visibles, hacia fuera, como también actitudes internas y carácter, todo basado en el carácter de Dios como se revela en las Escrituras.

Antes de comenzar a trabajar en estas lecciones, lea estos capítulos en su Biblia: Levítico 17–27.

Lección 9.1   La santificación de la vida y la relación marital (Levítico 17; 18; 20)

Objetivos

9.1.1   *Explicar la santificación de los sacrificios y la sangre vital (Levítico 17).*

9.1.2   *Clarificar cómo la santificación de pasar la semilla de la vida protege a la familia (Levítico 18).*

9.1.3   *Explicar la relación entre la impureza marital y el fracaso de una nación. (Levítico 20).*

Lección 9.2   La santificación de las actitudes y las prácticas (Levítico 19)

Objetivos

9.2.1   *Analizar las actitudes de la santidad de pacto y las prácticas en Levítico 19:1–18.*

9.2.2   *Enumerar actos de dedicación al Señor de Levítico 19:19–37.*

Lección 9.3   La santificación de los medios y los símbolos de la relación con Dios (Levítico 21–27)

Objetivos

9.3.1   *Resumir la santificación de los sacerdotes y los sacrificios (Levítico 21–22).*

9.3.2   *Describir las ocasiones sagradas para reunirse ante el Señor (Levítico 23).*

9.3.3   *Identificar los símbolos sagrados de la presencia del Señor (Levítico 24).*

9.3.4   *Explicar la santificación de la herencia de pacto: la tierra (Levítico 25).*

9.3.5   *Explicar la santificación de la relación de pacto: la responsabilidad (Levítico 26).*

9.3.6   *Bosquejar la santificación de los compromisos propios con el Señor: normas para sustituir el dinero (Levítico 27).*

La santificación de la vida y la relación marital (Levítico 17; 18; 20)

Levítico 17 comienza con las instrucciones para la santificación. Los primeros temas son la vida y las relaciones de pacto con Dios y los demás, comenzando con la relación marital que engendra vida. El capítulo 20 impone la pena capital por violaciones a las restricciones del capítulo 18. El capítulo 19 será abarcado en una lección separada debido al significado de su contenido en personificar las relaciones de pacto y las expresiones prácticas de santidad. Los capítulos 18–20 forman una especie de pacto que pone su enfoque en el capítulo 19 como el centro de esta mitad de Levítico, con una definición de lo que trata la vida santa.

Levítico 17: La santificación de los sacrificios y de la sangre
Explicar la santificación de los sacrificios y la sangre vital (Levítico 17)

¿Por qué era importante para el pueblo de Dios tratar la sangre con respeto?

El pueblo de Dios es llamado a mostrar aprecio por la relación que Él estableció con ellos por medio de tratar los temas en maneras que reflejen su carácter santo. Primero está el trato a la vida de todas las criaturas, representada por la sangre. La sangre era tratada como sagrada porque Dios la usaba en la expiación por los pecados del pueblo (Levítico 17:11). No debían comer la sangre, pero la debían tratar respetuosamente. Por lo tanto, todos los sacrificios y las matanzas por los israelitas se debían realizar solamente en el tabernáculo. Moisés cambió esto cuando estaban a punto de entrar en la tierra prometida, así que ellos podían matar en sus casas (Deuteronomio). La vida santa comienza con el respeto por la vida, por la vida de las criaturas de Dios, y especialmente aquellas que Él designó como medios para su perdón. El señor desea que resistamos cualquier tentación de ser infieles en la adoración o devaluar su don de expiación. Mantener nuestro pacto con el Señor es un asunto de vida o muerte.

¿Por qué era importante para el pueblo de Dios tratar la sangre con respeto? El trato a la vida de todas las criaturas era representado por la sangre. La sangre era tratada como sagrada porque Dios la usaba en la expiación por los pecados del pueblo (Levítico 17:11). No debían comer la sangre, pero la debían tratar respetuosamente. La vida santa comienza con el respeto por la vida, por la vida de las criaturas de Dios, y especialmente aquellas que Él designó como medios para su perdón. El Señor desea que resistamos cualquier tentación de ser infieles en la adoración o devaluar su don de expiación.

Levítico 18: Las relaciones santificadas

Clarificar cómo la santificación de pasar la semilla de la vida protege a la familia (Levítico 18).

Levítico 18:1-5 exhorta al pueblo de Dios a no vivir como las naciones alrededor de ellos. Debían seguir la enseñanza del Señor y, al hacerlo, continuar disfrutando de la calidad de vida que Él pensaba para su pueblo. Los siguientes tres capítulos presentan el corazón de vivir como pueblo del pacto de Dios. Tratan acerca de la esencia de la existencia humana —las relaciones— comenzando con la unión sexual del matrimonio, moviéndose a las relaciones en la comunidad, e incluyendo una relación saludable con el Señor. Estos capítulos contienen los principios esenciales de una vida en santidad con Dios, según se afirma en el capítulo 19. Ellos son tan importantes que el capítulo 20 prescribe la pena de muerte por su violación. Tal rebelión destruiría al pueblo de Dios y debe ser tratado firmemente, de la forma como uno trataría el cáncer.

El capítulo 18 continúa con el respeto por la vida, acentuado en el capítulo 17, a través del respeto por la relación engendradora del matrimonio y el acto de "pasar la semilla de la vida" (del hebreo de 18:20). Estas restricciones son esenciales para mantener a los matrimonios saludables y de esa manera proteger la unidad familiar sustentadora de la vida. El potencial de engendrar vida del acto sexual entre un hombre y una mujer lo convierte en un privilegio y en una responsabilidad. Degradarlo es degradar la vida humana y **profanar** al mismo Dios. Además, las relaciones sexuales crean una relación totalmente única, en que los cónyuges llegan a ser una sola carne (Génesis 2:24; 1 Corintios 6:15-20). Dios tuvo el propósito que esto funcionara plenamente cuando se hiciera según las normas establecidas por Él y se mantuviera dentro de la relación exclusiva del matrimonio para toda la vida entre un hombre y una mujer que no fueran parientes cercanos. El lazo íntimo del matrimonio con alguien relacionado cercanamente era considerado antinatural, enfermizo y opuesto a Dios.

¿Por qué es tan importante para nuestra relación con Dios el ser santificado en el matrimonio?

Moisés fue inspirado a incluir aquí referencias a la idolatría, especialmente a través del sacrificio de un niño. Él formuló esto de tal forma que enseña que cometer inmoralidad

---

¿Por qué es tan importante para nuestra relación con Dios el ser santificado en el matrimonio? Levítico enseña que cometer inmoralidad sexual, violar la forma en que Dios hizo que funcionaran las personas en el matrimonio de un hombre y una mujer, lleva a la idolatría y viceversa. Ambos se oponen al carácter de Dios y a la forma en que Él nos hizo, expresando infidelidad en la más íntima de las relaciones. Tampoco se le permitiría continuar en su presencia. El potencial de engendrar vida en el acto sexual entre un hombre y una mujer lo convierte en un privilegio y una responsabilidad. Degradar la sexualidad degrada la vida humana y profana a Dios mismo.

sexual, violar la forma en que Dios hizo que funcionaran las personas en el matrimonio de un hombre y una mujer, lleva a la idolatría y viceversa. Ambos se oponen al carácter de Dios y a la forma que Él nos hizo, expresando infidelidad en la más íntima de las relaciones. Tampoco se les permitiría continuar en su presencia. La moralidad sexual y la adoración genuina son asuntos de vida o muerte eterna y separan al pueblo de Dios del resto del mundo (Levítico 18:3).

Levítico 20: La fidelidad versus la idolatría

Explicar la relación entre la impureza marital y el fracaso de una nación. (Levítico 20).

El capítulo 20 sigue un patrón:

- El castigo de la idolatría, versículos 1–6
- La exhortación a la santidad, versículos 7–8
- El castigo de los pecados en contra de la familia, versículos 8–21
- La exhortación a la santidad, versículos 22–26
- El castigo de la idolatría, versículo 27

Este capítulo se concentra en los pecados en contra de la familia, ocupando un segundo lugar en importancia solamente después de la idolatría, en la destrucción de la existencia saludable de la nación de pacto. Uno de los primeros efectos de la idolatría en la comunidad es el quiebre de la moralidad sexual por medio de matrimonios insalubres. Esto, a su vez, comienza a destruir las familias y finalmente a la nación. Debido a la seriedad de vida o muerte de estos pecados, Dios sentencia la pena capital por tales violaciones. Es como eliminar el cáncer antes que destruya todo el cuerpo. El capítulo 20 afirma sólidamente que la idolatría y la inmoralidad sexual están relacionadas estrechamente. La idolatría es referida como prostitución (versículos 5 y 6). Ambos constituyen infidelidad en la relación, lo que es diametralmente opuesto al carácter de Dios. De esta forma, ellos lo profanan a Él por medio de pervertir su reputación. Cualquiera que hace tales cosas no puede ser permitido en su presencia ni tampoco continuar siendo su testigo en el mundo. La tierra los "vomitaría" fuera de su misión y de la bendición de Dios (20:22).

La santidad es algo que el pueblo de Dios tiene que elegir vivir debido a su relación con Él (Levítico 20:7-8). Ellos tenían que "hacer distinciones" entre las cosas en armonía con el Señor y las cosas que no lo estaban, porque Él los había "distinguido" de todos los otros pueblos (20:24-26). La santidad bíblica enseña que nosotros debiéramos ser diferentes de los demás porque nuestra relación con Dios nos lleva a hacer elecciones entre lo correcto y lo incorrecto, entre la armonía con el Señor y la desviación de Él.

La santificación de las actitudes y las prácticas (Levítico 19)

Un tema central para la santidad son las actitudes y las prácticas que contribuyen a relaciones saludables, tanto con Dios como con las personas. Las familias necesitan enseñar disciplina en sus expresiones de devoción al Señor. En las decisiones diarias, el pueblo de Dios tiene que mostrar lealtad a Él, que ellos confían en Él y que le aprecian. Al mismo tiempo, Moisés exhorta al pueblo de Dios que se preocupe por el bienestar de los demás. Tal preocupación se resume en amar aún al extranjero como lo harían con uno de los suyos.

El llamado a la santidad

Analizar las actitudes de la santidad de pacto y las prácticas en Levítico 19:1–18.

¿Por qué el respeto a nuestros padres es una forma de protegernos en contra de la idolatría?

Levítico 19 comienza con el famoso llamado a la santidad citado en el Nuevo Testamento: "Santos seréis, porque santo soy yo Jehová vuestro Dios" (versículo 2). La primera sección abarca la adoración al Señor (19:3–8). La primera instrucción es respetar a nuestros padres y guardar el día de reposo. Este principio muestra respeto por la autoridad y por nuestra fuente de vida y sostenimiento, comenzando en casa (nótese que comienza con la madre), y luego en la adoración a Dios en el día de reposo. No deben cambiar la fe en Dios por ídolos. Los principios en las Escrituras que involucran idolatría son:

- Apartarse de la fidelidad al Señor a la prostitución con una falsificación.
- Buscar la satisfacción de nuestras necesidades en otras fuentes.
- Confundir a Dios con su creación.
- Sustituir una forma externa por la realidad interna de comunión con Él.

Las celebraciones de adoración

Luego vienen instrucciones para la adecuada expresión de fe en las celebraciones de adoración, específicamente al comer las ofrendas de paz (19:5–8). Las ofrendas de paz

---

¿Por qué el respeto a nuestros padres es una forma de protegernos en contra de la idolatría? Respetar a nuestros padres muestra respeto por la autoridad y por nuestra fuente de vida y sostenimiento, comenzando en casa (nótese que comienza con la madre), y luego en la adoración a Dios en el día de reposo. Respetar la forma más básica de autoridad es el primer paso para respetar la máxima forma de autoridad.

expresaban aprecio al Señor, y de esta ofrenda la familia compartía una comida sagrada. El pueblo de Dios aprendió a mostrar actitudes apropiadas por medio del autocontrol y la disciplina en los momentos de adoración.

Amar a los demás

De acuerdo a Levítico 19:9-18, ¿cómo se supone que debe ser el trato de unos a otros en el pueblo de Dios?

Levítico 19:9-18 abarca el trato entre compañeros miembros del pacto. El pueblo de Dios no puede decir que ama a Dios mientras se abstenga de amar a otras personas. El pueblo de Dios debiera preocuparse por los que no tienen en el tiempo de cosecha (9-10). Debieran evitar dañar a otros por medio de tratos deshonestos (11-12), de oprimir o tomar ventaja de los más débiles (13-14), y de cometer injusticia, particularmente en el tribunal (15-16). Sus palabras no debieran poner en peligro el bienestar de otra persona. Este amor por otros es motivado por la admiración hacia Dios, que mostró gran misericordia por la vulnerabilidad de ellos ante Él. El famoso mandamiento, "Amarás a tu prójimo como a ti mismo" culmina esta mitad del capítulo (19:18).

El pueblo de Dios tiene que responder en amor a los problemas de otros. No tenemos que deshonrar la reputación del Señor a través de algo que digamos o hagamos. La santidad, resumida en amor, comienza en casa. El amor de Dios pone lo que es mejor para la otra persona, antes que nuestras propias necesidades y deseos. Muchos se sorprenderían de ver que esto es lo que Dios enseñó a Israel en Levítico, no solamente a través de Jesús y el Nuevo Testamento.

Las prohibiciones y los actos de dedicación

Enumerar actos de dedicación al Señor de Levítico 19:19-37.

¿Cómo protegen a las mujeres y a los niños en particular las prohibiciones y los actos de dedicación?

De acuerdo a Levítico 19:9-18, ¿cómo se supone que debe ser el trato de unos a otros en el pueblo de Dios? El pueblo fue instruido a amar a sus vecinos como a sí mismos. Más específicamente el pueblo de Dios debería estar preocupado por aquellos que carecen en el tiempo de la cosecha. Ellos deberían evitar dañar a otros por medio de tratos deshonestos, por medio de oprimir o tomar ventaja de los más débiles, y cometer injusticia, particularmente en el tribunal. Sus palabras no debieran poner en peligro el bienestar de otra persona. Este amor por otros es motivado por la admiración hacia Dios, que mostró gran misericordia por la vulnerabilidad de ellos ante Él.
¿Cómo protegen a las mujeres y a los niños en particular las prohibiciones y los actos de dedicación? Las prohibiciones en contra de ciertas mezclas, como el material en la ropa, pueden ser consideradas

La segunda mitad de Levítico 19 comienza con las prohibiciones en contra de ciertas mezclas, como el material en la ropa, probablemente como lecciones objetivas para enseñar que el pueblo de Dios está separado de los valores y la adoración de personas que no le conocen a Él. Ellos deben elegir evitar "mezclas" ilícitas, tal como acostarse con la niña esclava de otro hombre. Esto podía haber sido tentador durante la conquista de la tierra prometida. Dios está preocupado por la protección de tales mujeres vulnerables y de la dignidad de todas las mujeres. Además, tal pecado en contra de otra persona es un pecado en contra de Dios.

Después de la conquista de la tierra, el pueblo de Dios necesitaba mostrar devoción al Señor por medio de comprometer las primicias de los árboles frutales a Él. Luego, Levítico 19:26-29 prohíbe las prácticas idólatras que muestran falta de fe en el Señor y falta de respeto por la vida y por las hijas. Debido a la esperanza provista por Dios, su pueblo no tiene que enfrentar la muerte sin esperanza y en desesperación. Ellos tienen que tratar sus cuerpos con cuidado y respeto, como seres hechos a la imagen de Dios. No tienen que usar a sus hijos para sus deseos egoístas. Luego, la relación vertical expresada en esta mitad del capítulo 19 culmina demostrando fe de pacto y aprecio por el Señor por medio de guardar el día de reposo, reverenciando su santuario, buscando ayuda y guía sólo de Dios y respetando a las autoridades delegadas por Dios, los ancianos. No tenemos que tratar de alcanzar nuestras metas a través de atajos que evitan que **tomemos nuestra cruz** y que hagamos la voluntad del Señor.

Finalmente, el capítulo concluye con el tratamiento del pueblo que no es del pacto (33-36). La santidad incluía amar a los extranjeros como si fueran de los suyos propios. El pueblo de Dios no debía tratar a los forasteros injustamente en decisiones legales o transacciones comerciales. De hecho, no debían ni siquiera poseer los medios para engañar (versículo 36). Este capítulo central acerca de la santidad concluye con la exhortación a la obediencia completa a las instrucciones del Señor, lo que es la esencia de vivir en santidad.

---

como lecciones objetivas para enseñar que el pueblo de Dios está separado de los valores y la adoración de personas que no lo conocen a Él. Tenían que evitar "mezclas" ilícitas, tal como acostarse con la niña esclava de otro hombre. Dios está preocupado por la protección de tales mujeres vulnerables y de la dignidad de todas las mujeres. Luego Levítico prohíbe prácticas idólatras que muestran falta de fe en el Señor y falta de respeto por la vida y por las hijas. Además nunca debían usar a sus hijos para sus deseos egoístas.

La santificación de los medios y los símbolos de la relación con Dios (Levítico 21-27)

El resto de Levítico, capítulos 21-27, abarca la santificación de las cosas que Dios usa para establecer y mantener su relación con las personas, como también los símbolos de la comunión que Israel tenía con Dios. El tratamiento de esas cosas se relacionaba directamente con actitudes hacia Dios, de la misma forma como las argollas nupciales se relacionan con el matrimonio.

Resumir la santificación de los sacerdotes y los sacrificios (Levítico 21-22).

La santidad llama al trato respetuoso de los mediadores y de los medios que Dios usa para llevar su presencia a las personas: los sacerdotes y las ofrendas. Los sacerdotes debían tener matrimonios puros y evitar la asociación con la muerte. Sus vidas eran testimonios de integridad, pureza y fidelidad, cualidades esenciales de la santidad de Dios. Los sacerdotes y las ofrendas debían ser guardados de inmundicia, cosas que los descalificarían de la presencia de Dios. A su vez, el trato del pueblo hacia los líderes y de los medios de adoración era importante para su relación con Él y su testimonio al mundo acerca de quien era Él. Los cristianos son sacerdotes para Dios y tienen que tomar seriamente su testimonio para Él y su acceso a su presencia a través de su sacrificio.

Levítico 23—Las fiestas y los días sagrados

Describir las ocasiones sagradas para reunirse ante el Señor (Levítico 23).

(Véase Apéndice B: Calendario sagrado: Las fiestas y los días sagrados.)

El capítulo 23 enseña que la santidad involucra sumisión al señorío de Dios en el uso del tiempo y las expresiones regulares de aprecio. El principio fundamental para disciplinar a su pueblo en esta área es el respeto por el día de reposo, el ritmo de siete para reposo y adoración colectiva. Dios hizo que las personas funcionen mejor cuando toman un día a la semana para descansar y adorar juntos, de igual forma como Él reposó en el séptimo día de crear al mundo. La santidad expresa regularmente aprecio por todo lo que Dios es y ha hecho por nosotros. El capítulo 23 trata de las ocasiones de reunión y celebración colectivas establecidas por Dios. Dios establece estas ocasiones porque Él desea encontrarse regularmente con su pueblo. Las fiestas eran momentos para juntarse y para recordar y expresar aprecio por lo que Dios había hecho por su pueblo. Ellos combinaban la conmemoración por haberles salvado en el pasado, con la culminación de las cosechas. Así se identificaban de nuevo con las intervenciones de Dios en su historia y experimentaban su presencia entre ellos corporativamente. Estas fiestas mostraban el lado alegre y comunitario de la santidad. Esto involucraba proveer para los pobres y necesitados.

¿Cuáles eran las siete reuniones santas mencionadas en Levítico 23 y qué significaban?

¿Cuáles eran las siete reuniones santas mencionadas en 1.El día de reposo — era una expresión pública de la confianza de Israel en Dios como Señor del pacto y proveedor.

2. La Pascua — celebraba la liberación de Egipto de parte de Dios.

3. La fiesta de los Panes sin Levadura — celebraba la liberación de Egipto por parte de Dios.

4. La fiesta de las Semanas — la ofrenda de las primicias de la cosecha mostraba gratitud a Dios por su provisión.

5. La fiesta de las Trompetas — la celebración del año nuevo que señalizaba el nuevo año agrícola en el día de la luna nueva.

6. El Día de la Expiación — el sumo sacerdote ofrecía sacrificios para dar al pueblo un comienzo nuevo, expiando por todos sus pecados.

7. La fiesta de los Tabernáculos (o enramadas) — festival durante el cual el pueblo construía refugios temporales y se quedaba en ellos como un recordatorio del cuidado del Señor de Israel durante su viaje a través del desierto.

Levítico 23 1. El día de reposo — era una expresión pública de la confianza de Israel en Dios como Señor del pacto y proveedor.

2. La Pascua — celebraba la liberación de Egipto de parte de Dios.

3. La fiesta de los Panes sin Levadura — celebraba la liberación de Egipto por parte de Dios.

4. La fiesta de las Semanas — la ofrenda de las primicias de la cosecha mostraba gratitud a Dios por su provisión.

5. La fiesta de las Trompetas — la celebración del año nuevo que señalizaba el nuevo año agrícola en el día de la luna nueva.

6. El Día de la Expiación — el sumo sacerdote ofrecía sacrificios para dar al pueblo un comienzo nuevo, expiando por todos sus pecados.

7. La fiesta de los Tabernáculos (o enramadas) — festival durante el cual el pueblo construía refugios temporales y se quedaba en ellos como un recordatorio del cuidado del Señor de Israel durante su viaje a través del desierto.

y qué significaban? 1. El día de reposo — era una expresión pública de la confianza de Israel en Dios como Señor del pacto y proveedor.

2. La Pascua — celebraba la liberación de Egipto de parte de Dios.

3. La fiesta de los Panes sin Levadura — celebraba la liberación de Egipto por parte de Dios.

4. La fiesta de las Semanas — la ofrenda de las primicias de la cosecha mostraba gratitud a Dios por su provisión.

5. La fiesta de las Trompetas — la celebración del año nuevo que señalizaba el nuevo año agrícola en el día de la luna nueva.

La primera reunión santa era el día de reposo. Era una expresión pública de la confianza de Israel en Dios como Señor del pacto y proveedor (Éxodo 31:12-17). Luego estaban las fiestas de la primavera, las cuales eran la Pascua, los Panes sin Levadura con las Primicias de la Cosecha del Grano y la fiesta de las Semanas (Levítico 23:4-22). Las primeras dos celebraban la liberación de Egipto de parte de Dios y daban inicio al año religioso. Cristo fue crucificado en la pascua. Las prácticas cristianas y judías no coinciden, porque los judíos usaba un calendario lunar mientras que el calendario de hoy se basa en el sol. La ofrenda de las primicias mostraba gratitud por la provisión de Dios por la cosecha. Cincuenta días después de la pascua (siete semanas más un día) después de la pascua, Israel ofrecía las primicias de la cosecha del trigo. Este festival era llamado la fiesta de las Semanas (Levítico 23:15-21). Las primicias mostraban gratitud a Dios por una buena cosecha. En esta ocasión, una hogaza de pan con levadura era presentado al sacerdote en el santuario (Levítico 23:17, 20). En el judaísmo posterior, el festival llegó a estar asociado con la entrega de la ley en Sinaí y se le llamó Pentecostés. Es apropiado que el Señor derramó su Espíritu en la iglesia en Pentecostés para anunciar la cosecha espiritual del mundo. En agradecimiento adicional por las provisiones del Señor, el pueblo de Dios tenía compasión de los pobres y dejaba algo de la cosecha alrededor de las orillas de sus campos (23:22).

Las fiestas del otoño están enumeradas a continuación (versículos 23-38): la fiesta de las Trompetas, el Día de la Expiación, la fiesta de los Tabernáculos. El año religioso concluye el mes séptimo desde la pascua. La fiesta de las Trompetas era la celebración del año nuevo en la forma de un día especial de día de reposo. Señalaba el nuevo año agrícola en el día de la luna nueva, empezando el mes séptimo. Después de esto, se plantaban los granos de invierno y comenzaban las lluvias. En el día décimo del mes, el Señor estableció el día más solemne del año y el único ayuno requerido, el Día de la Expiación (Levítico 16). El sumo sacerdote ofrecía sacrificios para dar al pueblo un comienzo nuevo, expiando por todos sus pecados. En Cristo esto ha sido provisto una vez para siempre (Hebreos 9:26-28).

Levítico 23 concluye con la semana más extensamente sacrificada y alegremente celebrada, la fiesta de los Tabernáculos o Enramadas, comenzando en el día decimoquinto del mes séptimo. Este festival fue nombrado por los refugios temporales que Israel construyó y en los que se quedó durante la semana del festival. Era un recordatorio del cuidado del Señor de Israel durante su viaje a través del desierto, luego

---

6. El Día de la Expiación — el sumo sacerdote ofrecía sacrificios para dar al pueblo un comienzo nuevo, expiando por todos sus pecados.

7. La fiesta de los Tabernáculos (o enramadas) — festival durante el cual el pueblo construía refugios temporales y se quedaba en ellos como un recordatorio del cuidado del Señor de Israel durante su viaje a través del desierto.

de la liberación de Egipto. También se le llamaba la fiesta de la Cosecha, porque ahora las cosechas habían sido segadas. Era un tiempo de regocijo por las provisiones del Señor durante el año anterior. También esperaba las mismas bendiciones en el año que tenían por delante y por el cumplimiento futuro de todas las promesas del Señor. Después del período del Antiguo Testamento esta fiesta incluía las ceremonias de verter agua, lo que fue el escenario para las palabras de Jesús en Juan 7:37-38. Dios es nuestro único Salvador y Proveedor. Debiéramos celebrar estas verdades acerca de nuestro Señor.

Levítico 24: El respeto por los símbolos de la presencia de Dios

Identificar los símbolos sagrados de la presencia del Señor (Levítico 24).

La necesidad de mostrar aprecio disciplinado por la presencia continua de Dios es el tema del capítulo 24. Los símbolos de la presencia santa del Señor eran las siete lámparas y los doce panes. El nombre de Dios también era un símbolo de su presencia.

¿Cuáles eran los símbolos sagrados de la presencia de Dios?

¿Cuál es el significado de la ley "ojo por ojo"?

Levítico 24 registra la blasfemia de un individuo. Tal manera de hablar faltaba al respeto, devaluaba a la persona y a la presencia de Dios, y por lo tanto, su salvación también. Dios mandó que él fuera apedreado para mostrar la seriedad del crimen. Luego Dios dio las instrucciones para un castigo justo por cada crimen, cada uno apropiado al crimen. Eso es el significado de la ley "ojo por ojo". La santidad incluye justicia.

Levítico 25: Honrar la tierra como la herencia del pacto

Explicar la santificación de la herencia de pacto: la tierra (Levítico 25).

El capítulo 25 avanza al respeto por la tierra como la herencia del pacto del pueblo de Dios. La tierra que Dios dio a Israel funcionaba como el *lugar* del cumplimiento de su propósito misionero, el lugar donde Él moraba entre ellos, donde satisfacía sus necesidades y les bendecía. Mantener la tierra en la familia era importante. Dios había

---

¿Cuáles eran los símbolos sagrados de la presencia de Dios? Los símbolos de la presencia santa del Señor eran las siete lámparas y los doce panes. El nombre de Dios también era un símbolo de su presencia.

¿Cuál es el significado de la ley "ojo por ojo"? Después que Dios ordenó que la persona que había blasfemado el nombre de Dios debiera ser apedreada por la seriedad del crimen, dio las instrucciones para el castigo justo para cada crimen, cada uno apropiado al crimen. Eso es el significado de la ley "ojo por ojo". La santidad incluye justicia.

asignado secciones de tierra para las diversas tribus de Israel. Sin embargo, las familias a veces perdían su tierra debido a deudas. Hasta que el año del jubileo, el pariente más cercano podía redimir la propiedad para mantenerla en la familia.

¿Qué es el año del jubileo?

Dios proveyó para la tierra misma por medio de instituir un año sabático cada siete años. Ese año la tierra descansaba de ser plantada. Cualquier producto que creciera en ella por sí solo, pertenecía a los pobres. También, durante ese año, las deudas se perdonaban y los esclavos hebreos eran puestos en libertad.

El séptimo año sabático, más un año, era el año del jubileo. Toda la tierra era devuelta a las familias a quienes originalmente había sido asignada. El pueblo santo de Dios debía valorar su lugar como testigo en este mundo y preocuparse unos de otros y por su "herencia de pacto" en el Señor.

Levítico 26: Las bendiciones y las maldiciones

Explicar la santificación de la relación de pacto: la responsabilidad (Levítico 26).

¿Qué involucra la santidad bíblica?

Las bendiciones y las maldiciones en el capítulo 26 culminan el libro de Levítico y el pacto dado en Sinaí que comenzó en Éxodo 19. Aquí se resumen primeramente las obligaciones directas con el Señor. Luego se prometen bendiciones de prosperidad, de paz y de la presencia de Dios entre su pueblo, condicionadas a la obediencia. Después, las maldiciones o juicios que Dios usa para disciplinar a su pueblo, cuando se rebela, están enumeradas en cinco ciclos, cada uno más severo que el anterior, con el propósito de motivarlos al arrepentimiento y de regresar a Él. Finalmente, si confiesan y se humillan cuando Dios les envía al exilio desde la tierra prometida, entonces Él les restaurará. El Señor siempre busca reconciliación. La santidad lleva muy seriamente nuestro

---

¿Qué es el año del jubileo? Dios proveyó para la tierra misma por medio de instituir un año sabático cada siete años. Ese año la tierra descansaba de ser plantada. Cualquier producto que crecía en ella por sí solo, pertenecía a los pobres. También, durante ese año, las deudas se perdonaban y los esclavos hebreos eran puestos en libertad. El séptimo año sabático, más un año, era el año de jubileo. Toda la tierra era devuelta a las familias a quienes originalmente había sido asignada. ¿Qué involucra la santidad bíblica? Aquí la santidad bíblica es mostrada para involucrar el compromiso, la responsabilidad, y las consecuencias por las elecciones de una persona, y la necesidad de humildad y arrepentimiento verdadero. La santidad requiere el compromiso incondicional de una persona a los valores de la relación de pacto y a la responsabilidad en la relación de pacto, el mismo compromiso que los cónyuges debieran requerir uno de otro en el matrimonio.

compromiso a los valores y responsabilidad de la relación de pacto, de la forma como los cónyuges debieran considerar los de su matrimonio. Aquí, la santidad bíblica es mostrada para involucrar el compromiso, la responsabilidad y las consecuencias por las elecciones de una persona, y la necesidad de humildad y arrepentimiento verdadero.

Levítico 27: Respetar los votos a Dios

Bosquejar la santificación de los compromisos propios con el Señor: normas para sustituir el dinero (Levítico 27).

El libro de Levítico termina con pautas prácticas para tomar los compromisos o votos seriamente. Los israelitas recibieron instrucciones acerca de pagar los votos que hacían. Si los israelitas elegían sustituir dinero por lo que habían prometido dar a Dios, se requería de ellos que pagasen un veinte por ciento adicional. (Nota: ellos en realidad no tenían dinero en ese entonces. Acostumbraban dar en peso objetos de materiales preciosos, especialmente oro y plata.) También, aquí está mencionado el concepto de **cherem**, que se refiere a una dedicación irreversible y total de algo al Señor, generalmente a través de consumirlo por fuego. La santidad quiere decir cumplir nuestras promesas a Dios y tomar seriamente todo lo que se relaciona con el Señor. Cumplir nuestra palabra, el autocontrol, y la consistencia con las propias palabras, son cualidades de Dios que Él espera se reflejen en su pueblo santo. De esta manera, el libro de Levítico concluye con los principios básicos de las relaciones, especialmente la relación de pacto con el Señor. Es una conclusión apropiada a la instrucción sobre la santidad y la vida con el Dios santo.

Levítico presenta el ofrecimiento de Dios de restauración a su comunión, el don de ser hecho calificado para su presencia. El pecado es un asunto de vida o muerte porque no puede existir en la presencia de Dios. Los israelitas fueron instruidos acerca de cómo ser restaurados y vivir en su presencia santa. Ellos fueron enseñados acerca de cómo funcionar en calidad de una nación bajo su señorío. Ellos aprendieron cómo santificar el nombre del Señor y todo lo asociado con su presencia.

El mensaje de Levítico es la santidad, vivir bajo el señorío del Dios santo, estar separado de la maldad y dedicado a sus propósitos, llegando a ser más y más semejantes a Él. Es tanto un don de comunión como tener acceso a experimentar su presencia. Es responder a su misericordia con admiración y gratitud profunda y seguir en una vida de obediencia. La santidad involucra tanto acciones hacia fuera y visibles, como actitudes externas y carácter, todo basado en el carácter del Dios santo según se revela en las Escrituras. La santidad y todas las responsabilidades del pacto se resumen en amar a Dios totalmente y amar a los demás como a nosotros mismos.

El Señor nos ama a todos nosotros tanto que nos provee la forma para reconciliarnos con Él de modo que podamos vivir continuamente en su presencia.

Dios les guiaría ahora a través del desierto a la tierra prometida. El libro de Números sigue con la historia.

UNIDAD 4: Números
Aprendiendo a obedecer la dirección de Dios en el viaje

El título del libro de Números, viene de la *Septuaginta*, se relaciona con los censos enumerados en el libro pero no a mucho más. El título hebreo es un buen resumen del libro: "En el desierto." El tema del libro es el viaje desde Sinaí, comenzando un año después del éxodo, a la tierra prometida, un viaje de cuarenta años.

La autoría y la fecha del libro de Números es la misma que la de los tres libros anteriores de Pentateuco. No existe razón alguna para dudar que Moisés fuera esencialmente el autor. Los detalles de los contenidos encajan con el viaje por el desierto y el periodo de Moisés y el éxodo.

El libro parece dividirse fácilmente en tres secciones basadas en los movimientos extensos de Israel:

Números 1–10:10	Preparativos para el viaje
Números 10:11–25:18	Pruebas en el desierto
Números 26–36	La nueva generación se prepara para entrar en la tierra

Las lecciones de este libro se relacionan con los desafíos que el pueblo de Dios ha experimentado a través de las épocas cuando buscaban cumplir la misión de Dios para ellos.

Capítulo 10   Preparativos para el viaje (Números 1–20:13)

Lecciones
- 10.1   La vida en la presencia de Dios (Números 1–4)
- 10.2   La santidad, la dedicación y la comunicación (Números 5–10:10)
- 10.3   Dios contesta los desafíos (Números 11)
- 10.4   Los celos, el temor y la ira (Números 12–20:13)

Capítulo 11   Preparativos para la ocupación (Números 20:14–36:13)

Lecciones
- 11.1   Se enfrenta la oposición a la manera de Dios (Números 20:14–25:18; 31)
- 11.2   Preparativos para heredar (Números 26–36)

Preparativos para el viaje (Números 1–20:13)

Aunque el libro de Números se divide fácilmente en tres divisiones, esta unidad tratará de abarcar el libro en dos capítulos, con el fin de mantenerlos razonablemente iguales en longitud. Por lo tanto, el Capítulo 10 abarcará la primera división y la parte A de la segunda división. El Capítulo 11 comenzará con la parte B de la segunda división y continuará a través de la tercera división. La primera división, 1-10:10, se relaciona con la preparación para el viaje y abarca las instrucciones para cómo funcionar juntos como pueblo santo de Dios en su misión. Un énfasis de la segunda división es el desarrollo de un andar en fe por el Espíritu.

Antes de comenzar a trabajar en estas lecciones, lea estos capítulos en su Biblia: Números 1-20:13.

Lección 10.1 La vida en la presencia de Dios (Números 1-4)

Objetivo

10.1.1 Indicar la relevancia de las cifras del censo para el cristiano de hoy día (Números 1), el arreglo del campamento (Números 2), y las instrucciones para los levitas (Números 3-4).

Lección 10.2 La santidad, la dedicación y la comunicación (Números 5-10:10)

Objetivos

10.2.1 Explicar la santidad del campamento y la bendición del Señor (Números 5-6).

10.2.2 Resumir el significado de la dedicación del tabernáculo, del altar, y de los levitas (Números 7-8) y la celebración de la Pascua (Números 9:1-14).

10.2.3 Indicar los principios de la comunicación de Dios con su pueblo (Números 9:15-10:10).

Lección 10.3 Dios contesta los desafíos (Números 11)

Objetivo

10.3.1 Enumerar las verdades enseñadas acerca del Espíritu Santo y de los líderes del pueblo de Dios en Números 11.

Lección 10.4 Los celos, el temor y la ira (Números 12-20:13)

Objetivos

10.4.1 Describir la instrucción de no codiciar los dones de otro (Números 12).

10.4.2 Bosquejar las lecciones acerca de contrarrestar el temor con fe, ante el rechazo de Israel de tomar la tierra (Números 13-14).

10.4.3 Señalar el valor de la sumisión y la devoción (Números 15).

10.4.4 Resumir la lección de la rebelión de Coré y las asignaciones de Dios para los sacerdotes y los levitas (Números 16-18).

10.4.5 Explicar las lecciones acerca de tomar en serio la muerte y la santidad de Dios, y tratar la ira por medio de la fe (Números 19; 20:1-13).

La vida en la presencia de Dios (Números 1-4)

Números 1-4 relata la organización del viaje a la tierra prometida. Esto incluyó la preparación de un ejército de hombres por posible guerra y el mantenimiento de la presencia de Dios en el centro de su pueblo.

Números 1: El censo

Indicar la relevancia de las cifras del censo para el cristiano de hoy día (Números 1), el arreglo del campamento (Números 2), y las instrucciones para los levitas (Números 3-4).

Números 1 registra el primer "conteo", o censo, de hombres capaces de pelear en batalla. Los hombres guerreros de cada tribu fueron contados, pero solamente el número de once tribus fue incluido en el total. Los hombres de la tribu de Leví fueron puestos aparte como sacerdotes para servir en el tabernáculo. En el campamento, once de las tribus fueron organizadas alrededor del tabernáculo (Números 2), cada una asignada para una ubicación específica. La tribu de Leví acampó entre el tabernáculo y las otras tribus (Números 3 y 4).

¿Qué nos muestra el censo acerca de Dios?

Estos capítulos enseñan que cumplir los propósitos de Dios es facilitado por medio de la preparación y la organización de los recursos para los desafíos y amenazas futuras. El censo sugiere que debiéramos prestar atención a quien está en el viaje con nosotros, reconociendo nuestra relación el uno hacia el otro para que podamos trabajar juntos de una manera saludable y efectiva. El pueblo de Dios necesita entender que ellos son su ejército ocupado en una guerra con el enemigo espiritual, el diablo.

Números 2: La organización alrededor de la presencia de Dios

¿Qué nos muestra el censo acerca de Dios? El censo nos sugiere que debiéramos prestar atención a quien está en el viaje con nosotros, reconociendo nuestra relacion con el uno hacia el otro para que podamos trabajar juntos en una manera saludable y efectiva. El cumplimiento de los propósitos de Dios es facilitado por medio de la preparación y la organización de los recursos para desafíos y amenazas futuras.

Números 2 enseña al pueblo de Dios a organizarse alrededor de la presencia o la revelación del Señor. Cada uno en el pueblo de Dios tiene una responsabilidad, tal como los levitas fueron asignados a transportar el tabernáculo. Nosotros debiéramos reconocer la seriedad de la responsabilidad asignada por Dios, debido a su santidad. El concepto de santidad bíblica es el ser separado del uso del mundo y dedicado al Señor. Quiere decir reflejar sus valores, su carácter y su señorío en cada área de nuestra vida.

¿Cuál es el significado de la disposición del campamento?

Un mensaje teológico significativo de estos primeros capítulos es que el lugar de la presencia de Dios —el tabernáculo, la oficina central en la tierra del Rey y Creador— debe ser mantenido en el centro del campamento, de la marcha, y por implicación, de su vida. Un segundo tema importante es la santidad de Dios, respetar su presencia con admiración profunda y reverente. En la Biblia hebrea, la inmundicia es entendida como algo físico asociado con la oposición al carácter de Dios y al camino de salvación y por lo tanto, descalifica de su presencia. Ninguna persona o cosa inmunda era permitida en su presencia, o resultaba en la muerte y destrucción. Debido a esto, Dios ubicó a los levitas alrededor del tabernáculo para actuar como un amortiguador. Cualquiera fuera de la tribu de los levitas que intentaba ayudar a mover el tabernáculo era muerto (Números 1:51).

Números 3 y 4: La atención puesta en los levitas

¿Qué importancia tienen las instrucciones dadas a los levitas para los cristianos hoy en día?

La atención puesta en los levitas en Números 3 y 4, es en la teología de la mediación entre los humanos y el Dios santo. El acceso al Señor se logra únicamente por el medio establecido por Él. La tribu de Leví y la familia de Aarón, como sacerdotes, fueron

---

¿Cuál es el significado de la disposición del campamento? El lugar de la presencia de Dios —el tabernáculo, la oficina central en la tierra del Rey y Creador— debe ser mantenido en el centro del campamento, de la marcha, y por implicación, de su vida. Esto significaba que Dios debía estar en el centro de todas las acciones y pensamientos de Israel. Los levitas eran puestos alrededor del tabernáculo como amortiguadores para mantener alejados a aquellos que eran impuros para acercarse a la presencia de Dios y traer destrucción sobre sí mismos.

¿Qué importancia tienen las instrucciones dadas a los levitas para los cristianos hoy en día? La atención puesta en los levitas es en la teología de la mediación entre los humanos y el Dios santo. El acceso al Señor se logra únicamente por el medio establecido por Él. Su posición como mediadores preparó el camino para el Mediador final, Cristo. Los levitas representaban el mensaje de sustitución para llevar a cabo la redención a la comunión con Dios. Los levitas sirven como una lección objetiva para enseñarnos a apreciar el camino de Dios, el único camino, de salvación para una relación eterna con Él, el único Dios santo.

elegidos soberanamente por Dios para cumplir hasta el final este principio entre Israel. Su posición como mediadores preparó el camino para el Mediador final, Cristo. Los levitas, especialmente los sacerdotes, debían saber las instrucciones de Dios y dirigir a Israel en sus caminos, acercarse a Él con sacrificios y adoración en su presencia. Los levitas representaban el mensaje de la sustitución para llevar a cabo la redención a la comunión con Dios. Ellos estaban separados de las otras tribus y dedicados al servicio del Señor en lugar de los varones primogénitos perdonados por el ángel de Dios durante la pascua en Egipto. El varón primogénito pertenecía a Dios; Él era su herencia. Tanto el tabernáculo como los sacerdotes y los levitas ministrando en y alrededor de él eran lecciones objetivas que enseñaban al pueblo de Dios a apreciar su camino, el único camino, de salvación para una relación eterna con Él, el único Dios santo.

La santidad, la dedicación y la comunicación (Números 5-10:10)

Números 5-10:10 enseña al pueblo de Dios a responder apropiadamente a su presencia santa. Esto es logrado por medio de mostrar la actitud de Dios hacia el pecado y hacia la dedicación a sí mismo. Esta enseñanza está preparando a los israelitas para su viaje hacia la tierra prometida.

Números 5: La contaminación en el campamento

Explicar la santidad del campamento y la bendición del Señor (Números 5-6).

Números 5 abarca tipos específicos de contaminación en el campamento de Israel. La inmundicia tiene que ser tratada decididamente para que no entre en contacto con el Dios santo (véase capítulo 8 en Levítico 1-16). Están incluidos los actos de infidelidad que violan la relación y deshonran a Dios, tal como jurar falsamente en su nombre o cometer adulterio. Dios no permanecerá entre las personas que toman a la ligera la inmundicia y la infidelidad. Tal culpa tiene que ser tratada, y Dios ha provisto el camino (véase Levítico).

Números 6-8: La santidad y la dedicación

¿Cómo era el voto nazareo un recordatorio para todo el pueblo de Dios de que ellos debían tener una relación santa con Él?

Números 6 continúa la idea de la santidad y la dedicación por medio de dar instrucciones a hombres y mujeres deseosos de hacer el voto de un **nazareo**, un compromiso con el Señor de ser tan dedicado como un sacerdote por un periodo de tiempo establecido. Este tipo de compromiso era un recordatorio de que Dios llamaba a todas las personas a una relación sacerdotal y santa con Él. El capítulo concluye con la bendición sacerdotal para el pueblo. La bendición expresa el deseo de Dios de una relación con su pueblo en la que Él, como Rey, los acepta totalmente. Como resultado, ellos disfrutan paz, total bienestar. Esta oración muestra que Dios desea que el ministerio de los sacerdotes sea lo que facilite su bendición en las vidas de su pueblo. La aplicación de una maldición, por ejemplo sobre una esposa infiel, sería la excepción. Cuando Dios bendice a su pueblo, quiere decir que Él provee lo que es lo mejor para ellos y les capacita para llevar a cabo sus propósitos para ellos. Él les capacita para prosperar y disfrutar más de su bondad. Todos en el pueblo de Dios debieran ser agentes de bendición.

Resumir el significado de la dedicación del tabernáculo, del altar, y de los levitas (Números 7-8) y la celebración de la Pascua (Números 9:1-14).

El tema de la dedicación al Señor continúa en Números 7. El tabernáculo constituía el lugar para encontrarse con el Señor. Moisés va al tabernáculo para hablar con Dios. Él escucha la voz de Dios que viene de entre los querubines del arca del pacto (7:89). En la dedicación del tabernáculo, se presentan ofrendas para el funcionamiento del tabernáculo y del altar. El énfasis está en la respuesta del pueblo de dedicación a Dios que habla con ellos. Por medio de enumerar las ofrendas, el autor del libro de Números podría estar planteando el punto de que todos los líderes hicieron su parte y establecieron un ejemplo del dar ofrendas para el funcionamiento de la obra de Dios. Wenham (1981) dice que esta lista mostró que cada tribu estaba igualmente comprometida con el Señor y su lugar de adoración (92-93).

¿Qué era una ofrenda mecida y qué simbolizaba para los levitas?

¿Cómo era el voto nazareo un recordatorio para todo el pueblo de Dios de que ellos debían tener una relación santa con Él? El voto nazareo era un compromiso con el Señor de ser tan dedicado como un sacerdote por un período de tiempo establecido. Este tipo de compromiso era un recordatorio de que Dios llamaba a todas las personas a una relación sacerdotal y santa con Él.

¿Qué era una ofrenda mecida y qué simbolizaba para los levitas? Los levitas son dedicados como una ofrenda mecida al Señor. La ofrenda mecida es un sacrificio que celebra el cubrimiento de pecado, el perdón de Dios, la vida, y la restauración a una relación correcta con Dios. Dedicar a los levitas

Números 8 continúa con el tema de la dedicación. Aarón recibe las instrucciones para la ubicación de las lámparas en el lugar santo. Los levitas son dedicados como una ofrenda mecida al Señor. La **ofrenda mecida** es un sacrificio que celebra el cubrimiento de pecado, el perdón de Dios, la vida, y la restauración a una relación correcta con Dios. Dedicar a los levitas de esta manera apunta al deseo de Dios de revelarse a sí mismo a través de sus mediadores y permitir a su pueblo experimentar su presencia.

Números 9: La pascua

Números 9:1-14 reanuda las alusiones al éxodo referido en Números 8:17-19. Instruye al pueblo a conmemorar la primera Pascua y provee las instrucciones para las personas atrapadas en circunstancias excepcionales durante el tiempo de la celebración. La expresión de aprecio de los israelitas por su liberación de parte de Dios de la esclavitud y su ayuda duradera es importante para su relación actual con Él. El pueblo sigue cuidadosamente las instrucciones de Moisés para llevar a cabo la celebración. El versículo 5 dice que ellos "conforme a todas las cosas que mandó Jehová a Moisés, así hicieron". Debe buscarse un balance cuidadoso entre el legalismo en la apariencia de obediencia y licencia en la apariencia de flexibilidad. El libro de Números representa a Dios como razonablemente flexible. Al mismo tiempo, enseña que la obediencia cuidadosa puede ser un importante indicador de la profundidad de nuestro aprecio por la autoridad y provisión de Dios.

Indicar los principios de la comunicación de Dios con su pueblo (Números 9:15-10:10).

De la misma forma que la Pascua original precedió al éxodo de Egipto, así la práctica de Israel de la pascua un año más tarde, precede al comienzo del viaje desde Sinaí a la tierra prometida. En un patrón similar, las instrucciones para la segunda pascua concluyen con una descripción de la nube encima del tabernáculo (Números 9:15-23), de la forma como había sido para la primera pascua. (Éxodo 13).

Números 10: Las trompetas

¿Qué se usaba para comunicar la dirección de Dios a su pueblo cuando emprendieron el

---

de esta manera apunta al deseo de Dios de revelarse a sí mismo a través de sus mediadores y permitir a su pueblo experimentar su presencia.

camino hacia la tierra prometida?

Finalmente, en Números 10:1-10, antes de la salida en sí, el uso de trompetas fue introducido como otro medio para comunicar la dirección del Señor a Israel. El uso de las trompetas era común en el Antiguo Cercano Oriente, particularmente en Egipto. Diferente a los dioses de otros pueblos en la tierra, el Señor dirige personalmente a su pueblo. Él les dirige individual y colectivamente con los medios apropiados, tanto naturales y humanos como sobrenaturales. Su comunicación es clara y precisa. Él desea que su pueblo establezca un sistema de comunicación que permita una respuesta unificada a su dirección. La organización y la clara comunicación no son contrarias a la santidad, pero son parte de ser el pueblo santo de Dios.

Los israelitas finalmente se pusieron en marcha hacia la tierra prometida como Dios les instruyó a través de Moisés (10:13). Moisés invita a su suegro a ir con ellos, prometiendo buenas cosas para él debido a las promesas del Señor. Las oraciones de Moisés, al tiempo que Israel se puso en marcha, son sus expresiones de la dependencia de Israel en Dios de ir delante de ellos y defenderles.

Dios contesta los desafíos (Números 11)

Números 11 describe un gran precedente para la experiencia **pentecostal** prometida por Joel y cumplida en Hechos 2. Contiene grandes principios acerca de la intención de Dios para el liderazgo de su pueblo y la obra del Espíritu Santo en nosotros.

Enumerar las verdades enseñadas acerca del Espíritu Santo y de los líderes del pueblo de Dios en Números 11.

¿Qué función tuvo el Espíritu Santo al guiar al pueblo mientras viajaban a la tierra prometida?

¿Qué se usaba para comunicar la dirección de Dios a su pueblo cuando emprendieron el camino hacia la tierra prometida? Dios usó trompetas para comunicar su dirección a Israel. El uso de las trompetas era común en el Antiguo Cercano Oriente, particularmente en Egipto. Diferente a los dioses de otros pueblos en la tierra, el Señor dirige personalmente a su pueblo. Él les dirige individual y colectivamente con los medios apropiados, tanto naturales y humanos como sobrenaturales. Él desea que su pueblo establezca un sistema de comunicación que permita una respuesta unificada a su dirección. La organización y la clara comunicación no son contrarios a la santidad, pero parte de ser del pueblo santo de Dios.

¿Qué función tuvo el Espíritu Santo al guiar al pueblo mientras viajaban a la tierra prometida? Dios puso al Espíritu Santo, que estaba en Moisés, en los setenta ancianos que ayudarían a Moisés. El ministerio y la misión de Dios siempre son llevados a cabo por medio de su Espíritu Santo, no a través de nuestros recursos y habilidades. Cuando el Señor puso el Espíritu Santo en los setenta ancianos, un fenómeno profético fue evidente, así que el pueblo pudo ver que Dios les había

Números 11 es un contraste triste a la fe alegre expresada al final del capítulo 10. Los israelitas demostraron una falta de fe en respuesta a las privaciones y amenazas del viaje en el desierto. Estas son las primeras dificultades del viaje a la tierra prometida, donde finalmente el Salvador entraría al mundo. Su misión tenía un propósito eterno. Sin embargo, su murmuración y queja, registradas en los varios capítulos siguientes, lleva a que Dios consuma a algunos de ellos. Ansían otra comida fuera del maná que el Señor les provee. Moisés finalmente le dice a Dios que la carga del liderazgo es demasiado grande para soportarla. Dios responde por medio de distribuir el Espíritu Santo que está en Moisés (no mencionado antes de esto) a setenta ancianos que lo ayudarán. Dios también provee de codornices para que el pueblo coma. El mensaje enviado por medio de su provisión es animarles a confiar en su poder ilimitado para proveer para su pueblo, incluyendo a sus líderes.

El ministerio y la misión de Dios siempre son llevados a cabo por medio de su Espíritu Santo, no a través de nuestros recursos y habilidades (Zacarías 4:6). Tanto el pueblo como los líderes tienen que depender humildemente del Señor. Los líderes deberían ser como Moisés (11:29), no amenazados por otros que están siendo usados en el ministerio. En cambio, debieran buscar facilitarle a todo el pueblo de Dios que sean usados completamente como profetas por su Espíritu.

Números 11 anticipa el poder pentecostal para la misión de Dios. Cuando el Señor puso el Espíritu Santo en los setenta ancianos, un fenómeno profético fue evidente, así que el pueblo pudo ver que Dios les había escogido a ellos y que estaba obrando en sus vidas. La forma del verbo hebreo "profetizar" indica que la persona tuvo una experiencia observable y física, reconocida como el hablar proféticamente por medio del poder de Dios. Precisamente como empezaría a suceder para todos los creyentes en el Pentecostés (Hechos 2), los setenta ancianos demostraron públicamente una señal divina, que involucraba el habla, lo que mostraba que Dios les estaba dando poder en esta función del ministerio. Algunos eruditos, incluyendo a Wenham (1981), incluso han sugerido que esto básicamente fue la misma experiencia que el hablar en lenguas, referido a en los Hechos 2 (109).

La idea bíblica de ser profético era la comunicación que fluía de una comunión íntima con el Señor. Los profetas fueron privilegiados de tener contacto con Dios y de ser sus portavoces. La llegada del Espíritu Santo sobre una persona para el ministerio y la misión es una experiencia profética. Dios desea esto para todo su pueblo.

El Pentecostés es un movimiento de gente común, no elitista. Los líderes tienen que estar abiertos a la obra de Dios en formas que trascienden su orgullo y tradiciones rígidas.

---

escogido a ellos y que estaba obrando en su vida. Luego se les permitió a estos profetas ser los portavoces de Dios a través del poder del Espíritu Santo.

Cuando somos verdaderamente pentecostales, esperamos que Dios conceda poder a otras personas, no solamente a nosotros mismos, para cumplir su misión. La meta de Dios es que todo su pueblo participe en su obra en la tierra. Todos los que le reciben a Él tienen poder, en vez de unos pocos líderes con poder y dones. Números 11 indica hacia el Pentecostés como la respuesta de Dios a las tensiones en el ministerio.

Los celos, el temor y la ira (Números 12-20:13)

La primera mitad de la sección del viaje (Números 11) trata con desafíos internos entre el pueblo de Dios. Los israelitas viajan a Cades en el límite de la tierra prometida, y todos menos dos de los doce exploradores, o espías, deciden apartarse del mandamiento de Dios de tomar la tierra.

Números 12: El respeto de los dones de Dios

Describir la instrucción de no codiciar los dones de otro (Números 12)

¿Cuál fue el pecado de Miriam y cómo se encargó Moisés de él?

La hermana y el hermano de Moisés desafiaron su liderazgo. "Dios también habla a través nuestro", dijeron ellos, implicando que ellos no habían aprendido la lección que Moisés aprendió en el capítulo 11. El autor (tal vez Josué, aquí) se fija inmediatamente en la humildad profunda de Moisés. Dios defiende a Moisés como si fuera más grande que un profeta normal debido a la intimidad de su comunicación con Dios. Eso debiera haber causado que todos sintieran temor de hablar en contra de Moisés. Debieran haber respetado sus diferentes llamados y dones. La seriedad de esto es mostrada por la enfermedad a la piel, asociada con la muerte, contraída temporalmente por Miriam. Ella se convierte en una marginada, no es permitido que esté en la presencia de Dios hasta que sea limpiada. La actitud humilde de Moisés, de liderazgo pío, es mostrada en su intercesión por Miriam. El progreso del pueblo es retrasado siete días, debido al pecado de Miriam y de Aarón.

Números 13-14: La exploración de la tierra prometida

¿Cuál fue el pecado de Miriam y cómo se encargó Moisés de él? Miriam y Aarón desafiaron el liderazgo de Moisés, reclamando que Dios también hablaba a través de ellos. Ellos deberían haber respetado sus diferentes llamados y dones en vez de desafiar a Moisés. Miriam contrajo temporalmente una enfermedad de la piel asociada con la muerte, haciendo de ella una marginada. Moisés respondió en humildad y perdón cuando oró por Miriam para que fuera restaurada.

Bosquejar las lecciones acerca de contrarrestar el temor con fe, ante el rechazo de Israel de tomar la tierra (Números 13–14).

¿Cómo respondió el pueblo de Israel a los informes de los espías y cuál fue el resultado de esa respuesta?

Números 13–14 registra la exploración de la tierra prometida. Se presentan las percepciones opuestas de diez de los espías contra dos. Diez creen que tomar la tierra es imposible. Dos (Josué y Caleb) están listos para obedecer a Dios y entrar en la tierra. El pueblo comienza a murmurar en contra de Moisés. En temor, se rebelan en contra del Señor a pesar de la seguridad de Caleb de que Dios está con ellos. Por primera vez en el libro de Números, se menciona la aparición de la gloria del Señor. Dios habla a Moisés. Nuevamente Moisés intercede y Dios perdona al pueblo. Sin embargo, Él no permitirá que aquellos que lo probaron vean la tierra, y en cambio les permite experimentar la misma cosa que temían. Cuando el pueblo hace un intento atrevido de entrar en la tierra, son vencidos por los habitantes. Nuevamente, el mensaje es la necesidad de confiar en el Señor para hacer lo que es mejor y responder a sus mandamientos en fe y obediencia, incluso frente a obstáculos aparentemente insuperables. Las personas arrepentidas sinceramente ceden su propia voluntad para obedecer a Dios humilde y cuidadosamente.

Números 15–16: La obediencia y la rebelión

Señalar el valor de la sumisión y la devoción (Números 15)

¿De qué forma se encargó Dios de la resistencia descarada a sus mandamientos?

Ahora, el texto se mueve de narrar eventos a dar instrucciones, las que refuerzan las lecciones aprendidas de los eventos. Números 15 prescribe las ofrendas del grano y libación para que se ofrezcan con cada sacrificio. Adicionalmente al arrepentimiento y fe

---

¿Cómo respondió el pueblo de Israel a los informes de los espías y cuál fue el resultado de esa respuesta? Cuando los espías regresaron después de haber explorado la tierra de Canaán, el pueblo respondió con miedo y se rebelaron en contra de Dios. Dios perdonó al pueblo, pero no les iba a permitir entrar en la tierra prometida. Él permitió que experimentaran justo lo que temían. Cuando entraron en la tierra, los habitantes les derrotaron.

¿De qué forma se encargó Dios de la resistencia descarada a sus mandamientos? La ejecución de un violador del día de reposo muestra cuán seriamente considera Dios la resistencia y la desobediencia. El violador del día de reposo había escuchado la orden de honrar el pacto de Dios con Israel por medio de descansar en el día de reposo y eligió hacer caso omiso de esa práctica. Esto muestra claramente que aquellos que menosprecian la palabra de Dios son cortados de Dios y de su pueblo.

por perdón, la ofrenda de granos, como un tributo a su Rey benevolente, expresa sumisión y una dedicación de nuevo en obediencia. En contraste con el capítulo anterior, se hace la referencia simple: "Cuando hayáis entrado en la tierra de vuestra habitación que yo os doy" (15:2). El Señor aún tiene el propósito para ellos de entrar en la tierra prometida, a pesar de sus pecados. Como Wenham (1981) ha declarado intuitivamente, dar estas leyes en este tiempo afirma la promesa de Dios para ellos (127).

Números 15:22 continúa con las instrucciones para tratar con la desobediencia. Los sacrificios pueden ser realizados por el perdón de pecados no intencionados, pero no por "cualquiera que peque desafiantemente". Aquellos que menosprecian las palabras de Dios son cortados de su pueblo. Se registra un ejemplo del trato a la desobediencia. Dios les hace ejecutar a un quebrantador del día de reposo (Números 15:32-36). Esa persona debiera haber escuchado el mandamiento de honrar el pacto de Dios con Israel por medio de descansar el día de reposo. Él, por lo tanto, había cometido un pecado desafiante que resultó en pena de muerte. El capítulo termina con las instrucciones de usar franjas como recordatorios de obedecer los mandamientos de Dios. Las leyes ceremoniales a menudo eran disciplinas para enseñar al pueblo a evitar el pecado. Nosotros también necesitamos practicar tales disciplinas hoy en día.

Resumir la lección de la rebelión de Coré y las asignaciones de Dios para los sacerdotes y los levitas (Números 16-18).

Tristemente, surge otra rebelión guiada por Coré. Otra distorsión de las declaraciones del Señor es usada para desafiar el liderazgo de Moisés (Números 16). Tal como la distribución del ministerio profético (capítulo 11) fue mal aplicada (capítulo 12), la referencia a ser consagrados para Dios (15:40) es abusada (16:3). El Señor ejecuta un juicio sin precedentes sobre los rebeldes (16:30). El principio de la elección humana de separarse del pecado es demostrado cuando Dios permite al resto del pueblo que se separe de los rebeldes antes que caiga el juicio. A pesar de esto, el siguiente día el pueblo se quejó en contra de Moisés como si él hubiera matado personalmente a los rebeldes. Solamente la intercesión de Aarón impidió que Dios los destruyera. Este capítulo es un testimonio significativo de la necesidad de un mediador y de la misericordia de Dios. El pueblo de Dios también necesita aceptar la soberanía de Dios sobre los ministerios y los privilegios de los liderazgos y diferenciar entre su relación con Dios y su rol delegado entre su pueblo.

Números 17-18: La autoridad delegada

¿Cuál era el significado del papel de los sacerdotes en la relación de Dios con su pueblo?

¿Cuál era el significado del papel de los sacerdotes en la relación de Dios con su pueblo? El sacerdocio era considerado un don para la nación. Acercarse a la presencia santa de Dios era un asunto serio.

Números 17 insiste en la esperanza que el pueblo puede cambiar cuando Dios confirma el nombramiento de Aarón como sacerdote al hacer florecer su vara (17:5-10). Note que el juicio en el capítulo previo justificó a Moisés (16:28-30). El capítulo 18 clarifica las responsabilidades, los papeles y los privilegios de los sacerdotes y levitas "para que no venga más la ira sobre los hijos de Israel" (18:5). Se dice que los levitas son un don para los sacerdotes y el sacerdocio un don para la nación (18:6-7). La teología de la seriedad de acercarse a la presencia santa de Dios en el tabernáculo es central. Él tiene que ser tenido en el más alto honor. Sus representantes delegados —los sacerdotes y los levitas— desempeñaban un papel crítico en esto. Finalmente, todo espera a que Dios envíe a Cristo. No aceptar la autoridad humana delegada lo predispone a uno a rechazar la autoridad divina y finalmente a Cristo.

Números 19: La limpieza ceremonial

Explicar las lecciones acerca de tomar en serio la muerte y la santidad de Dios, y tratar la ira por medio de la fe (Números 19; 20:1-13)

La limpieza ceremonial, abarcada en Números 19, es el medio para no profanar las cosas santas del Señor y su tabernáculo. Tal contaminación resultaría en muerte para la parte culpable. Un sacrificio y un **ritual** de agua limpia al sacerdote que entra en contacto con un cuerpo muerto. La muerte causa la contaminación más grande. La pérdida de la vida humana es seria. La muerte es el resultado del pecado humano y es lo opuesto a la presencia de Dios. Dios viene a este mundo caído para redimir a las personas del pecado y la muerte, y a restaurarlas a su presencia. Los que lo rechazan a Él no pueden entrar en su santa presencia.

Números 20: Moisés deshonra a Dios

¿Qué provocó la ira de Moisés y por qué Dios le castigó por ello?

Números 20 registra las palabras imprudentes y enojadas de Moisés, un acto desobediente en respuesta al temor del pueblo de morir de sed. El pueblo una vez más,

---

Dios debía ser tenido en el más alto honor. Sus representantes delegados —los sacerdotes y los levitas— desempeñaban un papel crítico en esto. Las acciones de los sacerdotes apuntan hacia delante, al enviar Dios a Cristo. No aceptar la autoridad humana delegada lo predispone a uno a rechazar la autoridad divina y finalmente a Cristo.

¿Qué provocó la ira de Moisés y por qué Dios le castigó por ello? Moisés respondió al temor del pueblo de morir de sed con palabras precipitadas y furiosas. Él arremetió con golpes a la peña en su frustración, y desobedeció al Señor quien le había instruido para que solamente le hablara. El Señor dijo que Moisés no había confiado en Él lo suficiente como para santificarle delante del pueblo. Como resultado, no se le permitiría a él dirigirles en la entrada a la tierra prometida.

olvidando todo lo que Dios había hecho para librarlos, se está quejándo en contra de Moisés y de Aarón. Moisés permitió que su ira se saliera de control. Él arremetió con golpes a la peña, en su frustración, y desobedeció al Señor quien le había instruido para que solamente le hablara. El Señor dijo que Moisés no había confiado en Él lo suficiente como para santificarle delante del pueblo. Como resultado, no se le permitiría a él dirigirles en la entrada a la tierra prometida (20:12). Luego de este relato, la conexión entre la muerte y la pérdida del privilegio debido a la desobediencia es enfatizada por la muerte de Aarón (20:24). El pueblo de Dios en todas las épocas, igual que Israel y Moisés, necesita responder en fe y en el Espíritu Santo a los desafíos que enfrenta.

Preparativos para la ocupación (Números 20:14-36:13)

Aquí podemos dividir a Números, porque el relato de las dificultades del viaje parece cambiar de oposición interna a ataques y amenazas externas. La confrontación con Edom también es el comienzo para moverse y entrar a la tierra. El capítulo 26 hace un giro importante en el libro con el nacimiento de una nueva generación del pueblo de Dios, lista para realizar un nuevo intento de entrar en la tierra prometida.

Antes que usted comience a trabajar en estas lecciones, lea estos capítulos en su Biblia: Números 20:14-36:13.

Lección 11.1 Se enfrenta la oposición a la manera de Dios (Números 20:14-25:18; 31)

Objetivo

11.1.1 Indicar los principios para evitar conflictos innecesarios (Números 20:14-21), poniendo la atención en Dios, y la dependencia en su provisión (Números 21).

11.1.2 Explicar la historia de Balaam y la lección de agradecer a Dios por la protección de ataques espirituales desconocidos (Números 22-24).

11.1.3 Resumir la lección sobre cómo resistir la tentación (Números 25).

11.1.4 Indicar la lección del trato decidido con los enemigos de Dios (Números 31).

Lección 11.2 Preparativos para heredar (Números 26-36)

Objetivo

11.2.1 Identificar los principios enseñados por el segundo censo (Números 26).

11.2.2 Señalar los principios de las ofrendas (Números 28-29) y de los votos (Números 30).

11.2.3 Resumir las lecciones tácitas del viaje y la ocupación de la tierra (Números 32-35).

11.2.4 Explicar el significado de la historia de las hijas de Zelofehad (Números 27 y 36).

La Torah (El Pentateuco)

Se enfrenta la oposición a la manera de Dios (Números 20:14–25:18; 31)

Las dificultades de la segunda mitad del viaje de Israel a la tierra prometida involucran oposición externa. En Números 31, el Señor envía a Israel a atacar a los madianitas; esa historia es el material de esta lección.

Números 20–21: El conflicto con Edom

Indicar los principios para evitar conflictos innecesarios (Números 20:14–21), poniendo la atención en Dios, y la dependencia en su provisión (Números 21).

Números 20:14–21 cuenta cómo Israel evitó el conflicto con Edom. Primero, ellos ofrecieron una propuesta pacífica. Al ser rechazada, Israel viajó alrededor de Edom. Hacer lo que es correcto no siempre deriva en resultados recíprocos y positivos. Un episodio breve y positivo ocurre en Números 21:1–3. Israel juró que si Dios les daba la victoria sobre el rey de Arad (una ciudad cananea del sur), ellos dedicarían el botín de la victoria a Él. Dios les dio la victoria e Israel cumplió la promesa.

Números 21: Las quejas, la sanidad y la victoria

¿Cuál es la conexión entre la serpiente de bronce sobre un asta en Números y la crucifixión de Cristo?

A pesar de la victoria sobre Arad, surgieron más quejas en contra de Moisés sobre la comida y el agua (21:4–9), y el Señor envió serpientes venenosas entre el pueblo. Moisés intercedió al requerimiento arrepentido del pueblo, y el Señor permitió vivir a cada uno que mirase con fe a una serpiente de bronce, o de cobre sobre un asta. (El bronce es una aleación de cobre con estaño y es mucho más fuerte que cualquiera sola). Este último ejemplo de la rebelión de Israel demuestra el continuo olvido de la naturaleza humana de las provisiones misericordiosas de Dios. También enseña que la solución a la rebelión

---

¿Cuál es la conexión entre la serpiente de bronce sobre un asta en Números y la crucifixión de Cristo? Cuando los israelitas se quejaron una vez más, Dios envió serpientes venenosas entre el pueblo. Moisés intercedió al requerimiento arrepentido del pueblo, y el Señor permitió vivir a cada uno que mirase con fe a una serpiente de bronce, o de cobre sobre un asta. Jesús usó la imagen de la serpiente sobre un asta para describir la fe en su crucifixión. De la misma forma como las personas eran sanadas al mirar la serpiente, los que creen en su obra en la cruz reciben vida de resurrección.

comienza con el arrepentimiento. Cada individuo tiene que reconocer el castigo justo del Señor del pecado y su provisión de perdón. Él usa una inversión del instrumento de juicio para convertir la muerte en vida. Jesús usó la imagen de la serpiente sobre un asta para describir la fe en su crucifixión (Juan 3:14-15). De la misma forma como las personas eran sanadas por medio de mirar la serpiente, los que creen en su obra en la cruz reciben vida de resurrección.

El viaje de Israel continúa hacia Moab (Números 21:10-35). La historia incluye la enumeración de varios campamentos y menciona el regocijo cuando el Señor provee de agua, un contraste con la sección previa. Luego, se enfrentaron a Sehón, rey de los amorreos, y a Og, rey de Basán, ambos negaron la pasada a través de sus países. Pero, diferente a Edom anteriormente, los reyes atacaron y fueron vencidos por los israelitas, que tomaron sus tierras. Dios bendijo la fe de Israel. (Estos grupos de personas vivían al este del Jordán o del Mar Muerto.)

Números 22-25: La historia de Balaam

Explicar la historia de Balaam y la lección de agradecer a Dios por la protección de ataques espirituales desconocidos (Números 22-24).

¿Cuál es la ironía de la historia de Balaam?

En respuesta a estas victorias y en temor del poder de Israel, Balac, rey de Moab, contrató a **Balaam** para maldecir a Israel (Números 22-24). A través del ángel del Señor y el burro de Balaam, Dios ordenó a Balaam que hablara solamente lo que Él le decía. Hablar solamente la palabra de Dios es un tema fuerte en Números. La *profecía*, en la Biblia, se refiere a cuando Dios usa a alguien para decir su mensaje. Los mensajes del Señor, en estos siete oráculos a través de Balaam, describen sus bendiciones sobre Israel. Culminan con un gobernante venidero de Israel que aplastaría a Moab y a Edom (finalmente Cristo, 24:17-19). Además, había oráculos breves de juicio sobre otras naciones, implicando que Dios castigaría a todos los que se opusieran a su pueblo. Dios protege a su pueblo de ataques de los cuales no sabe nada. Nadie puede usar poder

---

¿Cuál es la ironía de la historia de Balaam? Cuando el rey de Balac ordenó a Balaam maldecir a Israel, Dios intervino y ordenó a Balaam que en vez de eso diera una bendición a los israelitas. La ironía del relato es que a pesar de que Balaam había sido incapaz de maldecir a Israel, Israel provocó la maldición de Dios sobre ellos mismos. Balaam envió prostitutas religiosas a los israelitas. Los israelitas cedieron a la tentación de las prostitutas moabitas. Su pecado incluyó no solamente adulterio físico, sino que también adulterio espiritual: se unieron a las moabitas en la adoración de Baal-peor. Esto resultó en que la ira de Dios cayó sobre Israel.

espiritual para dañar o impedir al pueblo de Dios, a menos que Dios lo permita. Nosotros tenemos que ser fervientes en cuanto a la fidelidad y por el honor al Señor.

La conclusión de la historia es irónica (capítulo 25). Aunque Balaam no había sido capaz de maldecir a Israel, Israel provocó la maldición de Dios sobre ellos mismos. Balaam se las había arreglado para cumplir con su contrato y obtener el pago por medio de sugerir que el rey Balac enviara prostitutas religiosas a los israelitas, a un lugar llamado Peor (Números 31:16). El rey siguió el consejo, y los israelitas se rindieron ante la tentación de las prostitutas moabitas. Su pecado incluyó no solamente adulterio físico, sino que también adulterio espiritual: se unieron a las moabitas en la adoración de Baal-peor. Esto resultó en que la ira de Dios cayó sobre Israel. Veinticuatro mil personas murieron ante el ferviente acto de Finees (nieto de Aarón el sacerdote) que terminó con la plaga. Su acto recto para el honor de Dios fue recompensado con un pacto confirmando el sacerdocio para sus descendientes.

Resumir la lección sobre cómo resistir la tentación (Números 25).

Los israelitas habían alcanzado victorias pero probablemente estaban cansados. Es fácil para cualquiera en estado de desánimo, bajar la guardia ante la tentación. Tenemos que aprender de tales ejemplos para ser muy cuidadosos y estar en guardia cuando estamos cansados, especialmente después de una victoria. En tales ocasiones, estamos en lo máximo de nuestra vulnerabilidad.

Números 31: Madián juzgado

Indicar la lección del trato decidido con los enemigos de Dios (Números 31).

Números 31 describe el juicio del Señor sobre los madianitas (un pueblo que vivía al este del Golfo de Aqaba, en Números 22 y 31 y asociado con los moabitas) y sobre Balaam, por la seducción de Israel. Dios tratará con los enemigos que buscan engañar a su pueblo mediante la idolatría y la infidelidad. Él también usa a su pueblo para ejecutar juicio sobre sus enemigos. Algunas guerras en el Antiguo Testamento eran la pena capital de Dios sobre las naciones homicidas. Sin embargo, Números 31:19–34 indica que Dios desea que nos demos cuenta de la seriedad en cuanto a quitar vida humana. El capítulo también da instrucciones para la división justa de los botines de la victoria de la guerra, incluyendo dar al ministerio del tabernáculo en aprecio al Señor por la victoria.

Preparativos para heredar (Números 26-36)

Números concluye con la nueva generación de israelitas que está a punto de entrar en la tierra prometida para cumplir con el plan de Dios. Junta dos principios relevantes para todo el pueblo de Dios moviéndose hacia el cumplimiento del plan de Dios para sus ministerios.

Números 26: El segundo censo

Identificar los principios enseñados por el segundo censo (Números 26).

Números 26 registra los preparativos finales para tomar la tierra. Los hombres que sirven en el ejército son contados nuevamente. El autor indica que de todos los hombres incluidos en el primer censo —al principio del viaje— solamente quedan Caleb y Josué. Esto cumple la palabra del Señor. La primera generación se rebeló y no se les permitió entrar en la tierra.

¿Qué nos enseña el segundo censo de Israel acerca de Dios?

Los dos censos de los hombres guerreros de Israel proveen un tipo de referencia para el libro. Sugiere la fidelidad de Dios a su promesa de tener un pueblo, e incluso tener a individuos por responsables de su respuesta de fe y de obediencia. Esto implica que una teología de nuevos comienzos es posible en la gracia y en el poder renovador de Dios. Dennis Olson (1985) va tan lejos que declara: "Esta estructura extensa de las dos listas de los censos en Números provee el tema de unión para el libro en su forma presente: 'la muerte de lo viejo y el nacimiento de lo nuevo' " (83). En las listas, ciertos recordatorios históricos son realizados, aparentemente para actuar como advertencias para la nueva generación. No deben rebelarse en contra del Señor como lo hizo la generación previa. Esa generación murió en el desierto. La nueva generación es instruida a asignar la tierra proporcionalmente a los tamaños de sus clanes tribales. Los levitas son anotados separadamente, porque ellos no recibirán herencia de tierra. De esta manera, el pueblo de Dios debería tomar seria y agradecidamente sus oportunidades en su misión.

Números 28-30: Las ofrendas y los votos

¿Qué nos enseña el segundo censo de Israel acerca de Dios? El segundo censo sugiere la fidelidad de Dios a su promesa de tener un pueblo, e incluso tener a individuos por responsables de su respuesta de fe y de obediencia. Esto implica que una teología de nuevos comienzos es posible en la gracia y en el poder renovador de Dios.

Señalar los principios de las ofrendas (Números 28-29) y de los votos (Números 30).

Números 28-29 contiene las instrucciones para las ofrendas que deben realizarse en ocasiones establecidas: diariamente (mañana y tarde) en el día de reposo; en el primero del mes; y en las diversas fiestas, culminando en sacrificios extensos durante la fiesta de los Tabernáculos. De estas instrucciones ceremoniales, el pueblo de Dios necesita aprender el valor de practicar las disciplinas espirituales que lo mantienen a uno concentrado en el don de salvación de Dios (finalmente Cristo). Esto ayudaría a la nueva generación del pueblo de Dios a permanecer fiel bajo el liderazgo de Josué. Estas obligaciones plantearon la necesidad de instrucciones acerca de los votos al Señor, particularmente la autoridad de un padre o de un esposo sobre los votos de una mujer en esa cultura (capítulo 30). Estas instrucciones mantenían a las personas responsables de sus compromisos con Dios, con consideración por la familia y su testimonio unido. (Note que el capítulo 31 fue abarcado en la lección previa).

Números 32-35: Heredando la tierra

Resumir las lecciones tácitas del viaje y la ocupación de la tierra (Números 32-35).

¿Qué lección acerca del ministerio podemos aprender de la división de la tierra entre las tribus?

Habiéndose deshecho de las naciones más allá del río Jordán, unas pocas tribus desearon permanecer en el área y usar la abundancia de tierra de pasto para sus rebaños (capítulo 32). Se requirió que ayudaran a las otras tribus a tomar la tierra prometida antes de establecerse. Aprendemos del relato del establecimiento de las tribus al este del Jordán, que necesitamos respetarnos y apreciarnos unos a otros y nuestros ministerios. Necesitamos ayudar a que cada miembro tenga el lugar de ministerio que Dios piensa para ellos, sin compararlo con el nuestro.

Luego, tenemos que recordar los viajes que nos han llevado donde estamos ahora con el Señor. Son una fuente de advertencia y de ánimo (repaso del viaje, 33:1-49). Números 33 concluye con un desafío de echar fuera a los cananeos habitantes de la tierra y a destruir sus ídolos. Fallar en hacerlo traería sobre Israel el juicio que Dios planificaba para los cananeos. Tenemos que tomar en serio las fuentes de la tentación.

El tema en cuanto a entrar en la tierra llama a una descripción de los límites de la tierra asignada a cada tribu y la asignación de ciudades y pastizales a los levitas (34-35:5).

¿Qué lección acerca del ministerio podemos aprender de la división de la tierra entre las tribus? De la distribución de la tierra como la herencia de cada familia, aprendemos a seguir el plan de Dios para el lugar de ministerio de cada miembro.

De la distribución de la tierra como la herencia para cada familia, aprendemos a seguir el plan de Dios para el lugar de ministerio de cada miembro.

Luego, está el establecimiento de las ciudades de refugio y la explicación de cómo debieran tratarse los casos de **homicidio** para evitar contaminar la tierra (35:6–34). Esto trae, una vez más a primera plana, el importante tema de vivir en relación con la santa presencia de Dios. Aquí, involucra establecer procedimientos para tratar asuntos serios entre las personas, particularmente la culpa de haber quitado la vida humana. El pueblo de Dios tiene que respetar toda vida humana y establecer sistemas para mantener la justicia.

Si es que vamos a ocupar el campo de misión que Dios tiene para nosotros, necesitamos aprender a tratar los problemas al modo de Dios. Tenemos que aplicar cuidadosamente la justicia, el respeto por la vida, y el respeto por la santa presencia de Dios. Debe notarse que Números 35:31 dice que los israelitas no debían aceptar rescate, queriendo decir un pago en sustitución por la vida de un asesino. Un asesino no debía escapar la pena de muerte.

Números 36: Las hijas heredan

Explicar el significado de la historia de las hijas de Zelofehad (Números 27 y 36)

¿Cómo muestra la historia de las hijas de Zelofehad la preocupación de Dios por los individuos?

Números 36 (al igual que 27) se dirige a la familia de Zelofehad de Manasés, que tiene hijas pero ningún hijo (26:33). Las hijas expresan valientemente su preocupación a los líderes, para que la herencia de su familia no fuera entregada a otras familias ya que no había hijos para heredar. Dios usó la ocasión para modificar la tradición previa y permitir que las hijas heredaran tierra cuando no había hermanos. Se les instruyó para que contrajeran matrimonio solamente con alguien de su clan, para que la heredad permaneciera en su tribu. Dios se preocupa de la necesidad y del lugar de cada persona en su reino. El principio, de acuerdo al versículo 9, es que "cada una de las tribus de los hijos de Israel estará ligada a su heredad". Esto acentúa la importancia de la soberanía del Señor sobre la asignación de las herencias en la tierra que Él prometió para que su pueblo

---

¿Cómo muestra la historia de las hijas de Zelofehad la preocupación de Dios por los individuos? Ya que Zelofehad no tenía hijos hombres, no había ninguno para heredar su porción de la tierra. Sus hijas expresaron preocupación a los líderes, para que la herencia de su familia no fuera entregada a otras familias ya que no había hijos para heredar. Dios usó la ocasión para modificar la tradición previa y permitir que las hijas heredaran tierra cuando no había hermanos. Esto muestra la preocupación de Dios por los individuos, tanto varones como mujeres, y su regocijo en todo lo que Él piensa para las personas.

ocupara, para cumplir su propósito en el mundo. Para Israel, la tierra funcionaba como el lugar del ministerio y bendición del Señor. Era el campo misionero al que Él les llamó. Esta historia muestra la preocupación de Dios por los individuos, tanto varones como mujeres, y su regocijo en todo lo que Él piensa para las personas. Esto provee un final apropiado para el libro de Números. La nueva generación de israelitas está en el borde de la entrada a la tierra prometida. Esa entrada marca el cumplimiento de lo que el libro ha estado esperando y para lo que todas las instrucciones les han preparado.

Josué comisionado (Números 27)

La sucesión en la tierra, en Números 27, llevó al tema del sucesor de Moisés. Josué fue comisionado como lo ordenó el Señor. La obediencia a las determinaciones del Señor en cuanto a la tierra y liderazgo es importante. Cada uno de los del pueblo de Dios tiene un lugar, una herencia y un ministerio en Cristo. Necesitamos escucharnos unos a otros, organizarnos para transiciones suaves de liderazgo, y valorar el llamado y lugar de cada persona en la obra de Dios.

Números resumido

¿Cuáles tres cosas aprendió el pueblo de Israel a hacer de sus experiencias y de lo que Dios les habló durante su viaje después del éxodo?

El libro de Números registra el viaje de Israel, después del éxodo y su establecimiento como la nación del pacto de Dios, a través del desierto hasta la tierra prometida, su campo misionero. Fueron dirigidos por el Señor que estaba presente en medio de ellos y les hablaba, principalmente a través de Moisés. Por medio de sus experiencias y la palabra de Dios para ellos, aprendieron a:

(1) Vivir en armonía con la santa presencia de Dios entre ellos.
(2) Responder a dificultades y amenazas con fe y obediencia en vez de temor y rebelión.
(3) Prepararse para ocupar la tierra prometida.

¿Cuáles tres cosas aprendió el pueblo de Israel a hacer de sus experiencias y de lo que Dios les habló durante su viaje después del éxodo? A través de sus experiencias y a través de Dios hablándoles, el pueblo aprendió a
1. vivir en armonía con la santa presencia de Dios entre ellos.
2. responder a dificultades y amenazas con fe y obediencia en vez de temor y rebelión.
3. prepararse para ocupar la tierra prometida.

Estos aspectos del viaje de Israel circundan la mayoría de los temas teológicos y principios del libro de Números. La centralidad de la presencia de Dios en medio de Israel, y por lo tanto en sus vidas, es un tema importante. Ningún otro pueblo vivió en la presencia del Creador y Rey. Para que esta realidad continuara siendo la experiencia de Israel, Dios dio muchas instrucciones para vivir vidas santas y acercarse al lugar de su presencia a su manera. Esto requería que nombrara mediadores de adoración para que funcionaran en su presencia. Lo inmundo tenía que ser mantenido fuera de su presencia o el resultado sería la muerte. Las respuestas a Él o a las situaciones tenían que reflejar su carácter y honrarle a Él como santo. Nuevamente se acentúa una obediencia cuidadosa a sus métodos, como un indicador de respeto apropiado por lo que Él es y lo que Él ha provisto. Los pecados debían ser tratados justamente, de tal modo que los pecadores experimentaran lo que habían hecho a otros. Los castigos debían estar en concordancia con el crimen. Las personas tienen un problema serio de pecado con el que deben tratar si es que la relación con Dios ha de continuar. Pero la misericordia de Dios es más grande, si una persona se arrepiente. La actitud es importante para Dios. Las personas tienen que apreciar quien es Él, su santidad y la oportunidad de comunión que Él provee.

El viaje en el desierto demuestra la importancia de obedecer la voz de Dios, lo que incluye respeto por el liderazgo de sus representantes delegados. Como Él, ellos debían mostrar compasión por las personas por medio de escuchar sus necesidades y mostrar una apropiada flexibilidad.

¿Por qué es el término carismático una descripción apropiada del pueblo de Dios retratada en Números?

El libro de Números evita los extremos del legalismo y la licencia, la autocracia y la democracia pura, y la solidaridad total y el individualismo puro. Una interacción definida toma lugar entre Dios y las personas para cumplir sus propósitos y tomar decisiones. Dios habla y dirige en una variedad de maneras, siempre claramente, y esperando una respuesta positiva. Con las cualidades mencionadas anteriormente, especialmente el énfasis en la voz de Dios, los fenómenos milagrosos, y el deseo de Moisés que todos tuvieran el poder del Espíritu, yo sugiero que el término *carismático* es una descripción

---

¿Por qué es el término carismático una descripción apropiada del pueblo de Dios retratada en Números? El pueblo de Dios puede ser descrito como carismático porque había una interacción definida entre Dios y las personas para cumplir sus propósitos y tomar decisiones. Dios habla y dirige en una variedad de maneras, siempre claramente, y esperando una respuesta positiva. Otras cualidades carismáticas están presentes en Números: el énfasis en la voz de Dios, los fenómenos milagrosos, y el deseo de Moisés que todos tuvieran el poder del Espíritu.

apropiada del pueblo de Dios retratado en Números, aunque ellos no estuvieron a la altura de su potencial.

Las respuestas de las personas en el viaje muestran egoísmo e incredulidad. Sus respuestas a las dificultades o amenazas fueron temor y rebeldía en contra de las autoridades delegadas. Codiciar la autoridad de otro es una tentación mayor. El modelo consistente y positivo de liderazgo enfatiza la humildad y la intercesión por las personas. Dios y sus líderes no se dan por vencidos, aunque muchas personas sean juzgadas por el pecado.

El Señor afirma su promesa de que su pueblo ocupará la tierra prometida y llevará a cabo su propósito en el mundo. Las respuestas de cada individuo determinan si él o ella serán una parte del cumplimiento del plan de Dios. Dios desea hacer bien a las personas y bendecirlas. Él es el Dios de gracia y de nuevos comienzos. Él tiene una herencia para cada familia y todos debieran valorar esto y ayudarse mutuamente para disfrutarlo. Si su pueblo es fiel y escucha, Él les dirige a victoria sobre sus enemigos y a su lugar en la tierra, su campo de misión para ellos.

La Torah (El Pentateuco)

UNIDAD 5: Deuteronomio

El discurso de despedida de Moisés: Renovación de la relación del pacto de Dios con Israel

Deuteronomio, el quinto y último libro del Pentateuco, recibió su nombre de la palabra griega para "segunda ley", una traducción de 17:18 lo que debería haber sido "una copia de esta ley". El título hebreo es de las primeras palabras, "Estas son las palabras", que, según lo que Christopher Wright (1996) dice, "señala más apropiadamente al carácter profético del libro, ya que tanto las palabras de Moisés como las palabras de Dios, deben ser escuchadas, atendidas y obedecidas en cada generación... [y] a la similitud entre Deuteronomio y los documentos de tratados en el Antiguo Cercano Oriente, que a menudo empezaban de la misma forma" (1). A lo largo de su comentario, Wright muestra los principios del pacto de Dios con Israel y su relevancia para los cristianos. Él, más que cualquier otro erudito, enfatiza el propósito misionero del libro.

Deuteronomio identifica claramente su escenario como las llanuras de Moab, al otro lado del Jordán desde la tierra prometida. Israel está a punto de cumplir el plan de Dios para ocupar la tierra después de cuarenta años en el desierto. El libro contiene el discurso de despedida de Moisés a Israel en un formato de pacto. El Señor no le permitió a él guiarles a la tierra por su desobediencia en Meriba.

Los eruditos, desde el tiempo de la Ilustración, han cuestionado la autoría mosaica por varias razones subjetivas, incluyendo una resistencia a aceptar la idea de inspiración divina. Ellos propusieron la idea que fue escrito en los días de Josías y ubicado en el templo para ser "encontrado" durante ese avivamiento. Sin embargo, hay buenas respuestas disponibles que contrarrestan tales ideas. Por ejemplo, Deuteronomio se compara estrechamente con los tratados internacionales del tiempo de Moisés y con las colecciones de leyes de unos pocos cientos de años anteriores (Wenham 1985a, 15–20; Wenham 1985b, 15–18). No existe ninguna evidencia para desacreditar la autoría de Moisés de Deuteronomio. Reconocer que este libro es Escritura inspirada no depende de si sabemos con certeza por medio de qué manos ha llegado a nosotros.

Capítulo 12   Las perspectivas del pacto y los mandamientos 1–4 (Deuteronomio 1–16:17)

Lecciones

12.1   La historia y los principios de las relaciones de pacto (Deuteronomio 1–11)

12.2   Aplicando los mandamientos 1–4 (Deuteronomio 12–16:17)

Capítulo 13   Los mandamientos 5–10 (Deuteronomio 16:18–34:12) y la conclusión

Lecciones

13.1   Aplicando los mandamientos 5–6 (Deuteronomio 16:18–21:23)

13.2   Aplicando los mandamientos 7–10 (Deuteronomio 22–26)

13.3   La responsabilidad (Deuteronomio 27–30) y el futuro (Deuteronomio 31–34).

Las perspectivas del pacto y los mandamientos 1–4 (Deuteronomio 1–16:17)

El libro de Deuteronomio sigue la estructura de un tratado internacional del Antiguo Cercano Oriente, como se discutirá en la primera lección. Como tal, primero da un prólogo histórico (1–3), luego las exhortaciones generales y las estipulaciones básicas (4–11). El centro del libro es la sección de las estipulaciones detalladas (capítulos 12–26). Con el fin de dividir Deuteronomio en dos capítulos para el estudio, la colección de leyes discutidas en este capítulo se extenderá a lo largo de 16:17. Debido al enfoque en la relación de pacto entre Israel y el Señor, los principios de Deuteronomio pueden ser aplicados directamente a relaciones en general y a la relación de cada persona con Dios.

Antes de comenzar a trabajar en estas lecciones, lea estos capítulos en su Biblia: Deuteronomio 1–16:17.

Lección 12.1   La historia y los principios de las relaciones de pacto (Deuteronomio 1–11)

Objetivos

12.1.1   *Comparar Deuteronomio con pactos del Antiguo Cercano Oriente.*

12.1.2   *Enumerar las verdades teológicas que Dios enseñó a través del uso de la forma tratado o pacto en Deuteronomio y en el Pentateuco en general.*

12.1.3   *Describir de qué manera se podría fortalecer el compromiso de Israel con su ley al revisar la relación pasada de Dios con ellos (Deuteronomio 1–4).*

12.1.4   *Analizar la reafirmación de los Diez Mandamientos en Deuteronomio 5.*

12.1.5   *Identificar las exhortaciones a una devoción total al enfrentar la tentación (Deuteronomio 6–8).*

12.1.6   *Resumir el llamado a permanecer humilde y las expectativas concluyentes (Deuteronomio 9–11).*

Lección 12.2 Aplicando los mandamientos 1-4 (Deuteronomio 12-16:17)

Objetivos

12.2.1 *Explicar las leyes relacionadas a los mandamientos 1 y 2 en cuanto a buscar y a servir al Señor (Deuteronomio 12:1-13:18).*

12.2.2 *Clarificar las leyes relacionadas a los mandamientos 3 y 4 que enfatizan vivir como hijos de Dios (Deuteronomio 14:1-16:17).*

La historia y los principios de las relaciones de pacto (Deuteronomio 1-11)

Deuteronomio 1-11 introduce el pacto con cierto trasfondo, exhortaciones generales y estipulaciones básicas. Es útil ver el trasfondo del Antiguo Cercano Oriente del pacto que Dios estableció con Israel en Sinaí. Es aún más beneficioso darse cuenta que los principios de la relación de pacto son importantes para todas las relaciones, especialmente la relación de los cristianos con Dios.

Deuteronomio y los pactos antiguos

Comparar Deuteronomio con pactos del Antiguo Cercano Oriente.

¿Cómo se compara Deuteronomio con los pactos del Antiguo Cercano riente?

Se han descubierto varios antiguos tratados internacionales o pactos en el Cercano Oriente que tienen mucho en común con el material de pacto del Pentateuco. De hecho, la estructura de aquellos, que datan de alrededor del tiempo de Moisés, se comparan mejor, especialmente a Deuteronomio. En particular están aquellos entre los reyes feudales hititas y sus reyes vasallos (Kitchen 1978, 79-85). El bosquejo de estos es lo siguiente, comparado de lado a lado con las secciones correspondientes de Deuteronomio.

¿Cómo se compara Deuteronomio con los pactos del Antiguo Cercano riente? Se han descubierto varios tratados internacionales o pactos en el Cercano Oriente que tienen mucho en común con el material de pacto del Pentateuco. De hecho, la estructura de aquellos, que datan alrededor del tiempo de Moisés, se comparan mejor, especialmente a Deuteronomio. Los pactos incluyen lo siguiente: (1) título o preámbulo, (2) prólogo histórico, 3) las estipulaciones básicas y las estipulaciones detalladas, (4) el depósito del texto y la lectura regular del tratado, (5) los testigos y (6) las maldiciones y las bendiciones. El pacto de Sinaí invierte el orden de las maldiciones y las bendiciones de los tratados antiguos, pero sigue el orden de antiguas colecciones de leyes.

Tratados hititas/Pactos	Deuteronomio
(1) Título/Preámbulo	Deuteronomio 1:1-5
(2) Prólogo histórico	Deuteronomio 1:6-3:29
(3) Las estipulaciones básicas y las estipulaciones detalladas	Deuteronomio 4-11 Deuteronomio 12-26
(4) El depósito del texto y la lectura regular del tratado	Deuteronomio 31:9, 24-26 Deuteronomio 31:10-13
(5) Los testigos	Deuteronomio 31:16-30; 32:1-47 (También véase Deuteronomio 30:19)
(6) Las maldiciones y las bendiciones	Deuteronomio 28:15-68 Deuteronomio 28:1-14

Note que el pacto de Sinaí invierte el orden de las maldiciones y las bendiciones de tratados antiguos, pero sigue el orden de antiguas colecciones de leyes.

Bosquejo de Deuteronomio

Enumerar las verdades teológicas que Dios enseñó a través del uso de la forma tratado o pacto en Deuteronomio y en el Pentateuco en general.

A continuación hay un bosquejo amplio para enseñanza relevante de Deuteronomio en términos de una relación de pacto (específica y seriamente comprometida) con Dios, así como las relaciones con otras personas, especialmente en el matrimonio o en una iglesia local.

I. Conservar la historia de la relación en perspectiva y aprender de ella. Deuteronomio 1-3

II. Tener en mente los valores y las prioridades acordadas, ser comprometido; tener el tipo de amor de Dios. Deuteronomio 4-11

III. Aplicar los valores y las prioridades a las decisiones diarias. Vivir hasta el final las responsabilidades y los roles acordados. Deuteronomio 12-26

IV. Ser responsable el uno hacia el otro, en amor, y darse cuenta de la seriedad de las elecciones personales. Deuteronomio 27-30

La Torah (El Pentateuco)

V. Tomar precauciones en cuanto a la intención de Dios del futuro de la relación, por las transiciones, y por la muerte. Deuteronomio 31–34
  1. El Señor es nuestro gran Rey, Señor, Salvador, Juez, Proveedor y Protector.
  2. Dios es soberano pero personal, amoroso y benevolente.
  3. El pacto de Sinaí no era solamente un contrato o un tratado, sino una relación personal de Dios con cada individuo así como con todo el pueblo de Dios. Dios aún provee una relación personal con Él hoy en día a través del nuevo pacto en Cristo.
  4. El pacto garantiza y especifica las promesas de Dios que son resumidas en el privilegio de ser su pueblo.
  5. Los beneficios de la relación comienzan con la provisión para las necesidades, la protección y la seguridad.
  6. La relación que Dios ofrece involucra compromiso mutuo.
  7. La relación de Dios con su pueblo tiene expectativas, obligaciones y responsabilidades claras, resumidas en obediencia y respeto por amor a Él.
  8. La relación de Dios exige responsabilidad con las consecuencias apropiadas de nuestras acciones.
  9. Único para el contenido de la Biblia del pacto son las provisiones para reconciliar a aquellos que han violado el pacto.
  10. El Señor revela, enseña e ilustra los principios y los valores de su carácter en las leyes del pacto. Los principios más importantes son los siguientes:

¿Cuáles son los principios más importantes que el Señor revela acerca de su carácter y de la ley del pacto?

- El amor que hace lo que es mejor para el otro y es totalmente leal.
- Una relación íntima y personal; la vida humana valorada por encima de todo lo demás.
- El respeto por la dignidad de cada individuo y preocupación por el vulnerable.
- La protección de la familia; la verdad, la justicia y la equidad en todas las interacciones.

¿Cuáles son los principios más importantes que el Señor revela acerca de su carácter y de la ley del pacto? • El amor que hace lo que es mejor para el otro y es totalmente leal.
- Una relación íntima y personal; la vida humana valorada por encima de todo lo demás.
- El respeto por la dignidad de cada individuo y preocupación por el vulnerable.
- La protección de la familia; la verdad, la justicia, y la equidad en todas las interacciones.
- La fiabilidad; el rechazo total de todo lo opuesto al carácter y valores de Dios.

- La fiabilidad; el rechazo total de todo lo opuesto al carácter y valores de Dios.

Las bases para una relación y compromiso

Describir de qué manera se podría fortalecer el compromiso de Israel con su ley al revisar la relación pasada de Dios con ellos (Deuteronomio 1-4)

¿Cómo puede fortalecer el compromiso de Israel con la ley de Dios el hecho de revisar la relación pasada de Dios con ellos?

Toda relación atraviesa etapas. Ellas comienzan con conocerse mejor, establecer conexiones, y luego experimentar situaciones que prueban la relación. Tales experiencias llevan las relaciones hacia el compromiso y la estabilidad. Dios repasó para Israel cómo ellos habían llegado al lugar en su relación con Él y en la que estaban a punto de entrar a la tierra prometida. *La tierra* puede ser definida en términos de cómo funcionaba para Israel. En Deuteronomio, la tierra se relaciona al pueblo de Dios como "el 'lugar' de herencia espiritual y ministerio en este mundo, el lugar donde el pueblo de Dios podía más efectivamente cumplir su propósito salvador y disfrutar de sus bendiciones". Por lo tanto, nosotros también lo podemos aplicar a nuestras relaciones en general. La meta de una relación saludable, si es con Dios u otro ser humano, es llegar al lugar donde estamos funcionando bien juntos en los propósitos de Dios. Necesitamos mantener nuestras relaciones en perspectiva por medio de recordar todo lo que hemos atravesado juntos. También necesitamos aprender de nuestros errores pasados, de la manera como Dios desafió a Israel en Deuteronomio. Necesitamos tratar con las complicaciones que tales errores causan. Esto es especialmente cierto en segundas nupcias. Además, recordar las provisiones pasadas de Dios nos da esperanza para atravesar tiempos difíciles. Como nuestras relaciones atraviesan pruebas y etapas, nosotros debemos tratar con los desafíos y las oportunidades a la manera de Dios.

Deuteronomio 4 registra la preparación del pueblo de Israel para recibir las estipulaciones centrales del pacto según se registran en el capítulo 5. Ellos también son

---

¿Cómo puede fortalecer el compromiso de Israel con la ley de Dios el hecho de revisar la relación pasada de Dios con ellos? Las experiencias y situaciones que prueban una relación ayudan a fortalecerla. Dios examinó a Israel cómo había llegado al lugar en su relación con Él cuando estaban a punto de entrar en la tierra prometida. Nosotros necesitamos mantener nuestras relaciones en perspectiva por medio de recordar todo lo que hemos atravesado juntos. También necesitamos aprender de nuestros errores pasados, de la manera como Dios desafió a Israel en Deuteronomio. Recordar las provisiones pasadas de Dios nos da esperanza para atravesar tiempos difíciles. Como nuestras relaciones atraviesan pruebas y etapas, nosotros debemos tratar con los desafíos y las oportunidades a la manera de Dios.

preparados para las estipulaciones detalladas que vienen en los capítulos 12-26. Los capítulos 4, 6-11 estructuran la reafirmación de los diez mandamientos en el capítulo 5 y dan exhortaciones fundamentales a lealtad de pacto. Ellos contienen los principios para nuestra relación con Dios y con los demás que pueden ayudarnos a evitar infidelidad y en cambio, ser los compañeros de pacto que necesitamos ser.

Deuteronomio 4: Resumen

¿Cuáles dos cosas tenemos que valorar con el fin de tener una buena relación con Dios?

Deuteronomio 4 puede resumirse como sigue: Tenemos que valorar la relación con Dios por medio de valorar su palabra, ambas son sin precedentes en el mundo. Una persona tiene una relación íntima y personal con Dios, porque Él está "cerca" de él o ella, al haber recibido su salvación y pacto por misericordia a través de la fe en su Salvador prometido. Israel debía representar a tales creyentes y su relación de pacto con Dios. Debían testificar de la presencia de Dios en sus vidas por medio de vivir las leyes y palabras del Señor ante el mundo (4:5-8). Tenemos que valorar la comunicación y la comunión con el Señor por encima de todo, apreciando lo bendecidos que somos, y vivir de acuerdo a eso.

En Deuteronomio 5:3, Moisés le dice al pueblo que reciba las palabras de Dios en Sinaí (también llamado Horeb) como si les hablara a ellos. Cuando entendemos los principios que Dios comunicó a Israel, en su contexto, podemos y tenemos que recibirlos como su palabra para nosotros también. Ellos deben ser aplicados en nuestro contexto por el Espíritu santo.

Los valores centrales del pacto

Analizar la reafirmación de los Diez Mandamientos en Deuteronomio 5.

Las verdades de los Diez Mandamientos, discutidas en el material de Éxodo 20, son las mismas que en Deuteronomio 5. Los valores centrales del pacto pueden ser resumidos en estos principios:

- Ser exclusivamente leal al Señor; Él es el único Salvador.
- No imaginarse a Dios como menos de lo que ha revelado ser.
- Honrar a Dios y estar en armonía con Él en todo lo que hacemos y decimos, empezando con la oración.

¿Cuáles dos cosas tenemos que valorar con el fin de tener una buena relación con Dios? Valoramos la relación con Dios por medio de valorar su palabra y de valorar la comunicación y la comunión con el Señor por encima de todo, apreciando lo bendecidos que somos y vivir de acuerdo a eso.

- Descansar cada día espiritualmente en Dios, en fe, y expresar nuestra confianza a través de un descanso semanal.
- Respetar a aquellos que representan a Dios y su autoridad, comenzando con nuestros padres.
- Respetar la vida humana —creada a la imagen de Dios— y su autoridad sobre ella.
- Respetar el matrimonio y la familia; no violar el compromiso, sino ser fieles.
- Respetar lo que pertenece a otros y su bienestar.
- Respetar la reputación de otros, valorar la justicia y hablar la verdad.
- No permitir que el egoísmo gobierne y dañe a otros; tratar con las actitudes y deseos del corazón; confiar en el Señor para provisión.

¿Qué modificaciones fueron hechas a los Diez Mandamientos en Deuteronomio?

Se le hacen unas pocas modificaciones interesantes a los mandamientos en Deuteronomio en ocasión de la entrada a la tierra prometida. Guardar el día de reposo es enfatizado, y la motivación es recordar la liberación de Israel de Egipto. Esta es una motivación distinta a la dada en Éxodo 20:11 donde había que recordar que Dios descansó después de haber creado el mundo. Esta nueva formulación enfatizaba que Israel no debía convertirse en negligente en cuanto a este testimonio importante de su fe de pacto.

El décimo mandamiento también fue modificado. Los israelitas no debían codiciar la casa o la tierra de un vecino (5:21). La tierra no estaba mencionado en el relato de Éxodo. El cambio mayor en Deuteronomio es el uso de una palabra adicional para *deseo fuerte* en relación a la codicia y poner a la esposa, no a la casa (o vivienda), primero. Esto puede ser porque la proximidad cercana durante el viaje del desierto resultaba en la tentación más destructiva para las familias y la comunidad, codiciar el cónyuge de otro, lo que llevaba al adulterio.

El compromiso basado en el amor

Identificar las exhortaciones a una devoción total al enfrentar la tentación

---

¿Qué modificaciones fueron hechas a los Diez Mandamientos en Deuteronomio? Se le hacen unas pocas modificaciones interesantes a los mandamientos en Deuteronomio en ocasión de la entrada a la tierra prometida. Guardar el día de reposo es enfatizado, y la motivación es recordar la liberación de Israel de Egipto. Esta es una motivación distinta a la dada en Éxodo 20:11 donde había que recordar que Dios descansó después de haber creado el mundo. El décimo mandamiento también fue modificado. Los israelitas no debían codiciar la casa y la tierra de un vecino (Deuteronomio 5:21). Esto no estaba mencionado en el relato de Éxodo. El cambio mayor en Deuteronomio es el uso de una palabra adicional para deseo fuerte en relación a la codicia y poner a la esposa, no a la casa (o vivienda) primero.

La Torah (El Pentateuco)

(Deuteronomio 6-8)

¿Cómo se comparaba a Dios y a su relación con Israel con otros dioses de ese tiempo?

Después de los Diez Mandamientos, Deuteronomio 5:29 registra el deseo del Señor que su pueblo siempre lo reverenciara a Él y obedeciera su Palabra. Deuteronomio 6:3 también les llama a obedecer para que no solamente les fuera bien en la tierra prometida, sino que cumpliesen el propósito de Dios para ellos allí. Luego vino el resumen famoso de los mandamientos y la relación con el Señor dada en lo que los judíos llaman el **Shema** (del mandamiento, "Oye [escucha], oh Israel"). Primero hace la declaración famosa, "Jehová uno es" (6:4). Parece que Moisés estaba inculcando en Israel que su Dios era el Dios singular y personal que se había revelado a sí mismo como Jehová. Él estableció una relación de pacto con ellos, y únicamente a Él le debían devoción y lealtad total. Moisés les llamó a amar al Señor con todo su ser (6:5). Esto contrastaba con los dioses adorados por el resto del mundo, los que eran plurales, impersonales e incapaces de comunicarse o de tener una relación.

Deuteronomio 6 profundiza todavía más en el amor hacia Dios al llamar a su pueblo a hacer un esfuerzo continuo y disciplinado para permanecer consciente de las palabras de Dios, para vivirlas y hablar de ellas con la siguiente generación, aprovechando cada momento para enseñarlas. Esto es lo que Moisés quería decir por medio de la exhortación de poner las palabras de Dios en sus manos, frentes, marcos de las puertas, y en las puertas mismas (6:8). El pueblo de Dios fue exhortado para que lo tuvieran a Él presente cuando estuvieran en prosperidad, para evitar mirar a los dioses de los pueblos alrededor de ellos, y a que confiaran en el Señor en tiempos difíciles. El capítulo 7 exhorta al pueblo de Dios a resistir las tentaciones de ir a fuentes sustitutas debido a lujuria egoísta, flojera, avaricia o temor, sino que más bien entiendan lo especial que es su relación con Él (su santidad). El Señor echaría fuera a las personas de la tierra y capacitaría a Israel para destruirlas, pero no todos de una vez, para que gradualmente pudieran repoblar la tierra. Luego, el capítulo 8 les exhorta a humillarse continuamente por recordar lo que Dios ha hecho por ellos y su dependencia de Él, especialmente en su Palabra. Ellos recordarían por medio de no atribuirse el mérito por lo que habían obtenido o logrado. Tales respuestas son las respuestas en la vida, nuestra rectitud, lo que Dios espera de nosotros (6:25).

La base de la posición de Israel

¿Cómo se comparaba a Dios y a su relación con Israel con otros dioses de ese tiempo? El Dios de Israel era el Dios singular y personal que se había revelado a sí mismo como Jehová. Él estableció una relación de pacto con ellos, y únicamente a Él le debían devoción y lealtad total. Esto contrastaba con los dioses adorados por el resto del mundo, los que eran plurales, impersonales, e incapaces de comunicarse o de tener una relación.

La Torah (El Pentateuco)

Resumir el llamado a permanecer humilde y las expectativas concluyentes
(Deuteronomio 9-11)

El capítulo 9 es un repaso de las importantes respuestas rebeldes de Israel a situaciones enfrentadas después del éxodo. Ellos son exhortados a humillarse y a darse cuenta que Dios no les dio la tierra prometida por su justicia, ni tampoco fueron elegidos por su grandeza (10:14-15; véase también 7:7-8). Al contrario, la eliminación de los cananeos por parte de Dios era su juicio sobre la impiedad de los cananeos (9:4-5). Su elección de Israel no fue originada en ellos, más bien debido a su propósito de usarles para bendecir al mundo. Ellos necesitaban admitir sus fracasos y aprender de ellos, depender del Señor, y elegir confiar y obedecer. Dios usó la intercesión de Moisés para guardarles de su ira. Recordar la misericordia asombrosa de Dios a pesar de nuestra rebelión porfiada debiera motivarnos.

Deuteronomio 10:12-22 resume la expectación de pacto por medio de llamar a un esfuerzo continuo de caminar con el Señor en una relación íntima, no una simple legalidad, a la luz de su supremacía maravillosa (p. ej. en el versículo 20 el "aferrarse firme" a Él, es lo mismo que en Génesis 2:24, que se refiere al lazo íntimo entre Adán y Eva). Relaciones saludables requieren tal esfuerzo en progreso. Mientras más grande la intimidad, más grande el esfuerzo y la preocupación necesarios.

¿Qué significa circuncidar tu corazón?

Deuteronomio 10:16 muestra que el pueblo de Dios del Antiguo Testamento podía pensar en términos de conceptos espirituales, en el llamado a "circuncidar" sus corazones. Esto hubiera significado que ellos debían estar totalmente comprometidos con Dios, con su voluntad y valores más profundos, y dejar de seguir porfiadamente sus propios caminos. Un resumen de las expectativas de Dios para una vida saludable con Él, puede ser planteado como "hacer elecciones amorosas en respeto profundo por lo que Él es y por lo que ha hecho". Todas nuestras relaciones necesitan elecciones amorosas como las mencionadas.

El capítulo 11 puede resumirse como la exhortación a que si Israel deseaba experimentar las bendiciones de Dios y la vida y el propósito que Él tenía para ellos, debían seguir tomando en serio la necesidad de mantener su compromiso, de la forma como los cónyuges necesitan cumplir sus votos y elegir valorar y trabajar en su relación, si desean continuar disfrutando.

¿Qué significa circuncidar tu corazón? Circuncidarse el corazón quiere decir que el pueblo de Dios debe estar totalmente comprometido con Dios, con su voluntad y valores más profundos, y dejar de seguir porfiadamente sus propios caminos.

Aplicando los mandamientos 1-4 (12-16:17)

El pacto se mueve ahora a las estipulaciones detalladas en la forma de una colección de leyes. Estas son similares a otras colecciones de leyes del Antiguo Cercano Oriente, como el Código de Hamurabi. Además, los eruditos y estudiantes de la Biblia han reconocido que los temas amplios de Deuteronomio 12-26 siguen los temas de los Diez Mandamientos. Estas leyes son aplicaciones específicas de los valores y las prioridades de Dios para las decisiones diarias del pueblo de Dios, Israel, en el mundo del Cercano Oriente. Ellas tratan asuntos que surgirían cuando Israel ocupara la tierra prometida y funcionara como su nación. Son ilustraciones específicas de cómo vivir hasta el final las responsabilidades y roles de la relación de pacto.

Cada relación saludable tiene responsabilidades acordadas como las mencionadas y roles para trabajar eficazmente juntos y lograr metas compartidas. Deuteronomio 12-26 enseña las disciplinas que Israel necesitaba para mantener relaciones saludables con el Señor y el uno con el otro. Estos capítulos también indican cosas específicas para evitar destruir la relación. En cualquier relación saludable, las personas tienen que elegir continuamente vivir en armonía con valores acordados. Una historia de respuesta consistente y respetuosa del uno al otro y de los acuerdos en una relación resulta en la profundización de la confianza, el lazo esencial en cualquier relación. Todo lo que hacemos se refleja en nuestra relación con Dios y su reputación (Deuteronomio 4). Nosotros reflejamos su santidad en nuestras elecciones diarias y de la forma como nos relacionamos el uno con el otro.

Dios primero y solamente Él

Explicar las leyes relacionadas a los mandamientos 1 y 2 en cuanto a buscar y a servir al Señor (Deuteronomio 12:1-13:18)

Deuteronomio 12-16:17 aplica los cuatro primeros mandamientos a importantes temas y situaciones de ese entonces. Estos capítulos mencionan buscar al Señor, primero en relación al lugar del sacrificio (capítulo 12), luego en relación a no servir a ningún otro dios (capítulo 13). El tema acerca de dónde sacrificarle a Él enseña que el perdón, el don de una relación con el Señor y experimentar su presencia, son solamente recibidos de la única forma que Él provee. Debido a esto, Israel debía honrar la sangre evitando comerla. Esta instrucción contrarrestaba las tendencias humanas de prácticas de adoración egocéntricas, negligencia de la palabra de Dios, y "engañar" en la relación con el Señor a través de adulterio espiritual.

¿De qué manera era enfatizada la seriedad en cuanto a la idolatría en la Palabra de Dios?

El capítulo 13 abarca evitar y eliminar la idolatría de entre los israelitas y servir al Señor de acuerdo a como Él se revela a sí mismo. Esto es tratado con la mayor seriedad. Cuando tomaron la tierra, no debían (1) servir a los dioses de los habitantes por medio de repetir sus abominaciones, (2) agregar o sustraer de la Palabra de Jehová o (3) seguir a un profeta o a cualquiera que tratara de descarriarlos. Cualquier persona así debía ser destruida. El pueblo de Dios tiene que tratar la idolatría como un asunto de vida o muerte, porque afecta los destinos eternos de todo lo involucrado.

Viviendo como hijos de Dios

Clarificar las leyes relacionadas a los mandamientos 3 y 4 que enfatizan vivir como hijos de Dios (Deuteronomio 14:1-16:17)

¿De cuáles prácticas idólatras se tenían que abstener los israelitas para mostrar su santidad?

El tercer y cuarto mandamiento son aplicados bajo el tema de "vivir como hijos del Señor, un pueblo santo" (Deuteronomio 14:1 y 21). La santidad se relaciona con ambos mandamientos. Ambos tratan con el testimonio de la relación del pueblo de Dios con Él, sus valores, y sus propósitos. El capítulo 14:1-21 se concentra en las prácticas, especialmente en comer asociado con la idolatría y de esta manera opuesta a la santidad de Dios. Esto se relaciona ampliamente con no tomar el nombre de Dios en vano, no representarlo mal a Él, su voluntad, o sus valores. Aquí está aplicado a declararse a favor de Él, y luego asociarse con lo impuro, las cosas malvadas de la oscuridad espiritual a las que Él se opone. Tales cosas incluyen el desfiguramiento en el luto, comer comida impura, y hervir a un cabrito en la leche de su madre (lo último probablemente se refiere a un acto de un culto o religión idólatra a la fertilidad). El desfiguramiento incluía el

---

¿De qué manera era enfatizada la seriedad en cuanto a la idolatría en la Palabra de Dios? La idolatría es tratada con la mayor seriedad. Cualquier persona que trataba de dirigir a Israel hacia la idolatría debía ser destruida. Cuando Israel tomó la tierra, el pueblo no debía servir a los dioses de los habitantes por medio de repetir sus abominaciones, agregar o sustraer de la palabra de Jehová, o seguir a un profeta o a cualquiera que tratara de descarriarlos.

¿De cuáles prácticas idólatras se tenían que abstener los israelitas para mostrar su santidad? El capítulo 14:1-21 instruye a los israelitas a evitar las prácticas idólatras, especialmente en comer asociado con la idolatría, y de esta manera opuesto a la santidad de Dios. La santidad es aplicada a declararse a favor de Él, y luego asociarse con lo impuro, las cosas malvadas de la oscuridad espiritual a las que Él se opone. Tales cosas incluyen el desfiguramiento en el luto, comer comida impura, hervir a un cabrito en la leche de su madre (lo último probablemente se refiere a un acto de un culto o religión idólatra a la fertilidad) y el desfiguramiento, incluyendo tatuajes.

tatuaje, pero no la mayoría de los tatuajes de hoy. Las personas en los templos hoy día generalmente no están consiguiendo tatuajes como parte de actos de un luto idólatra y desesperado. El pacto de Dios provee esperanza más allá de la vida. El pueblo de Dios necesita permanecer consciente de cómo sus palabras y acciones son percibidas por personas que no conocen a Dios.

El pueblo de Dios no solamente debía evitar comer ciertas cosas, pero tenía que comer parte del diezmo que ellos traían al Señor para expresar reverencia y aprecio gozoso (Deuteronomio 14:22-26). Un diezmo de cada tercer año, mencionado solamente aquí (14:28-29), ponía la atención en proveer para los levitas y los necesitados. La santidad incluye expresiones concretas de aprecio por todo lo que el Señor es para su pueblo. Nuestro testimonio de nuestra relación vertical con Dios no puede ser separado de nuestra relación y preocupación horizontal por las personas.

Los principios del cuarto mandamiento enseñaron la preocupación por el bienestar financiero de los demás, dando un comienzo fresco cada siete años, y proveyendo para los levitas (Deuteronomio 15). Un punto interesante en el capítulo 15 es que aunque el pueblo de Dios no necesita ser pobre si le obedece, algunos pobres siempre existirán, así que Israel tiene que ser generoso con ellos. El pueblo de Dios vive con la tensión entre lo ideal y lo real; entre el ahora y el todavía no de un mundo caído.

Deuteronomio 16:1-17 recuerda a Israel que guarde tres fiestas de peregrinaje: la Pascua con Panes sin Levadura, la fiesta de las Semanas y la fiesta de los Tabernáculos. El énfasis está en celebrar, regocijarse y recordar. Nuestra devoción de pacto debiera expresarse a través de proveer amorosamente el uno al otro, la disciplina de celebración anual, y mostrar gratitud por la bondad de Dios y actos salvadores. La actitud y la acción están relacionadas íntegramente. Como el pueblo de Dios da libremente, Él puede bendecirles libremente (14:29). Nuestra vida debe ser testimonio de nuestra relación con el Padre Dios santo y amoroso.

Los mandamientos 5-10 (Deuteronomio 16:18-34:12) y la conclusión

Las leyes específicas se dividen en Deuteronomio en 16:18. Los últimos seis mandamientos están aplicados bajo el tema de justicia en el juicio entre el pueblo de Dios. Los temas tratan asuntos y principios del funcionamiento en comunidad, como su pueblo, aplicando sus valores en Canaán del Antiguo Cercano Oriente. Luego de esto viene la responsabilidad por la relación de pacto, expresada en bendiciones y maldiciones. Finalmente, Moisés da su cántico profético de despedida y las bendiciones para cada tribu. Él da instrucciones para su compromiso duradero con el pacto y por la transición de liderazgo a Josué. Estos pasajes contienen los principios para el pueblo de Dios de todos los tiempos y para todas las relaciones.

Antes de comenzar a trabajar en estas lecciones, lea estos capítulos en su Biblia: Deuteronomio 16:18–34:12.

Lección 13.1 Aplicando los mandamientos 5-6 (Deuteronomio 16:18-21:23)

Objetivos

13.1.1   *Explicar el mandamiento 5 sobre el liderazgo (Deuteronomio 16:18–18:22).*

13.1.2   *Indicar maneras para tratar con el homicidio en el mandamiento 6 (Deuteronomio 19:1–21:23).*

Lección 13.2 Aplicando los mandamientos 7-10 (Deuteronomio 22-26)

Objetivos

13.2.1   *Identificar temas relacionados con el mandamiento 7 en Deuteronomio 22:1–23:18.*

13.2.2   *Resumir los mandamientos 8–10 en relación con Deuteronomio 23:19–25:19.*

13.2.3   *Indicar las declaraciones concluyentes de fe y de fidelidad (Deuteronomio 26:1–19).*

Lección 13.3 La responsabilidad (Deuteronomio 27-30) y el futuro (Deuteronomio 31-34)

Objetivos

13.3.1   *Analizar las bendiciones y las maldiciones (Deuteronomio 27–28).*

13.3.2   *Resumir el cántico de Moisés (Deuteronomio 32).*

13.3.3   *Bosquejar el desafío que Moisés hizo a Josué (Deuteronomio 31), su bendición a Israel (Deuteronomio 33) y su muerte (Deuteronomio 34).*

Aplicando los mandamientos 5-6 (Deuteronomio 16:18-21:23)

Deuteronomio 16:18 comienza tratando las obligaciones horizontales del pueblo de Dios, del uno hacia el otro. Luego de reunirse para adorar en la presencia de Dios, ellos tienen que salir y vivir de acuerdo a sus instrucciones justas y juzgar los casos entre ellos en forma justa. Apoyar a los líderes, empezando con los padres, facilitará vivir mucho tiempo en la tierra. Una preocupación mayor es abarcada en las instrucciones acerca del liderazgo y un sistema legal justo es tratar con la idolatría. Los capítulos 19:1–21:23 tratan las aplicaciones del sexto mandamiento, la justicia, al determinar la culpabilidad o la inocencia cuando una vida ha sido quitada.

La Torah (El Pentateuco)

Mandamiento 5: El liderazgo

Explicar el mandamiento 5 sobre el liderazgo (Deuteronomio 16:18–18:22). Esta sección trata el liderazgo justo en la comunidad y corresponde claramente con el quinto mandamiento. El pueblo debía asignar jueces justos y los casos difíciles debían ser presentados a los sacerdotes. El desprecio por alguno de ellos resultaba en la pena capital, porque la maldad debía ser limpiada de Israel (Deuteronomio 17:12). Cuando las personas desearan un rey, él debía ser un hombre de la elección de Dios y no debía abusar de su poder para su propio enaltecimiento. Él debía guardar la ley, la instrucción de Dios, como todos. La clave para la longevidad, según el quinto mandamiento, resulta de honrar a los padres.

¿Cómo eran identificados los profetas falsos y cómo se trataba con ellos?

Luego están las instrucciones para la provisión y la participación de los levitas al guiar la adoración. El pueblo de Dios no debe buscar otras fuentes espirituales. El Señor levantó profetas, incluyendo al último, quien era la única fuente espiritual a quien escuchar. Si alguien presumía que hablaba en el nombre de Dios, debía morir. Podían ser identificados por sus profecías que no se cumplían. Asuntos de autoridad debían ser tratados a la manera de Dios, a través de sus líderes delegados. El capítulo 13 aclara que la norma final es lo que Dios ha hablado, lo que Él ha dado en su pacto, a través de Moisés.

Indicar maneras para tratar con el homicidio en el mandamiento 6 (Deuteronomio 19:1–21:23).

¿De qué manera estimula el mandamiento 6 a respetar la vida?

Deuteronomio 19:1–21:23 abarca el trato justo del culpable y del inocente cuando una vida es quitada. Estos asuntos relacionados con el mandamiento 6, surgirían cuando Israel se estableciera en la tierra. Primero, es el trato justo de un caso de homicidio. Las

---

¿Cómo eran identificados los profetas falsos y cómo se trataba con ellos? Los falsos profetas eran identificados por medio de sus profecías que no se cumplían. Cuando eran descubiertos eran ajusticiados.

¿De qué manera estimula el mandamiento 6 a respetar la vida? Este mandamiento animaba a tener respeto por la vida por medio de ordenar un tratamiento justo de los culpables cuando la vida era quitada. Por ejemplo, para asegurar un tratamiento justo de un caso de homicidio, fueron establecidas las ciudades de refugio, donde una persona podía obtener un juicio justo y no estar a la merced de familias buscando venganza. Otro aspecto en cuanto a respetar la vida fueron las estipulaciones referentes a la exactitud y honestidad de los testigos para asegurar que personas inocentes no fueran ejecutadas.

ciudades de refugio fueron establecidas como lugares donde una persona podía recibir un juicio justo y no estar a la merced de familias buscando venganza. La actitud y la intención del corazón importaban a Dios, así que un accidente es tratado diferentemente que el asesinato. Las leyes de Dios restringen las maneras naturales y egoístas como los humanos se tratan unos a otros. La prohibición de mover las piedras limítrofes es abarcada en este momento, probablemente porque es un ejemplo perfecto sobre un tema que a menudo llevaba a homicidio, o incluso resultaba en homicidio.

Otro aspecto sobre respetar la vida —impidiendo la ejecución de los inocentes— resultó en estipulaciones referentes a la exactitud y la honestidad de los testigos (Deuteronomio 19:15-21). El castigo por mentir en un caso capital es descrito en términos de "ojo por ojo". Ese testigo recibía el castigo que el acusado hubiera recibido.

Quitar vida humana en la guerra es tratado en Deuteronomio 20. Dios da instrucciones para ir a la guerra a su manera. Él promete pelear por su pueblo y darles victoria (20:4). Es interesante que estos dos factores sean presentados lado a lado. Dios elabora soberanamente su plan, pero ellos tienen que elegir hacer su parte. Algunos sufrirán en el proceso. Dios no requirió que todos estuvieran en las primeras filas, tampoco condenó a aquellos que estaban temerosos. La victoria no depende de nosotros, pero nuestra participación depende de nuestra fe. El versículo 20:18 nos recuerda que destruir totalmente al pueblo en la tierra prometida era como cortar el cáncer, eliminar su efecto mortal del cuerpo.

Finalmente, en Deuteronomio 21 hay una serie de temas relacionados indirectamente con la guerra, el homicidio, o la pena capital. Los principios involucrados son:

- Tratar con la culpa de un homicidio y hacer expiación ante Dios
- El tratamiento justo de las mujeres capturadas en la guerra
- El tratamiento justo del primogénito cuando la madre no era amada
- La pena capital por rebelión de jóvenes cuyo comportamiento es destructivo para la comunidad
- El respeto apropiado por los cuerpos de criminales ejecutados para evitar pecar en contra de Dios

Los asuntos de la vida y la muerte tienen que ser manejados con justicia y respeto por la vida humana, hecha a la imagen de Dios. En un sitio, incluso a los árboles se les debía mostrar respeto como inocentes, aunque algunos árboles que no llevan fruto pueden necesitar ser cortados y usados (Deuteronomio 20:19-20).

Aplicando los mandamientos 7-10

La Torah (El Pentateuco)

(Deuteronomio 22-26)

El mandamiento 7 se relaciona con 22:1-23:18, aunque a veces indirectamente. El resto de las leyes no parece relacionarse con los tres últimos mandamientos en secciones específicas, pero los tres están entremezclados.

Identificar temas relacionados con el mandamiento 7 en Deuteronomio 22:1-23:18.

¿Qué significa mostrar respeto por el orden creado?

Los primeros doce versículos del capítulo 22 cubren expresiones prácticas de respeto por la vida y el orden creado, asuntos coincidentes con los mandamientos 6 y 7. El orden creado significa que algunas cosas no deberían mezclarse. Para las personas, esto involucra el matrimonio con parientes cercanos, con no creyentes u otro cónyuge. De esta manera, esta sección parece funcionar como una transición entre los mandamientos que prohíben el asesinato y los que prohíben el adulterio. Algunos son recordatorios de instrucciones anteriores, como las mezclas en Levítico. La sección concluye con las instrucciones de usar franjas en sus capas (véase Números 15:37-41) como recordatorios de obedecer todos los mandamientos de Dios.

El resto del capítulo trata acerca de evitar el trato injusto a las esposas. Estas leyes también incluyen recordatorios breves de leyes previas en cuanto a respetar a las mujeres y proteger el matrimonio. Un hombre no podía decidir así nada más que no le gustaba su esposa y luego difamarla y divorciarse de ella. Su reputación tenía que ser respetada, y él era acusado por dañarla. Además, los hombres no podían tomar mujeres solteras cuando quisieran. A las mujeres que informaban que habían sido violadas se les daba el beneficio de la duda si ocurría en el campo donde nadie podía escucharlas gritar. Dios estaba trayendo justicia a los matrimonios y al trato de las mujeres.

Deuteronomio 23:1-18 extiende el séptimo mandamiento a la intimidad con Dios y lo que es inaceptable en su presencia. Ciertos pueblos estaban restringidos de la presencia de Dios por su historia de oposición a su pueblo. En contraste, a los esclavos fugitivos se les debía dar morada segura porque el Señor había liberado a Israel de la esclavitud. La sección concluye con prohibir la prostitución de culto. La intimidad sexual tiene su lugar en el matrimonio. La intimidad con Dios ocurre en el santuario, pero las dos debían mantenerse por separado. Estas instrucciones contrastaban con la de otros pueblos, particularmente los cananeos, quienes mezclaban las dos.

Resumir los mandamientos 8-10 en relación con Deuteronomio 23:19-25:19.

¿Qué significa mostrar respeto por el orden creado? El orden creado significa que algunas cosas no deberían mezclarse. Para las personas, esto involucra el matrimonio con parientes cercanos, con no creyentes u otro cónyuge.

Los temas de esta sección final de leyes pueden ser resumidos como las obligaciones justas hacia otros por la continuidad de la vida. Ellos consideran la honestidad en las finanzas que afectan el bienestar de otros, alternando con prohibiciones en contra de actitudes desagradecidas hacia Dios. Tales actitudes son contrarias a sus valores y por lo tanto aborrecibles. Las leyes concernientes al trato hacia otras personas se relacionan indirectamente con lo siguiente:

- No tomar lo que le pertenece a otro, sino preocuparse por el bienestar del otro.
- Respeto por la reputación de los otros y por la verdad y la justicia.
- Controlar los propios deseos egoístas, incluyendo ni siquiera poseer los medios para engañar a otros.

¿Qué nos instruyen a realizar las leyes en cuanto al trato a los demás?

Implicada en estas instrucciones está la necesidad de mostrar el corazón de Dios hacia los demás, incluyendo la misericordia, la compasión, la preocupación por su bienestar, y el respeto por su dignidad como hechos a la imagen de Dios. Estas leyes ocasionalmente afirman que el Señor bendecirá a aquellos que hacen estas cosas. El mandamiento concluyente de eliminar la memoria de los amalecitas es un ejemplo final del uso de Dios de su pueblo para ejecutar justicia sobre aquellos que no tenían temor de Él (Deuteronomio 25:18) y quienes tomaban ventaja del pueblo de Dios que era débil y vulnerable. Debiera notarse que la ley sobre el divorcio lo restringía y lo hacía más difícil. También, 24:16 prohibía que miembros de la familia fueran ejecutados por los pecados unos de otros.

Indicar las declaraciones concluyentes de fe y de fidelidad (Deuteronomio 26:1–19).

¿Cómo resumiría usted las leyes del pacto?

¿Qué nos instruyen a realizar las leyes en cuanto al trato a los demás? Ellas nos instruyen a no tomar lo que le pertenece a otro; sino preocuparse por el bienestar del otro. Ellas nos animan a mostrar respeto por la reputación de los otros y por la verdad y la justicia. También nos instruyen a controlar los propios deseos egoístas, incluyendo ni siquiera poseer los medios para engañar a otros. Estas leyes implican que necesitamos mostrar el corazón de Dios a otros, misericordia, compasión, y preocupación por su bienestar. Nosotros tenemos que mostrar respeto por su dignidad como hechos a la imagen de Dios.

¿Cómo resumiría usted las leyes del pacto? Las leyes, las expectativas de la relación del pacto con el Señor, pueden resumirse como amar a Dios totalmente y amar a los demás como nos amamos a nosotros mismos.

Deuteronomio 26 contiene la expresión de Israel de aprecio y compromiso al Señor después de haberse establecido en la tierra prometida por medio de su poder y producido la primera cosecha. Ellos debían recitar lo que el Señor había hecho al traerles a la tierra y tener una celebración y comida con los ministros del santuario. Después de tres años debían traer el diezmo para los levitas y los necesitados o vulnerables, declarar su obediencia al Señor y requerir su bendición duradera. Esto puede entenderse como ocasiones anuales y tricentenarias de acción de gracias que ayudaban a mantener una actitud saludable hacia el Señor como su fuente y la identificación con su misión para ellos en la tierra. De esta manera, las leyes terminan con la promesa del cumplimiento de su viaje a la tierra prometida que se ha extendido por cuarenta años debido a la incredulidad. También tratan con su respuesta a Dios y a su palabra. Esto es seguido por el anuncio de Moisés del compromiso mutuo que hicieron Israel y Dios entre sí. El capítulo 26 recuerda a Israel que el Señor se comprometió a sí mismo con ellos y ellos estaban comprometidos con Él como su pueblo santo en el mundo, así que ellos eran muy especiales para Él. Las leyes, las expectativas de la relación del pacto con el Señor, pueden resumirse como amar a Dios totalmente y amar a los demás como nos amamos a nosotros mismos.

La responsabilidad (Deuteronomio 27-30) y el futuro (Deuteronomio 31-34)

Estos capítulos tratan de la responsabilidad hacia Dios. La fe y la obediencia son bendecidas mientras que la incredulidad y la desobediencia resultan en maldiciones. Incluido está el desafío a elegir continuamente la vida con Dios versus la muerte, y mirar hacia delante a un nuevo liderazgo.

La responsabilidad

Analizar las bendiciones y las maldiciones (Deuteronomio 27-28).

¿Cuáles son algunas de las marcas del amor real?

¿Cuáles son algunas de las marcas del amor real? El amor real nos provoca a darnos cuenta de la seriedad de nuestras elecciones y ser responsables el uno por el otro en amor. El amor real tiene al otro por responsable, por su bien y por la salud de él o de ella en la relación. El amor real no ignora el comportamiento dañino y el quebrantamiento de los acuerdos. Dios bendice y continúa los beneficios de su comunión para aquellos que le responden a Él, quienes muestran su amor en obediencia, reverencia y aprecio.

Necesitamos darnos cuenta de la seriedad de nuestras elecciones y ser responsables el uno por el otro en amor. Para que las responsabilidades y las expectativas tengan un sentido, tiene que haber consecuencias por quebrantarlas. El amor real tiene al otro por responsable, por su bien y por la salud de él o de ella en la relación. El amor real no ignora el comportamiento dañino y el quebrantamiento de los acuerdos. Dios bendice y continúa los beneficios de su comunión para aquellos que le responden a Él, quienes muestran su amor en obediencia, reverencia y aprecio. Él maldice o juzga a aquellos que lo rechazan, se rebelan, y que son infieles y desleales. Lo siguiente son principios que guían a los cristianos en la manera como debieran relacionarse con las bendiciones y las maldiciones del pacto del Sinaí en el Pentateuco.

1. Las bendiciones y las maldiciones del pacto son las consecuencias predichas de las elecciones hechas por el pueblo de Dios; ellas representan la responsabilidad en la relación. Las bendiciones y las maldiciones están condicionadas a las respuestas de la persona.

2. Las bendiciones son las cosas buenas que Dios piensa que fluyan de una relación en curso y saludable con Él como su nación de pacto en el contexto del Antiguo Cercano Oriente. Ellas no son una recompensa por ciertos comportamientos, sino la vida que Él desea para nosotros.

3. Las maldiciones son juicios predichos y las consecuencias de un comportamiento pecador que quebranta el pacto para Israel. Son lo opuesto de lo que Dios desea para su pueblo. Los castigos están intencionados para motivar a quebrantadores a arrepentirse y regresar al Señor.

   Las maldiciones raramente son mencionadas en la Biblia. En el Antiguo Testamento, los verbos para las maldiciones no son usados en el tiempo pasado para decir que algún evento doloroso fue una maldición de Dios. También, el sustantivo no es usado nunca como algo que tiene que ser quebrantado. Cristo nos redimió de la maldición general, o juicio, para la ley quebrantada así que podemos disfrutar la bendición de la salvación prometida a nosotros a través de un descendiente de Abraham (Gálatas 3:13-14).

4. Dios trata con las personas en una manera personal que no es mecánica. Él no puso a trabajar fuerzas inalterables e impersonales en el universo, que puedan ser manipuladas por personas que aprenden ciertas fórmulas (Proverbios 26:2). Dios hace lo que es mejor para cada persona.

5. Pablo dice que todos han quebrantado la ley y son, por lo tanto, incapaces de reclamar sus bendiciones (Romanos 3:9-24; Gálatas 3:10). La redención nos da esperanza de las bendiciones de Dios, pero no el derecho de pensar que Dios nos debe algo. La relación es siempre una de misericordia.

6. A los cristianos no se les dijo en el Nuevo Testamento que esperasen todas las bendiciones físicas mencionadas en Deuteronomio, sino más bien, que habrá sufrimiento y dificultad al cumplir la misión de Dios (Hechos 9:16; 14:22). Las bendiciones del Antiguo Testamento representan la meta final de Dios para su pueblo en el contexto del Antiguo Cercano Oriente. Solamente en el milenio serán completamente realizadas en la tierra.
7. El pacto de Sinaí en el Pentateuco (esencialmente el antiguo pacto) fue entre Dios y su nación, Israel. Los cristianos no son una nación; tampoco están bajo las condiciones de ese pacto. Ellos están bajo el nuevo pacto en Cristo.
8. Los cristianos debieran buscar los principios que hay tras los detalles del pacto de Sinaí, porque Dios no ha cambiado.

Necesitamos darnos cuenta de la seriedad de nuestras elecciones en términos de vida y muerte para nosotros y nuestras relaciones, también como los efectos dañinos que tienen en otros. Darnos cuenta que Dios tratará con nosotros. Además, necesitamos ver cada relación a la luz de la eternidad y la sumisión a la voluntad de Dios. Todo lo que hacemos en relación a otros afecta nuestra relación con el Señor. Lo horizontal no puede ser separado de lo vertical. Nada está escondido de Él, y Él nos tendrá por responsables por todo lo que digamos y hagamos. Sin embargo, el Señor promete restaurar a la comunión a todos los que se arrepienten de su egoísmo y se vuelven a Él (Deuteronomio 30:2-3).

Resumir el cántico de Moisés (Deuteronomio 32)
¿Qué dice el cántico de Moisés acerca de Dios y de su carácter?

Moisés canta un cántico acerca de cómo el Señor juzgará a su pueblo cuando ellos se aparten de Él. Una imagen mayor durante todo Deuteronomio es el Señor como la roca de Israel. Desde su contexto geográfico y cultural, los israelitas hubieran entendido que esto significaba su carácter, poder soberano, estabilidad, inmutabilidad, fiabilidad, unicidad, fuente de vida, provisión, salvación y un punto de referencia en la vida. El versículo 39 declara que no hay dios fuera de Él, nada se le asemeja. Él ha hecho tanto por su hijo, Israel, que irse a otras fuentes o dioses (en realidad demonios, versículo 17) es impensable. Sin embargo, Dios sabía que cuando Él les prosperara, ellos le rechazarían.

¿Qué dice el cántico de Moisés acerca de Dios y de su carácter? El cántico de Moisés es acerca de cómo el Señor juzgará a su pueblo cuando ellos se aparten de Él. Enfatiza su carácter, poder soberano, estabilidad, inmutabilidad, fiabilidad, unicidad, fuente de vida, provisión, salvación, y un punto de referencia en la vida. El canto declara que no hay dios fuera de Él, nada se le asemeja. Moisés concluye con una invitación a todas las personas a alabarle a Dios. Dios promete que no solamente juzga, sino que restaura a aquellos que se identifican con Él y sus propósitos.

Por lo tanto, Él les castigaría como lo hizo con todos los enemigos que se opusieron y le rechazaron a Él y a su plan. Sin embargo, Él concluye con una invitación para que todas las personas le alaben. Él promete que no solamente juzga, sino que restaura a aquellos que se identifican con Él y sus propósitos, su "tierra".

El futuro

Bosquejar el desafío que Moisés hizo a Josué (Deuteronomio 31), su bendición a Israel (Deuteronomio 33) y su muerte (Deuteronomio 34).

Estos capítulos dan la despedida concluyente y profética de Moisés a los israelitas y el traspaso del liderazgo a Josué. Ellos ofrecen la continuidad del liderazgo a través de Josué y la promesa de la continuidad de las bendiciones del Señor. Advierten en contra de apartarse de la relación.

Necesitamos tomar precauciones acerca del plan de Dios para el futuro de cualquier relación. Necesitamos prestar especial atención a nuestra relación con Él y nuestra muerte, el final de nuestra fase terrenal de la relación. El plan de Dios para este mundo continuará después que nos hayamos ido. Nuestra relación con Él debiera llevar fruto que permanezca más allá de nuestra vida. Nuestras relaciones necesitan mirar al futuro y aceptar la dirección y provisiones del Señor. Todas las relaciones humanas terminan en la muerte o antes. Necesitamos permitir que Dios dirija nuestras transiciones en la vida, como individuos y como comunidades de fe.

Josué se había estado preparando para el traspaso del liderazgo desde temprano en el viaje del desierto. Él permaneció cerca de Moisés, ejercitó autoridad más y más, y pasó tiempo en la presencia del Señor en el tabernáculo. Cuando Moisés hubo puesto sus manos sobre Josué, Josué fue llenado con el espíritu de sabiduría (Deuteronomio 34:9).

Deuteronomio concluye con el testimonio de que no hay profeta como Moisés "a quien el Señor conocía cara a cara" y quien ejecutaba milagros por medio del poder de Dios en Egipto. Él fue un anticipo de Cristo.

¿Cómo pueden los pactos de Deuteronomio afectar nuestras relaciones?

Moisés les dijo a los israelitas que pusieran todas estas palabras en su corazón porque eran vida (Deuteronomio 32:46-47). Nuestra perspectiva debiera ser la misma. Tenemos que ver lo que dice la Palabra de Dios acerca de nuestras relaciones con Él y unos con

---

¿Cómo pueden los pactos de Deuteronomio afectar nuestras relaciones? El pacto expresado en Deuteronomio no solamente enseña los principios de Dios para relaciones saludables, también nos muestra quiénes somos como pueblo de Dios. De esto viene un auto concepto saludable, la base para relaciones saludables. Necesitamos permitir que su palabra transforme nuestras relaciones, mostrando sus valores y sabiduría en todo lo que digamos y hagamos.

otros. Necesitamos valorar nuestra relación y pacto con Él por encima de todo lo demás en la vida. El pacto expresado en Deuteronomio no solamente enseña los principios de Dios para relaciones saludables, también nos muestra quienes somos como pueblo de Dios. De esto viene un auto concepto saludable, la base para relaciones saludables. Nadie es como nuestro Dios o como los que Él salva (Deuteronomio 33:26, 29). Necesitamos permitir que su Palabra transforme nuestras relaciones, mostrando sus valores y sabiduría en todo lo que digamos y hagamos. La clave para moverse hacia el ideal en relaciones es llevarlas completamente bajo nuestra relación con el Señor. El pacto de Dios, según se expresa en Deuteronomio, es acerca de su amor por nosotros y nuestras elecciones amorosas en la vida hacia Él y los demás.

Los principios claves son la comunicación y el acuerdo en las siguientes áreas:

- El privilegio.
- La responsabilidad.
- La confiabilidad.
- La perspectiva.
- El compromiso.
- El esfuerzo.
- Los valores compartidos.
- El propósito.

El Señor nos ama y desea una relación para siempre con todos los que lo acepten por medio del arrepentimiento, la fe y la obediencia. Deuteronomio es un excelente recordatorio de esto, llamándonos a elegir la vida.

Apéndice A

LAS OFRENDAS DEL ANTIGUO TESTAMENTO
Las ofrendas de la adoración

Referencia	Nombre	Expresión	Usos adicionales
Levítico 2	Ofrenda de grano: vegetal	Don (Hebreo *minchah*) Un tributo a Dios Sumisión y dedicación Usado a menudo con otros sacrificios Dado a Dios; una práctica de adoración	Proveía comida a los sacerdotes
Levítico 3; 19:5–8 Tres tipos de ofrendas de comunión: • Ofrenda de gratitud • Ofrenda de voto • Ofrenda voluntaria Levítico 7:15–18; 22:18–23	Ofrenda de comunión u Ofrenda de paz: animal	Celebración por las bendiciones de Dios expresadas en alabanza, gratitud y devoción.	Las partes grasas eran la porción de Dios. La carne era comida por el adorador, la familia y el sacerdote.

Ofrendas de expiación*

Referencia	Nombre	Expresión	Usos adicionales
Levítico 1	Ofrenda de holocausto	Sustitución judicial Arrepentimiento general del pecado, adoración y dedicación a	Totalmente consumido por el fuego para el Señor

* Cada sacrificio por expiación era un tipo de ofrenda por el pecado.

La Torah (El Pentateuco)

		Dios	
Levítico 4:1-5:13	Ofrenda de pecado	Purificación de pecados no intencionales en contra de Dios	Para la gente: La carne recibida por el sacerdote La sangre derramada sobre el altar Para el sacerdote o la comunidad: Ofrenda totalmente quemada La sangre rociada en el lugar santo
Levítico 5:1-6:13	Ofrenda de culpa	Pagar una deuda Pagar un castigo Compensación por daños en contra de una persona o de la santidad de Dios	La carne era recibida por el sacerdote

Apéndice B

CALENDARIO SAGRADO: FIESTAS Y DÍAS SANTOS

Referencia	Día santo	Frecuencia	Fecha	Descripción
Éxodo 16:23-30; 20:8-11; 31:13 Deuteronomio 5:12-15	El día de reposo	Semanalmente	El séptimo día de la semana	Día sin trabajar Conmemoraba la obra de Dios en la creación y la redención
Éxodo 34:22 Números 10:10; 28:11-15	Fiesta de la Luna nueva	Mensualmente	Luna nueva	Celebraba el comienzo del mes
Éxodo 12:1-13:10 Levítico 23:4-5	La Pascua	Anual (primavera)	El primer mes del año religioso (Nisan o Abib: marzo/abril*)	Cena Conmemoraba el éxodo Comida: cordero, pan sin levadura y hierbas amargas El día que Jesús fue crucificado
Éxodo 12:17 Levítico 23:6-8	Fiesta de los Panes sin Levadura	Anual (primavera)	La semana después de la Pascua	Semana en que no se permitía levadura Conmemoraba la liberación de Egipto
Levítico 23:15-22 Números 28:26 Deut. 16:9	Fiesta de las Semanas (Pentecostés-NT)	Anual (primavera)	Cincuenta días después de la Pascua (mayo/junio)	Día de adoración Gratitud por la cosecha del trigo
Números 29:1-7	Fiesta de las	Anual (otoño)	Primer día del	Similar al año

* El calendario judío es lunar y no concuerda exactamente con nuestros meses.

Referencia	Fiesta	Frecuencia	Fecha	Descripción
	Trompetas		séptimo mes (septiembre/octubre)	nuevo Señalaba el comienzo del séptimo mes Culminaba el año sagrado Comenzaba el año nuevo agrícola o civil
Levítico 16:1-34; 23:26-32 Números 29:7-11	Día de la Expiación (no una fiesta)	Anual (otoño)	El décimo día del séptimo mes	Día de ayuno (el único ayuno requerido) Congoja por los pecados de uno El sumo sacerdote sacrifica para proveer un comienzo fresco para la nación
Éxodo 23:16; 34:22 Levítico 23:40-41	Fiesta de las Ramadas o de los Tabernáculos (reunión puertas adentro)	Anual (otoño)	Quince hasta veintiuno del séptimo mes	Semana para vivir en enramadas Conmemoraba la provisión de Dios en el viaje a la tierra santa y después Como la Acción de gracias en EE.UU.
Éxodo 21:1-6; 23:10-11 Levítico 25:1-7 Deuteronomio 15:1-18; 31:10-31	Año sabático	Periódico	Cada séptimo año	Año de descanso No se podía sembrar o cosechar, excepto para uso personal

				La tierra se dejaba sin cultivar Los productos pertenecían a los pobres Las deudas eran anuladas Los esclavos hebreos eran liberados
Levítico 25:8–55	Jubileo	Periódico	Cada cincuenta años	Igual que el año sabático. La tierra restaurada a las familias a quienes se había comprado o tomado

Glosario I

			Capítulo
ACO	—	Antiguo Cercano Oriente; países del sudoeste de Asia y nordeste de África; hoy en día más comúnmente conocido por Medio Oriente.	1
Albright, William F.	—	el más famoso arqueólogo y erudito semítico estadounidense del Cercano Oriente (1920–1971). Él mostró la exactitud sustancial de muchas referencias históricas, culturales y geográficas del Antiguo Testamento.	5
amalecitas	—	los descendientes de Amalec, un descendiente de Esaú; beduinos que viven en el Negev o la parte sur de la tierra prometida y en el Sinaí; enemigos perpetuos	5

de Israel.

antinomia — una contradicción entre dos principios válidos aparentemente iguales; un conflicto o contradicción aparentemente no solucionable; la situación donde dos leyes, principios o verdades en la vida (aquí, en teología) se contradicen y no son simplemente una paradoja. La principal, si no la única antinomia en teología, es entre la soberanía de Dios y la responsabilidad de los humanos. Ambas son verdad y sin embargo finalmente, filosóficamente, cada una debiera descartar a la otra. La respuesta se conocerá sólo en el cielo. Ambas verdades debieran afirmarse, basadas en la Escritura (véase, p. ej., Filipenses 2:12–13). 5

apostasía	—	el apartarse de la fe de uno; aquí la violación abierta de Israel a la relación con el Señor, rechazándole por medio de volverse a la idolatría.	7
arca	—	la nave que Dios ordenó a Noé que construyera para su familia y para los animales que sobrevivirían al diluvio; una nave rectangular, parecida a una barcaza, estable en el agua, sin quilla, tres pisos, casi del largo de dos canchas de fútbol.	2
arca del pacto	—	un cofre rectangular que Dios mandó construir a Israel para poner las tablas de los Diez Mandamientos, un testimonio del pacto entre Dios e Israel; el trono de Dios en la tierra, en medio de Israel; ubicado en la cámara más santa del tabernáculo, como el lugar más	7

sagrado de su presencia, experimentada directamente sólo por el sumo sacerdote, una vez al año, en el Día de la Expiación; la tapa era llamada el asiento de misericordia o la cubierta de expiación porque allí el sumo sacerdote aplicaba la sangre del sacrificio, que anualmente daba a Israel un comienzo fresco en perdón en el Día de la Expiación.

arrepentimiento-fe-obediencia	—	escrito de esta forma para dejar claro que estos tres conceptos bíblicos, cuando son usados por el pueblo de Dios, siempre están conectados el uno con el otro; si se refiere a uno, los otros dos van incluidos; no pueden existir independientemente para el hijo de Dios.	2

arrepentirse	—	apartarse del pecado y regresar a Dios con dolor de verdad por la seriedad del pecado en contra de Él	2
Balaam	—	un profeta del noroeste de Mesopotamia contratado por el rey Balac de Moab para maldecir a Israel, indicando que a él se le conocía como quien podía usar el nombre de Dios; Dios le advirtió, a través de un burro, que dijera únicamente lo que Dios le permitió.	11
beduinos	—	pueblos árabes nómadas de los desiertos del Cercano Oriente y África del Norte	3
bendición	—	las provisiones de Dios desde su abundante bondad para permitir que su creación cumpla sus propósitos y éstos	1

	sean realizados	
bendición patriarcal o la primogenitura —	los privilegios y las responsabilidades del jefe de la familia extendida pasados del jefe o patriarca actual al heredero asignado, generalmente el primogénito en el Antiguo Cercano Oriente; involucraba el doble de la herencia de los otros herederos y una palabra profética de bendición y de poder de parte del patriarca, próximo a su muerte.	4
bendiciones y maldiciones —	las provisiones prometidas de Dios para su pueblo y las consecuencias y juicios por la desobediencia	6
Big Bang —	una teoría que supone que el universo se originó billones de años atrás en una explosión desde un único punto de densidad de energía	1

la caída	—	el evento y sus efectos que resultaron del quebrantamiento de Adán y Eva de la relación entre ellos y Dios, su expulsión del Jardín del Edén, pecado y muerte entra en el mundo	2
Canaán y los cananeos	—	el nombre original hebreo de la tierra prometida; del nombre de sus habitantes, los cananeos; el istmo entre Europa, Asia y África debido al desierto al este y el Mar Mediterráneo al oeste.	2
cherem	—	una dedicación irreversible y total de algo al Señor, usualmente a través del consumo por fuego	9
circuncisión	—	el acto de cortar el prepucio del órgano reproductivo de los niños; ordenado por Dios para el octavo día después del nacimiento como	3

		una señal de membresía en el pacto de Dios con Israel; practicado por otras culturas del Cercano Oriente en la pubertad, como un rito de virilidad.	
Código de Hamurabi	—	la colección de leyes antiguas más famosa, escrita sobre un pilar de piedra alrededor de 1700 a.C., por el rey babilónico Hamurabi; contiene paralelos con algunas leyes bíblicas.	6
consagración	—	dedicación al propósito de Dios (usualmente traducido igual que la palabra hebrea que significa *santificación*)	8
constitución	—	de lo que algo está hecho, como en la fundación del sistema legal de una nación sobre la cual todas sus leyes y gobierno está basado	6

culto a la fertilidad	—	las ceremonias, prácticas y creencias religiosas concentradas en traer fertilidad a las familias de las personas, al ganado y cultivos; involucraba actos mágicos para manipular los poderes o los dioses; a menudo incluía actividad sexual con los sacerdotes o sacerdotisas.	6
deísta	—	un sistema de pensamiento que niega la interferencia del Creador con las leyes del universo	1
diablo	—	un ser creado, finito que se rebeló en contra de Dios; el creador de la maldad en el mundo, siempre oponiéndose a Dios y a su pueblo; también llamado Satanás.	2
diezmo	—	dar a Dios un diez	3

		por ciento de lo que uno ha ganado mediante el trabajo para subsistir, o de lo que Dios ha provisto	
el diluvio	—	el juicio de Dios, en el pasado distante, sobre toda vida en la tierra por la gran corrupción de las personas. Muchos grupos de pueblos tienen historias antiguas de un diluvio. El relato verdadero está en Génesis 6–9. Dios hizo un comienzo nuevo para la humanidad a través de Noé y su familia.	1
Espíritu de Dios (en el Antiguo Testamento)	—	el entendimiento de Dios, no como una persona distinta de la Divinidad, más bien su presencia moviéndose en un lugar, en poder, para cumplir su propósito en las vidas de las personas	4
expiación	—	la eliminación de la	7

barrera en una relación, liberar al otro de la ira, y restaurar la comunión a través de un precio costoso; probablemente no quería decir "cubrir", como se pensaba anteriormente.

fe-obediencia — la manera del autor de expresar el entendimiento que fe bíblica y salvadora siempre debe entenderse que incluye la obediencia como continuación. También incluye, y es precedida, por arrepentimiento bíblico, lo que quiere decir dolor por los pecados propios y alejarse de continuar en los pecados. 3

fiesta — las ocasiones especiales cuando el pueblo de Dios se reunía en Jerusalén para celebraciones y 5

		festivales religiosos, incluyendo adoración y descanso	
genealogía	—	una lista de los antepasados de una persona o de los de un pueblo; el Antiguo Testamento tiene varios tipos de genealogías con diferentes propósitos; puede enumerar una generación después de otra o varios nombres de la misma generación. Algunas listas incluyen a personas que tienen conexión histórica o geográfica con otras personas que están relacionadas, pero no por sangre.	1
hijos de Dios	—	un término figurativo; Juan 1:12 habla de humanos que se convierten en "hijos de Dios" pero Mateo 22:30 dice que los ángeles no se casan y después	2

		de la resurrección, los creyentes serán "como los ángeles en el cielo". Que los "hijos de Dios" se casaran y tuvieran hijos en Génesis 6:1-4, en este contexto estos "hijos de Dios" tenían que ser hombres.	
homicidio	—	una persona que causa la muerte de otra, accidental o intencionalmente	11
Hur	—	el hombre que ayudó a Aarón a sostener en alto las manos de Moisés durante la batalla contra los amalecitas. Algunos creen que él pudo haber sido el mismo Hur que era hijo de Caleb y bisabuelo de Bezaleel, uno de los constructores del tabernáculo.	5
inmanente	—	dicho de un dios; que existe en el tiempo y en el espacio; existe dentro de;	1

inherente.

intercesor	—	ruega a Dios en nombre de otro; generalmente por una necesidad seria; Israel necesitaba el perdón por la apostasía; intercesión.	3
Jetro	—	el suegro de Moisés y sacerdote de Madián; su otro nombre, Reuel, quiere decir "amigo de Dios"; él expresó fe en el Señor y sabiduría en cuanto al liderazgo.	5
Josué	—	el joven que Moisés educó como asistente y sucesor	1
justo	—	vivir de acuerdo a la norma de Dios de lo que es correcto, especialmente sus valores morales, que fluyen de una relación saludable con Dios	3
legalista o legalismo	—	que se concentra en la letra de la ley; ser	6

consumido por la meta de obtener mérito por guardarla más perfectamente que otras personas; no hay ningún propósito con tener la ley más allá de una práctica estricta de la ley; una relación legalista está basada estrictamente en el rendimiento.

lepra	—	enfermedades de la piel o de las superficies (casas, vestimenta) vista negativamente en esa cultura; en el Antiguo Testamento no se limitaba a la enfermedad llamada lepra hoy día.	8
leyes apodícticas	—	una orden o prohibición directa, en la forma de "tú tienes" o "tú no tienes" o "cualquiera que [comportamiento]... será [castigado en cierta forma]"	6

leyes casuísticas	—	las leyes que describen casos específicos o situaciones en la forma de "si... entonces..."	6
liberales	—	en desacuerdo con las creencias básicas de lo evangélico, como la salvación por la fe en la muerte expiatoria de Jesucristo a través de la conversión personal, la autoridad de la Escritura y la importancia de predicar, en contraste con un ritual	1
Madián	—	el lugar donde vivieron los madianitas semi-nómadas, quienes probablemente eran descendientes de Abraham; lo más probable en el lado este del Sinaí y oeste de Arabia, a lo largo del Golfo de Aqaba; Jetro era un sacerdote de Madián.	5

mediador	—	un agente requerido para la comunicación entre dos partes para unirlas	3
Melquisedec	—	el rey de Salem, posiblemente Jerusalén, en el tiempo de Abraham; significa "rey de justicia"; él se encontró con Abraham después de la batalla para liberar a Lot y compartió una comida sagrada en adoración con él; Abraham pagó un diezmo a él de los botines de guerra.	3
Mesopotamia o **mesopotámico**	—	el término griego para "la tierra entre los ríos", el Tigris y el Eufrates; una de las cunas más antiguas de la civilización; incluye Babilonia, Nínive, Ur y muchas otras ciudades antiguas; ahora mayormente conocida como Irak.	2

milenio	—	el reinado de mil años de Cristo sobre la tierra después de su segunda venida; la maldición es eliminada y Satanás atado; un tipo de regreso a Edén antes del fin del mundo y el advenimiento de cielos nuevos y tierra nueva.	6
nazareo	—	una persona laica en Israel que hace un compromiso con el Señor por un periodo de tiempo fijo; dedicado como un sacerdote; enseña que Dios finalmente desea que todo su pueblo viva vidas santas y sean sacerdotes para Él.	10
Nefilim	—	el término hebreo usado en Génesis 6:4 y Números 13:31-33, (en la RVR-60 es traducido "gigantes", como lo hace la *Septuaginta*); podría traducirse "los caídos"; sin	2

embargo, también puede ser de una raíz diferente y significar "los separados"; si estos son "los hombres del Nombre" (no renombre) al final del versículo, entonces este es un término para los que son fieles a Dios y de los cuales el último fue Noé.

nuevo pacto — la culminación del plan de Dios para una relación personal y eterna con todos los que aceptan su don de salvación a través de su Hijo, sustituyendo de esta manera el pacto de Sinaí según fue prometido en Jeremías 31:31 y anunciado en la última cena por Jesús   3

ofrenda mecida — un sacrificio de dedicación especial al tabernáculo del Señor; un sacrificio que celebraba la   10

		cobertura de pecados, el perdón de Dios, la vida, y la restauración a una relación correcta con Dios	
pacto	—	un acuerdo vinculante específico entre dos partes; una relación comprometida con responsabilidad.	2
los panes sin levadura	—	un pan insípido sin levadura, como las tortillas, panqueques gruesos, o panes pita. Era usado en la pascua porque Israel se tenía que preparar rápidamente, sin tiempo para esperar que la masa leudara con la levadura. La levadura también llegó a representar la malicia y la maldad (1 Corintios 5:6–8).	5
paradigma	—	un patrón que siguen otros en la misma situación;	4

		una forma de ver algo.	
patriarcas	—	los padres de la nación de Israel: Abraham, Isaac, Jacob y José	1
Pentateuco	—	los primeros cinco libros del Antiguo Testamento: Génesis, Éxodo, Levítico, Números y Deuteronomio; la mayor parte de cuya escritura se acredita a Moisés.	1
pentecostal	—	el movimiento evangélico, de santidad, sanidad, premilenial, de cristianos de regreso a la Biblia; en gran parte comenzó alrededor de 1900, del cual las Asambleas de Dios son la denominación más grande; creen que Dios desea bautizar a cristianos en el Espíritu Santo para ser sus testigos en el mundo, con la señal externa de hablar en otras lenguas de	10

acuerdo a Hechos 2; Él también desea que ellos profeticen y sean usados en otros dones del Espíritu en asambleas de adoración (1 Corintios 12, 14).

profanar	—	quitar la santidad de Dios, pervertir su reputación, y deshonrar su presencia	9
protoevangelio	—	un término del latín que quiere decir "primer evangelio"; se refiere a la promesa de Cristo en Génesis 3:15.	2
puro y impuro	—	ser calificado para la presencia de Dios; descontaminado espiritualmente de la contaminación de pecados, liberado de todo lo que no está en armonía con la naturaleza de Dios; o animales dignos o indignos como comida humana o para ritual de sacrificios.	2

reconciliar, reconciliado o **reconciliación**	—	traer paz entre las personas, o con Dios, restaurando la armonía en la relación	4
remanente	—	un tema que se refiere a aquellos que permanecen y que son salvados después del juicio de Dios sobre un pueblo (generalmente su pueblo)	2
ritual	—	una ceremonia o la práctica de formas o ritos establecidos (solemne, formal, procedimientos que siguen reglas religiosas), como en adoración pública	10
santidad	—	ser o hacer santo, separado del uso común y profano para el uso exclusivo, puro y eterno del Señor; puesto aparte y dedicado a sus propósitos; traído a la armonía con sus valores; especial	2

para Dios (véase santificación).

santificación — el proceso de hacer algo o a alguien santo o dedicado exclusivamente a los propósitos de Dios por su gracia y conformado a su carácter moral; actos externos ceremoniales a través de los cuales los sacerdotes iban representando la obra espiritual de la santificación de Dios en sus vidas y su sumisión a ello. 7

semita — la designación de pueblos que generalmente descendían del hijo de Noé, Sem, con lenguajes y etnicidad relacionados; vivían alrededor del Cercano Oriente y África del Norte; incluía a Israel y el pueblo de Palestina, Mesopotamia, y los árabes; los mencionados en el 3

		Antiguo Testamento que no son semitas son los egipcios, sumerios e hititas (heteos).	
señales	—	algo físico que Dios declara que tiene significado al indicar una promesa o verdad acerca de su relación con las personas; como una argolla de matrimonio es una señal del compromiso matrimonial, el día de reposo era una señal del pacto de Israel con Dios.	2
señor feudal	—	el rey más grande y poderoso en una relación con un rey menor (vasallo)	3
Septuaginta	—	el nombre de la traducción griega del Antiguo Testamento por judíos dentro de la cultura griega en Alejandría, Egipto, de alrededor de 250–150 a.C.; una de las traducciones más tempranas; la Biblia	2

	de la iglesia primitiva.	
Shema —	la frase "Oye, Israel: Jehová nuestro Dios, Jehová uno es" pronunciada por los judíos regularmente en la oración	12
soberanía de Dios —	el poder que Dios tiene para hacer lo que Él decida sin restricción o ninguna causa externa a Él mismo, su carácter, o sus propósitos	5
sumerios —	posiblemente el más antiguo pueblo civilizado en el Cercano Oriente, vivían alrededor del Golfo Pérsico con su capital llamada Ur; no semita como era Abraham; su lenguaje fue el primer lenguaje mundial de comercio.	3
tabernáculo —	la carpa portátil que Dios ordenó construir a Israel como el lugar que Él	6

		eligió para estar presente en Israel y para una adoración más íntima	
teocrática	—	se refiere a una teocracia, una nación gobernada por Dios (la única verdadera fue Israel)	6
teofanía	—	un evento en el cual Dios se muestra a sí mismo en alguna forma física que las personas experimentan, por lo menos a través de los sentidos de la vista y el oído	6
tierra prometida	—	el lugar que Dios proveyó para que Israel funcionara y cumpliera el plan de Dios para ellos	2
tipología	—	el uso que Dios le daba a los símbolos para explicar su obra en eventos históricos, las personas y en instituciones. La tipología verdadera dice que los cristianos deberían	7

entender que el Señor obra hoy en día de acuerdo a los mismos principios que Él usó a través de la vida e historia de Israel.

tomemos nuestra cruz	—	la sumisión de la muerte al ego para hacer la voluntad de Dios siguiendo a Cristo	9
torre de Babel	—	la torre que el antiguo pueblo babilónico construyó (Génesis 11) algún tiempo después del diluvio para alcanzar el cielo y adorar a los dioses en los que creían; probablemente una pirámide escalonada o zigurat, como las encontradas en la región.	2
trascendente	—	exceder los límites usuales; más allá de los límites de la experiencia normal.	1
unción	—	la ceremonia del Antiguo Cercano	7

Oriente de verter aceite sobre la cabeza de una persona y de esa manera designarle oficialmente para una función de liderazgo en la comunidad; cuando Dios designaba un sacerdote, un profeta, o un rey, Él también les daba poder por medio del Espíritu Santo para cumplir sus propósitos; corresponde a nuestro servicio de ordenación.

Urim y Tumim	—	los medios que Dios estableció para determinar su voluntad para su pueblo a través de los sacerdotes; probablemente piedras preciosas que o brillaban o eran lanzadas a la suerte y controladas por Dios; el significado de los términos no parece importante – pueden referirse a	7

luces y perfecciones/integridad, o la primera y la última letra del alfabeto hebreo.

voto — una promesa solemne o compromiso ante Dios   4

Moisés en el judaísmo rabínico[1]

MOISÉS (מֹשֶׁה, *mosheh*; Μωϋσῆς, *Mōusēs*). El nombre significa "nacido" [Egipcio] o "el que es sacado [del agua]". Hermano de Aarón el sumo sacerdote y de María. Líder del pueblo hebreo en el siglo XIII a.C. Escogido por Dios para liderar al pueblo hebreo desde Egipto a Canaán. Habla con Dios "cara a cara, como quien habla con un amigo" (Éxo 33:11 NVI). Recibe la ley de Dios en el monte Sinaí y construye un tabernáculo según la instrucción de Dios. Moisés actúa como intermediario entre Dios y el pueblo durante 40 años, sin embargo muere antes de entrar a la tierra prometida.

Moisés en los libros históricos

La mayoría de las referencia a Moisés en los libros históricos lo describen como "siervo de Dios" y lo relacionan con una ley específica o un conjunto de leyes. Moisés se refiere a "este Libro de la Ley" en Deuteronomio, pero no añade su nombre al documento (Deut 28:61; 29:21; 30:10; 31:26). Poco después de su muerte, los autores bíblicos atribuyen a Moisés este libro y la ley que contiene. Los títulos más comunes son:

- "Ley de Moisés" (Jos 8:31–32; 1 Rey 2:3; 2 Rey 23:25; 2 Crón 23.18, 30.16, Esd 3.2, 7.6; ver también Dan 9:11–13; Mal 4:4)
- "Libro de Moisés" (2 Crón 25:4; 35:12; Esd 6:18; Neh 13:1; ver también Mar 12:26)
- "Libro de la Ley de Moisés" (Jos 23:6; 2 Rey 14:6; Neh 8:1)

Muchos de estos pasajes reconocen la influencia de Dios, pero le atribuyen el documento a Moisés.

El libro de la ley en ocasiones es considerado directamente como la ley de Dios:

- El título "Libro de la ley de Dios" se encuentra tres veces y el título "Libro de la ley de Jehová" se encuentra tres veces (Jos 24:26; 2 Crón 17:9; 34:14; Neh 8:8, 18; 9:3).
- El título "Libro de la Ley del Señor dado a través de Moisés" se encuentra una vez (2 Crón 34:14).
- El título genérico "Libro de la Ley" también aparece fuera de Deuteronomio (2 Rey 22:8, 11; 2 Crón 34:15; Neh 8:3; ver también Gál 3:10).

Moisés en los salmos y en los profetas

Los salmos y los profetas enfatizan la función de Moisés como mediador entre Dios y su pueblo. En los Salmos:

- (Sal 77:20) Dios guía al pueblo por medio de Moisés.

---

[1] Amy Balogh (Pfeister). (2014). Moisés. In J. D. Barry & L. Wentz (Eds.), *Diccionario Bíblico Lexham*. Bellingham, WA: Lexham Press.

- (Sal 103:7) Dios revela sus caminos a Moisés.
- (Sal 99:6; 105:26; 106:16) Dios estableció a Moisés y Aarón sobre Israel y Egipto.
- (Sal 106:23) Luego del episodio del becerro de oro, se dice que Moisés se puso "en la brecha" (LBLA) entre Dios e Israel, evitando así la destrucción del pueblo (ver también Éxo 32).
- (Sal 106:32) Se relata la frustración que Moisés experimenta en el desierto.
- Sal 90 es atribuido a Moisés.

Los libros proféticos en raras ocasiones mencionan a Moisés:

- (Isa 63:11-12) Isaías hace memoria de "los días antiguos de Moisés" mientras se pregunta dónde ha estado "el que hizo que su glorioso brazo marchara a la derecha de Moisés" (NVI).
- (Jer 15:1) Dios le dice a Jeremías que aun si Moisés y Samuel intercedieran por Israel, él no cedería.
- (Mal 4:4) Dios recuerda al pueblo que tengan presente "la ley de Moisés mi siervo".
- (Miq 6:4) Dios le recuerda al pueblo que él envió a Moisés para sacarlos de Egipto.
- (Dan 9:11 y 13) Menciona la "ley de Moisés".

Moisés en el Nuevo Testamento

La mayoría de las referencias a Moisés en el Nuevo Testamento:

- Se refieren a algo que Moisés ordenó
- apelan a las tradiciones acerca de él para enseñar
- Lo comparan a Jesús para argumentar a favor de que el cristianismo es el cumplimiento del judaísmo

Moisés es con mayor frecuencia mencionado en conexión con algo que ordenó o con la "ley de Moisés". En los Evangelios Sinópticos, estas referencias están conectadas con las leyes relativas a:

- (Mat 8:4; Mar 1:44; Luc 5:14) Enfermedades de la piel
- (Mat 19:7-8; Mar 10:3-4) divorcio
- (Mat 22:24; Mar 12:19; Luc 20:28) Matrimonio por levirato
- (Mar 7:10) El trato a los padres
- (Luc 2:22) Dedicación del primogénito
- (Juan 8:5) Adúlteros
- (Juan 7:22-23; Hech 15:1, 15) Circuncisión
- (1 Cor 9:9) Bueyes
- (Heb 7:14) Linaje sacerdotal

Acusaciones contra Esteban (Hech 6-7) que incluían que había hablado "palabras blasfemas contra Moisés y contra Dios". (Hech 6:11) y que había proclamando que Jesús destruirá el templo y "cambiará las costumbres que nos dio Moisés" (Hech 6:14). Antes de que Esteban fuera apedreado hasta morir, apela a la historia y carácter de Moisés (Hech 7:20-44) como parte de su defensa del cristianismo.

Algunos judíos se refieren a sí mismos como discípulos de Moisés; para contrastarse con los discípulos de Jesús (Juan 9:28-29). Los judíos cristianos sostienen que olvidar o rechazar la ley de Moisés tiene consecuencias negativas (Hech 21:21; Heb 10:28). Jesús anima a los judíos a guardar la ley, diciendo "en la cátedra de Moisés se sientan los escribas y los fariseos. Así que, todo lo que os digan que guardéis, guardadlo y hacedlo; mas no hagáis conforme a sus obras, porque dicen, y no hacen". (Mat 23:2-3). Santiago argumenta que los gentiles convertidos al cristianismo no deberían ser obligados a cumplir la ley "porque Moisés desde tiempos antiguos tiene en cada ciudad quien lo predique en las sinagogas, donde es leído cada día de reposo" (Hech 15:21).

Juan se refiere a Moisés como la persona por medio de la cual Dios entregó la ley (7:19; 8:5), pero contrasta la ley por medio de Moisés con "la gracia y la verdad" por medio de Jesucristo (Juan 1:17). Pablo argumenta que la obra de Cristo reemplaza a la ley de Moisés (Hech 13:39) y que la justicia basada en la ley de Moisés es inferior a la justicia basada en la fe (Rom 10:5). Sin embargo, Pablo continúa apelando a las palabras de autoridad de Moisés para argumentar a favor del cristianismo (Rom 9:15; 10:19). El autor de Hebreos argumenta que Jesús es mayor que Moisés (Heb 3:1-5; 10:28), pero incluye a Moisés en el famoso "salón de la fe" como un personaje ejemplar (Heb 11:23-28). Otros argumentos a favor de que Jesús reemplaza a Moisés incluyen discusiones sobre el velo de Moisés (2 Cor 3:7-15) y el maná del cielo (Juan 6:32).

Moisés también es mencionado junto con los profetas (Luc 16:29, 31; 24:27), y se dice que ambos hablaron acerca de Jesús (Luc24:44; Juan 1:45; Hech 3:22; 26:22; 28:23). Moisés también aparece junto con Elías en la transfiguración (Mat 17:3-4; Mar 9:4-5; Luc 9:30-33).

Algunas referencias en el Nuevo Testamento reflejan tradiciones acerca de Moisés que no han sido expresadas previamente:

- Jud 1:9 manifiesta: "Pero cuando el arcángel Miguel contendía con el diablo, disputando con él por el cuerpo de Moisés, no se atrevió a proferir juicio de maldición contra él, sino que dijo, "El Señor te reprenda" ". Los padres de la iglesia le atribuyen esta declaración a un libro titulado La ascensión de Moisés, pero tal tradición no es expresada en ninguna leyenda judía que haya sobrevivido, relacionada a la muerte de Moisés (Graupner y Wolter, *Moses in Biblical and Extra-Biblical Traditions*, 180).
- (Juan 5:45-46) Moisés es presentado como el acusador de los no creyentes.
- (Juan 7:22-23; Hech 15:1, 5) Se lo describe como el originador de la circuncisión.

- (1 Cor 10:1-6) Pablo describe el bautismo "y todos en Moisés fueron bautizados en la nube y en el mar".
- (Apoc 15:3) El autor de Apocalipsis registra una canción de Moisés de la que no hay testimonio en ningún otro lugar de la Biblia.
- (2 Tim 3:8) Los magos que se oponen a Moisés en Egipto (Éxo 7-8) son nombrados Janes y Jambres, una tradición que se encuentra en numerosos textos no bíblicos incluyendo los rollos del mar Muerto (Graupner y Wolter, *Moisés en las tradiciones bíblicas y extra bíblicas*, 211-26; Abrahams et al., *Moses*, 533).

Moisés en la tradición grecorromana

La ley judía en los círculos antiguos no judíos, asociaba a Moisés con magia, sabiduría divina, astrología, encantamientos, alquimia, amuletos y filacterias. Numenio de Apamea presenta a Moisés como mago con oraciones superiores a las de Janes y Jambres (Abrahams et al., *Moses*, 533; ver también Éxo 7-8; 2 Tim 3:8). Los textos mágicos seudónimos tales como El octavo libro de Moisés, El libro décimo secreto de Moisés, y El libro de Moisés sobre los arcángeles son atribuidos a Moisés (Gager, *Moses in Greco-Roman Paganism*, 134-60).

Moisés es alabado y criticado como el dador de la ley judía (Gager, *Moses in Greco-Roman Paganism*; Abrahams et al., *Moses*, 531-32). Las primeras referencias griegas a Moisés lo reconocen por entrenar a los jóvenes en las restricciones morales y la resistencia heroica, prohibiendo las imágenes antropomórficas de Dios, estableciendo el estado y la religión judía, y dividiendo al pueblo en doce tribus—el número perfecto (Abrahams et al., *Moses*, 531). Cuando comenzó el conflicto con el pueblo judío, Moisés "se convirtió en el blanco de la literatura antisemítica ponzoñosa", la cual lo acusa de promover leyes defectuosas, aislamiento, odio y sabotaje a los extranjeros, muerte y auto idolatría (Gager, *Moses in Greco-RomanPaganism*, 80-112; Abrahams et al., *Moses*, 531-32).

Moisés en la tradición judía antigua

El judaísmo helenístico y el judaísmo palestino antiguo enfatizan la identidad de Moisés como escogido por Dios para dar la ley. En respuesta a los ataques antisemíticos grecorromanos (ver "Moses in Greco-RomanTradition"), los judíos helenistas rechazan a las acusaciones contra Moisés e intentan iluminar a sus oponentes en relación con Moisés. Dos de los más notables defensores de Moisés son Filón de Alejandría y Flavio Josefo.

Filón de Alejandría retrata a Moisés como un filósofo extraordinario, sabio, dador de la ley y un hombre de virtud. El famoso tratado de Filón, *On the Creation*, abre con un relato del genio retórico de Moisés cuando entrega la ley y expresa "las bellezas de sus ideas respecto a la creación del mundo" (I:1-4). Filón *escribeOn the Life of Moses* para revelarles a los opositores envidiosos e ignorantes de la verdad al "hombre más grande y más perfecto que haya existido alguna vez" (I:1-4). Como judío helenizado, Filón cree que la filosofía griega se desarrolló en base a las verdades filosóficas que Dios le enseñó a Moisés. Utiliza ideas y razonamientos griegos para promover a Moisés como líder física, mental, sicológica y espiritualmente superior. Estos atributos califican a Moisés como un "hombre divino" en el pensamiento griego (Beegle, *Moses*, 916).

Flavio Josefo también describe a Moisés como un "hombre divino" y un "hombre de Dios" (Beegle, *Moses*, 916). Josefo afirma que Moisés estableció la sociedad ideal (Ag. Ap. 2.16) y atribuye el favor que Moisés tuvo de parte de Dios a su habilidad para controlar sus pasiones (Ant. 4.8.49). También afirma que el entendimiento de Moisés superó "a todos los hombres que hayan vivido y que [él] puso el fruto de sus reflexiones al más noble de los servicios" (Ant. 4.8.49). Los dones divinos de Moisés incluso fueron reconocidos por los egipcios, quienes lo nombraron general por una campaña victoriosa contra Etiopía. En esa ocasión Moisés conoce y se casa con una princesa etíope (Ant. 2.10.2; ver también Núm 12:1). Josefo concluye su alabanza a Moisés diciendo, "como general tuvo pocos que lo igualaran, y como profeta ninguno, hasta el punto que en todas sus declaraciones pareciera que Dios mismo estuviera hablando" (Ant. 4.8.49; Beegle, *Moses*, 917).

Buscando que sus textos tuvieran autoridad, los escritores palestinos los atribuían a Moisés "debido a que la tradición sostenía que el tiempo de la profecía había cesado" (Beegle, *Moses*, 917). El testamento de Moisés y la asunción de Moisés recrean Deut 31-34 y exponen la muerte y el entierro de Moisés. La asunción de Moisés sostiene que Moisés le dio a Josué los libros secretos para preservarlos y esconderlos hasta el "fin de los días" (1:18). Jubileos, una recreación de Gén 1-Exod 12, afirma ser la palabra secreta de Dios dada a Moisés en el monte Sinaí además del Pentateuco (Jub. 6:22; Crawford, *Rewriting Scripture*, 60-83). El autor de Jubileos manifiesta que los patriarcas guardaron la Torá rigurosamente y que establecieron el estándar de obediencia fiel para todos (Beegle, *Moses*, 917). Tanto Jubileos como la comunidad de Qumrán usan el calendario solar porque está basado en la creación y en la autoridad de Moisés (Beegle, *Moses*, 917). La entrega a Moisés de los "libros secretos" o "conocimiento secreto" se puede comparar con 2 Esdr 14. Aquí Esdras, el "segundo Moisés", recibe los 24 libros canónicos por revelación divina además de otras setenta obras apocalípticas las cuales debe mantener en secreto (Abrahams et al., *Moses*, 533).

Según los rollos del mar Muerto, el "Maestro de Justicia" tiene la llave para abrir verdades escondidas en las revelaciones de Moisés y de los profetas. Además, la era mesiánica es modelada según la era de Moisés y el "profeta ... les levantaré" (Deut 18:15, 18) es "una figura escatológica asociada con el Mesías davídico y sacerdotal" descritos en las rollos (Beegle, *Moses*, 917).

Moisés en el judaísmo rabínico

Según la tradición rabínica, Dios le da a Moisés tanto la ley escrita (Éxodo-Deuteronomio) como la oral en el monte Sinaí. Ambas leyes son transmitidas por medio de la tradición oral. Los rabinos consideran que ellos continúan con la obra de Moisés debido a que sus ideas e interpretaciones derivan de cualquiera de estas fuentes. La noción de la ley oral le permite a los rabinos actualizar la ley escrita de Moisés cuando surge la necesidad sin violar el espíritu de la ley (Beegle, *Moses*, 917). Tales interpretaciones de la ley son conocidas como *Halajot* y sirven como pautas para la vida correcta. Los rabinos enfatizan el rol de Moisés como maestro cuyas palabras tienen un valor equivalente a siglos de debate. Algunos de estos debates se encuentran en la Mishná y el Talmud. Los rabinos se consideran como discípulos de Moisés, el "gran maestro" (Beegle, *Moses*, 917).

El judaísmo rabínico afirma la supremacía de Moisés Rabbenu ("Moisés, nuestro maestro") pero le niegan honores o atributos divinos. Él es el más grande de los maestros, el intermediario entre Dios y el hombre, y el único con quien Dios ha hablado "cara a cara" (Éxo 33:11), pero es también un hombre sin faltas.

Además del Halajot, la literatura rabínica se caracteriza también por muchos Hagadot. Una Hagadá es una historia con frecuencia entretenida e instructiva que expande y embellece tradiciones previas. Hay por lo menos una Hagadá por cada evento importante de la vida de Moisés. Ejemplos de Hagadot:

- Moisés nace circuncidado (Soṭah 12a), rechaza la leche impura de una nodriza egipcia (Soṭah 12b), mata al egipcio ante la orden de los ángeles, y evita ser decapitado cuando su cuello se transforma en un pilar de marfil (Exod Rab. 1:28–31).
- Satanás fue responsable por el episodio del becerro de oro (Shabb. 89a), entonces Moisés rompe las tablas para que parezca que los mandamientos no habían sido dados así el pueblo no podría ser juzgado por medio de ellos ('Abot R. Nat. 2:5–6). Cuando Moisés se da cuenta de su responsabilidad por el destino de Israel, defiende al pueblo (Ber. 32a).
- Moisés muere debido al beso de Dios (Deut. Rab. 11:10; B. Bat. 17a) en su cumpleaños 120, el séptimo día del mes de adar (Sop. 11:2), y es enterrado en un lugar que no se puede descubrir (Soṭah 14a).

Moisés en la tradición Cristiana antigua

Los padres de la iglesia con frecuencia se refieren a la vida de Moisés para decir algo importante acerca de Jesús. Lo eventos de Éxodo son interpretados como eventos tipológicos de la vida de Jesús. Por ejemplo el cruce del mar Rojo es interpretado como una especie de bautismo (ver también 1 Cor 10:1–6), y el agua de la roca (Éxo 17:6) se transforma en un símbolo de la eucaristía (Abrahams et al., *Moses*, 538). Eusebio describe a Constantino como el "Nuevo Moisés" que libera al pueblo de los "tiranos paganos" e implementa el sistema de gobierno de Dios en el mundo romano (*Moses in Biblical and Extra-biblical Traditions*, 241-55).

Gregorio de Nisa escribió La vida de Moisés en la última mitad del siglo cuarto d.C. La meta de su obra es sintetizar la escritura judía, la filosofía griega y la creencia cristiana (Malherbe y Ferguson, *Life of Moses*, 5). La vida de Moisés se divide en cuatro secciones (Malherbe y Ferguson, *Life of Moses*, 3):

1. Introducción
2. Historia (*historia*)
3. Contemplación (*teoría*)
4. Conclusión

En la contemplación, la vida de Moisés "se convierte en un símbolo del viaje espiritual del alma hacia Dios" y es una parábola para la vida cristiana (Malherbe y Ferguson, *Life of Moses*, 5). Este tratado es tanto teológico como filosófico con un énfasis en el ascetismo. Los temas repetidos incluyen (Malherbe y Ferguson, *Life of Moses*, 14-18):

- Dios, Cristo, el Espíritu Santo, y los ángeles
- La humanidad y el alma
- El libre albedrío y la cooperación divina
- El bautismo
- La salvación universal
- La Escritura

Moisés en la tradición islámica

El Corán y otros textos islámicos antiguos hacen exégesis y exponen las tradiciones, los rasgos de la personalidad y los temas relacionados con Moisés. El Corán incluye la historia del viaje de Moisés para encontrarse con al-Khiḍr, un siervo de Dios sin nombre de quien Moisés intenta aprender acerca de la justicia de Dios (Sura 18:60-82). Un siervo de Moisés y un profeta lo acompañan en su viaje, el cual ha sido comparado a La épica de Gilgamesh y otras diversas historias de aventuras (Wheeler, *Moses in the Quran*, 10-36). Otra historia en el Corán fusiona a Moisés y la historia de Jacob y Labán (Gén 28:10-31:21; Sura 28:21-28). La narrativa se desarrolla en Madián durante un período en la vida de Moisés minimizado por los escritores bíblicos (Éxo 2:15-22). "Los exégetas utilizan esta fusión para enfatizar los linajes separados de Moisés y Mohamed, quienes descendieron, respectivamente de Isaac e Ismael" (Wheeler, *Moses in the Quran*, 38). Otros textos contienen la leyenda relativa a que la vara de Moisés provenía de un árbol que había crecido en el Jardín del Edén y que lo recibió como herencia Adán. En concordancia, con las tradiciones bíblicas cristianas y judías (Deut 34; Jud 1:9), el islam también considera la muerte de Moisés como un evento sin paralelo en la historia del mundo (Abrahams et al., *Moses*, 539).

Historicidad de Moisés

Las propuestas acerca de la historicidad de Moisés y el éxodo dependen fuertemente de las discusiones acerca de la hipótesis documentaria y los orígenes de Israel como entidad política. También hay dos puntos de vista opuestos:

1. Moisés escribió el Pentateuco como un registro histórico preciso.
2. La historia de Moisés pertenece al campo de la leyenda, y no hay material auténtico preciso acerca de él.

Muchos de los eventos milagrosos que ocurrieron en la vida de Moisés, son considerados como mitos o leyendas:

- (Éxo 2:2) Su nacimiento secreto
- (Éxo 2:3-10) La escena del "niño abandonado" (Abrahams et al., *Moses*, 526; Propp, *Exodus 1-18*, 155; Cohen, *Origins and Evolution*, 5-10)
- (Éxo 1:15-22) El tema del asesinato (Cohen, *Origins and Evolution*, 10-12)
- Llamado profético (Abrahams et al., *Moses*, 527)

los eventos milagrosos de la vida de Moisés están también expuestos a sospechas, incluyendo la naturaleza de sus interacciones con Dios. Las complejidades, las inconsistencias y las interrupciones en la narrativa en Éxodo-Deuteronomio complican aún más la discusión. Esto se puede explicar como el producto de la confluencia de tradiciones múltiples acerca de Moisés, el éxodo y el Sinaí (Beegle, *Moses*, 911).

Courtney escribe, "Moisés casi con certeza existió como persona en la historia. Sin embargo, debido a que fue una figura fabulosa en la historia bíblica, los eventos en su vida se convirtieron en mitológicos y legendarios" (Courtney, *The Birth of God*, 65). Es posible que un hombre llamado Moisés de la tribu de Leví se casara con madianitas seminómadas, que haya liderado una revuelta de esclavos, gobernado un pueblo, muerto en Transjordania (Gottwald, *Tribes of Yahweh*, 35), y que haya dejado un conjunto de leyes que posteriormente se convertirían en su legado. Después de todo, "no hay ley ni tradición sin Moisés" (Coats, *Moses*, 169) y su rol como dador de ley toma posición central en las tradiciones bíblicas y posbíblicas. Kirsch argumenta, "si Moisés no existió realmente, hubiera sido necesario para los israelitas de la antigüedad inventarlo. Y tal vez lo hicieron" (Kirsch, *Moses*, 23).

El papel de Moisés de presentarles el Señor y la monolatría a los israelitas—adoración a una sola deidad—aún permanece abierto a conjeturas. El nombre personal de Dios, Yavé, es presentado en Éxo 3. En Éxodo, Dios comienza a presentarse como el libertador, dador de la ley y como una deidad tan poderosa a la cual las personas comunes no pueden ver ni acercarse. Dios no exhibe estas características en Génesis. Schmid argumenta que Génesis y Éxodo-Deuteronomio son historias que compiten entre sí por el origen, y que la narrativa de Moisés al final triunfa (Schmid, *Genesis and the Moses Story*). Sin embargo, Dios es un hacedor de pactos en ambas tradiciones. Además, un período de 400 años (Gén 15:13; Éxo 12:40-42) más la experiencia de la esclavitud y la liberación probablemente influyeron en el desarrollo teológico del pueblo hebreo. El nombre nuevo de Dios y sus características no implican que Génesis y Éxodo-Deuteronomio representen tradiciones que compiten entre sí. El límite entre Génesis y Éxodo no necesita ser definido tan claramente.

Moisés en la Biblia

Los años previos al éxodo. Moisés, hebreo por nacimiento, pasó 80 años de su vida viviendo en la casa del Faraón y pastoreando ovejas en la tierra de Madián.

Moisés nació durante el período de 400 años que los hebreos fueron esclavos en Egipto (Gén 15:13; Éxo 12:40-42). Su padres biológicos, Amram y Jocabed, son de la tribu de Leví (Éxo 2:1; 6:16-20; 7:7; Núm 26:59; 1 Crón 6:3; 23:12-14). Moisés también tuvo una hermana mayor, María, y un hermano mayor, Aarón.

- (Éxo 1:15-22) Faraón emite un decreto exigiendo que todo hebreo recién nacido fuera arrojado al Nilo.
- (Éxo 2:2-3) Jocabed oculta a Moisés por tres meses, lo coloca en una canasta de juncos calafateada con asfalto y brea, y lo deja en el Nilo.
- (Éxo 2:5-6) La hija del Faraón descubre al niño y siente pena por él.
- (Éxo 2:4, 7-9) La hija del Faraón acepta la sugerencia de María y le paga a Jocabed para que lo amamante.
- (Éxo 2:10) La hija del Faraón lo adopta y lo llama "Moisés", diciendo "porque de las aguas lo saqué". En la lengua egipcia, "Moisés" significa "nacido".
- (Éxo 2:11-12) Moisés mata a un egipcio porque estaba golpeando a un hebreo y esconde el cuerpo en la arena.
- (Éxo 2:15) Moisés huye a Madián, porque teme la reacción del faraón.
- (Éxo 2:16-19) En Madián, Moisés ayuda a las siete hijas del sacerdote Jetro y extrae agua para el rebaño.
- (Éxo 2:21-22, 18:4) Moisés se casa con Séfora la hija de Jetro. Séfora da a luz a Gersón y Eliezer hijos de Moisés.

El regreso a Egipto

- (Éxo 3:1-2) Moisés ve al ángel de Dios en la zarza ardiente en el monte Horeb, el monte de Dios (ver también Mar 12:26; Luc 20:37).
- (Éxo 4:14-17) Dios comisiona a Moisés para confrontar al Faraón y liberar a su pueblo, y designa a Aarón como el vocero de Moisés.

- (Éxo 4:18-20) Moisés regresa a Egipto con su familia.
- (Éxo 4:24-26) Dios trata de "matarlo" (aparentemente a Moisés). Séfora interviene circuncidando a su hijo con un pedernal, tocando el pie de Moisés con el prepucio, y diciendo "Ella había dicho entonces: Eres esposo de sangre" (LBLA).
- (Éxo 4:27-30) Aarón y Moisés reúnen a los ancianos, les explican el mandamiento de Dios y realizan las señales.
- (Éxo 5) Moisés y Aarón confrontan al Faraón por primera vez, y como resultado el Faraón obliga a los esclavos a fabricar más ladrillos pero sin paja.
- (Éxo 6:1-10; 7:1-13) Dios reafirma su plan y le provee a Moisés señales para presentarse delante del Faraón.

Las diez plagas y el éxodo
- (Éxo 7:7) A los 80 años Moisés confronta al Faraón e invoca las diez plagas sobre Egipto (Éxo 7:14-12:30, ver también Pascua):
    1. El agua se transforma en sangre
    2. Las ranas
    3. Los piojos
    4. Las moscas
    5. La muerte del ganado
    6. Las úlceras
    7. El granizo
    8. Las langostas
    9. Las tinieblas
    10. La muerte de los primogénitos, tanto de las personas como de los animales
- (Éxo 11:5; 12:30-32) "Porque no había casa donde no hubiera un muerto" (RV95) el Faraón permite que el pueblo se vaya con su ganado.
- (Éxo 13:19; 12:37-38; Gén 50:24-26) Moisés saca los huesos de José de Egipto y guía al pueblo de Israel desde Ramesés hacia Sucot.

El cruce del mar Rojo
- Los israelitas parten de Egipto hacia Canaán por el camino del mar Rojo.
- (Éxo 14:4-9) El Faraón y sus siervos persiguen al pueblo de Israel con todos sus carros y caballos
- (Éxo 14:15-22) Moisés divide el agua para que el pueblo pueda cruzar sobre tierra seca. Une nuevamente el agua y hace que caiga sobre los egipcios.
- (Éxo 15:1-21) Moisés y el pueblo celebran.

En el desierto
- (Éxo 15:25-26) Luego de tres días en el desierto, Israel llega a Mara, un manantial de aguas amargas. Moisés lanza una rama en el agua, y se transforma en agua dulce

- Moisés guía al pueblo al desierto de Sin.
- (Éxo 16:16-30) Dios envía maná en la mañana y codornices a la tarde.
- (Éxo 16:33) Moisés ordena a Aarón que ponga maná en una vasija "y ponlo delante de Jehová, para que sea guardado para vuestros descendientes … "
- (Éxo 17:6) En Refidim, Moisés golpea la roca en Horeb con su vara. El agua brota.
- (Éxo 17:7) Moisés llama al lugar Masah, "prueba", y Meriba, "rencilla", debido a que allí el pueblo probó y contendió con Dios.
- (Éxo 17:8) Mientras Israel acampa en Refidim, Amalec sale a pelear con ellos. Moisés ordena a Josué que seleccione las tropas y pelee mientras él está de pie en la cima de la colina con la vara de Dios en su mano.
- (Éxo 17:11) Mientras Josué y sus hombre pelean, Moisés, Aarón y Hur ascienden a la colina donde Moisés mantiene sus manos en alto. Cuando las manos de Moisés están arriba, Israel prevalece; cuando sus manos bajan, Amalec prevalece.
- (Éxo 17:12-13) Aarón y Hur sostienen las manos de Moisés hasta que el sol se pone; Josué arrasa a Amalec con espada.
- (Éxo 17:14) Dios ordena a Moisés que escriba esto en un libro y que se lo repita a Josué: "que borraré del todo la memoria de Amalec de debajo del cielo".
- (Éxo 17:15-16) Moisés construye allí un altar, y lo llama "Jehová-nisi" (Jehová es mi estandarte), y proclama "por cuanto la mano de Amalec se levantó contra el trono de Jehová, Jehová tendrá guerra con Amalec de generación en generación".
- (Éxo 18:2-5) Jetro reúne a Moisés con su familia.
- (Éxo 18:11-12) Jetro proclama "Jehová es más grande que todos los dioses", ofrece holocaustos y sacrificios a Dios, y come pan con Moisés, Aarón y los ancianos de Israel delante de Dios.
- (Éxo 18:13-23) Por sugerencia de Jetro, Moisés delega algunas de sus responsabilidades de juez a una jerarquía de jueces.

En el monte Sinaí
- (Éxo 19:1-3) "En el mes tercero de la salida de los hijos de Israel de la tierra de Egipto", en el mismo día el pueblo entró al desierto de Sinaí y acampó al pie del monte.
- (Éxo 19:3, 7, 8, 14, 20, 25) Moisés asciende a la montaña tres veces, siendo el mensajero entre Dios e Israel y viceversa en preparación para la ceremonia del pacto.
- (Éxo 19:25-20:17) Dios les da los diez mandamientos mientras el pueblo oye su voz.
- (Éxo 20:21; ver también Heb 12:21) El pueblo contempla desde lejos por temor mientras "Moisés se acercaba a la oscuridad en la cual estaba Dios … "
- (Éxo 20:22-33:23) Moisés recibe las regulaciones sobre los altares, el código del pacto, y la promesa de la conquista.
- (Éxo 24:3-8) Moisés y los israelitas realizan la ceremonia del pacto:
- Construyen un altar

- Envían jóvenes a hacer sacrificios
- Derraman sangre sobre el altar
- Leen el "libro del pacto" al pueblo que responde con juramento
- Salpican los que queda de la "sangre del pacto" sobre el pueblo
- (Éxo 24:9-11) Moisés, Aarón, Nadab, Abiú, y 70 ancianos ascendieron parcialmente al monte donde todos vieron a Dios y comieron con él.
- (Éxo 24:12) Dios ordenó a Moisés que continuara su ascenso para que pudiera darle las "tablas de piedra, la ley, y los mandamientos" las cuales Dios había escrito para instruir al pueblo.
- (Éxo 24:13-17) Moisés asciende al monte Sinaí, donde la gloria de Dios habita y se manifiesta en una nube de fuego.
- (Éxo 24:18) Moisés entra y habita esa nube por cuarenta días y cuarenta noches. Durante este tiempo, Moisés recibe instrucciones detalladas acerca de:
- (Éxo 26:1-37) La construcción del tabernáculo
- (Éxo 25:10-40; 27:1-21; 30:1-38) Sus muebles
- (Éxo 28:1-29:46) Vestimenta y consagración de los sacerdotes
- (Éxo 31:11) Quién hará toda la construcción
- (Éxo 25:9) Dios le muestra a Moisés los patrones que debe seguir cuando ensamble el producto final (ver también Hech 7:44; Heb 8:5).
- (Éxo 31:12-17) Dios enfatiza el sabat como símbolo del pacto.
- (Éxo 31:18; 25:21) Dios le da a Moisés "dos tablas del testimonio, tablas de piedra escritas con el dedo de Dios". Las cuales debían ser colocadas en el arca del pacto.

El episodio del becerro de oro
- (Éxo 32) Los israelitas diseñaron un becerro de oro con la ayuda de Aarón
- (Éxo 32:10) Dios se enciende en ira y quiere consumirlos y hacer de Moisés una gran nación para reemplazarlos. Moisés convence a Dios que no lo haga apelando a su reputación por lo que hizo en Egipto y a sus promesas a Abraham, Isaac, e Israel.
- (Éxo 32:16) Moisés se enfurece cuando ve el ídolo y despedaza las tablas del testimonio.
- (Éxo 32:20) Moisés quema el becerro, lo muele hasta hacerlo polvo lo esparce en el agua, y obliga al pueblo a beberla.
- (Éxo 32:22-24) Moisés confronta a Aarón quien niega su participación, aludiendo que el pueblo es "inclinado al mal" y dice, "lo eché en el fuego y salió este becerro".
- (Éxo 32:26) Moisés pregunta "¿Quién está por Jehová? Júntese conmigo". Los hijos de Leví se adelantan, y Moisés ordena una masacre que resulta en la muerte de 3.000 hombres.
- (Éxo 32:29) Moisés bendice a la tribu de Leví diciendo, "hoy os habéis consagrado a Jehová".

- (Éxo 32:30-35) Moisés pide por el perdón de los israelitas; Dios decide "borrar" a los pecadores de su libro y "castigarlos por su pecado" "enviando una plaga sobre el pueblo (NVI)".

La relación de Moisés con Dios
- (Éxo 33) Dios decide que será más seguro para el pueblo si él se queda en el desierto y envía un ángel que acompañe al pueblo en su lugar. Moisés lo hace cambiar de idea apelando a su relación personal.
- (Éxo 33:7-11) Moisés levanta la tienda de reunión afuera del campamento. Cada vez que él entraba en la tienda, el pilar de nube descendía y se mantenía en la entrada mientras Dios hablaba con Moisés "cara a cara, como habla cualquiera a su compañero" (ver también Núm 12:6-8).
  - (Éxo 33:12-13) Moisés pide conocer los caminos de Dios para que pueda conocerlo y continuar encontrando favor en sus ojos, a pesar de su separación geográfica (ver también Sal 103:7). Moisés argumenta que ni él ni el pueblo sabrán si han hallado el favor de Dios a menos que él vaya con ellos. Además, es la proximidad de Dios y la interacción con Israel lo que los distingue entre las naciones, y lo que a Moisés lo hace diferente entre el pueblo.
  - (Éxo 33:12, 17) Dios concuerda con Moisés porque Moisés encontró favor en sus ojos y Dios lo conoce por su nombre.
  - (Éxo 33:18-23) Moisés pide ver la gloria de Dios, por lo tanto Dios lo cubre con su mano en la hendidura de una roca mientras él pasa y proclama su propio nombre. Dios quita su mano y permite que Moisés vea su espalda debido a que ningún hombre puede ver el rostro de Dios y vivir.
  - (Éxo 34:1-5) Dios ordena a Moisés que haga dos tablas para reemplazar las que había quebrado y que las lleve, solo, al monte Sinaí.
  - (Éxo 34:6-26) Dios perdona al pueblo y renueva su pacto, con Moisés como único testigo.
  - (Éxo 34:27-28) Durante los 40 días y 40 noches que permanece en la montaña, Moisés ayuna y escribe las palabras del pacto y los diez mandamientos sobre las tablas.
  - (Deut 10:1-5) Moisés desciende y coloca los mandamientos en un arca de madera (ver también 2 Crón 5:10; Heb 9:4).
  - (Éxo 34:29) Su rostro resplandecía "después que hubo hablado Dios".
  - (Éxo 34:31-33; 34-35). El pueblo tiene miedo; Moisés les da los mandamientos de Dios y pone un velo sobre su rostro. Desde entonces, Moisés usaba continuamente el velo a menos que estuviera hablando con Dios o hablando las palabras de Dios al pueblo. Ver también 2 Cor 3:7-15).

El tabernáculo

- (Éxo 25-31; 35-39; 39:32-43) Moisés proclama que es tiempo de construir el tabernáculo, su mobiliario, y de confeccionar las vestimentas sacerdotales. El pueblo cumpliría con sus tareas según lo que Dios había ordenado y traería los materiales a Moisés, quien los aprobaría y los bendeciría.
- (Éxo 40:1-33; Lev 8:10-11; 1 Crón 21:29) Moisés ensambla, consagra y unge el tabernáculo el primer día del primer mes en el segundo año a partir del éxodo.
- (Éxo 40:34-35) La nube desciende y cubre la nueva tienda de reunión. La gloria del Señor llena el tabernáculo de tal manera que ni siquiera Moisés puede entrar.
- (Éxo 40:36-38; Núm 9:15-23) La nube de día o el fuego de noche permanecían sobre el tabernáculo "a vista de toda la casa de Israel" hasta que era tiempo de continuar la jornada.
- (Núm 7) Los jefes tribales traen ofrendas a Dios. A cada una de las doce tribus se le asigna un día para sacrificar.
- (Núm 7:89) Luego que los doce días han pasado, Moisés entra al tabernáculo para hablar con Dios y oye la voz que le habla "de encima del propiciatorio que estaba sobre el arca del testimonio, de entre los dos querubines; y hablaba con él".
- (Núm 9:1-14) Los israelitas celebran la pascua.

La ley y la consagración del linaje de Aarón

- (Lev 8:1-13; 14:30; Núm 8) Moisés consagra a Aarón y a los hijos de Aarón ante el pueblo. Provee un becerro para la ofrenda del pecado, un carnero para la ofrenda encendida y un segundo carnero como "el carnero de las consagraciones". Las tres ofrendas son sacrificadas por Aarón y sus hijos, pero Moisés oficia las ceremonias de consagración y ordenación.
- (Éxo 9:31-36) Aarón y sus hijos comen el carnero de las consagraciones y permanecen en la tienda por siete días y siete noches.
- (Éxo 9:1-24) En el octavo día, Moisés le ordena a Aarón que haga una serie de sacrificios luego de los cuales Moisés y Aarón entran a la tienda. Cuando salen, bendicen al pueblo, la gloria del Señor se muestra a todos en el campamento y el Señor envía fuego que consume la ofrenda quemada.
- (Éxo 9:24) Cuando el pueblo ve el fuego, grita y cae sobre su rostro.
- (Éxo 10:1-20). El fuego de Dios consume a Nadab y Abiú, los hijos de Aarón que hacen mal uso del fuego del altar. Moisés le dice a Aarón y a sus otros hijos cómo responder ante la situación de manera tal que la ira de Dios no caiga sobre la congregación.
- Moisés recibe leyes adicionales concernientes a:
- (Lev 16-17; Núm 15, 28-29) El sacrificio
- (Lev 11-15) Los temas de pureza
- (Lev 18-25; 27; Núm 5-6; 15; 18-19; 30; 35) Otras regulaciones civiles y de culto

- (Lev 26) Dios emite bendiciones para los que obedecen la ley y maldiciones para los que no lo hacen.

Preparaciones y partida del Sinaí
- (Núm 1-4; 10:11-36) Dios le ordena a Moisés que haga un censo y organice al pueblo para que se prepare para partir del Sinaí, luego que todos los varones mayores de veinte años han sido contados.
- (Núm 1:47-54, 3:5-39; 4:1-49) Dios especifica las tareas de los levitas y de los clanes de Coat, Gersón y Merari.
- (Núm 2:1-34). El campamento es reorganizado en círculos concéntricos con la tienda de reunión en el centro y los levitas rodeándola para protegerla. A las doce tribus se le asigna un lugar con respecto al tabernáculo y se les instruye acampar enfrentando la tienda, hacia adentro.
- (Núm 10:11-12, 12:16) El día veinte del mes, la nube se alzó "del tabernáculo del testimonio, y partieron los hijos de Israel del desierto de Sinaí" hacia Hazerot.
- (Núm 10:29-34) Moisés convence a su cuñado Hobab que vaya con ellos debido a que conoce la tierra y donde debe acampar el pueblo. El arca va delante del pueblo para buscar el lugar de descanso apropiado. La jornada les lleva tres días, durante los cuales la nube de Dios se mantiene sobre el pueblo.

Conflicto interno en el desierto de Kibrot-hataava y Hazerot
- (Núm 11:1-9) El pueblo se lamenta y recuerda la carne que comía en Egipto.
- (Núm 11:10-15) Enfurecido, Moisés le pide a Dios que lo mate si debe continuar guiando al pueblo él solo.
- (Núm 11:16-30) Dios le ordena a Moisés que traiga a los 70 ancianos delante de él para que pueda tomar parte de su espíritu que está en Moisés y distribuirlo entre los 70. Los 70 entonces profetizan y la carga del pueblo es dividida entre ellos.
- (Núm 11:31-35) Dios provee carne a un día del campamento. Cuando el pueblo se reúne para comer, les envía una plaga.
- (Núm 12:2) María y Aarón hablan contra Moisés por casarse con una mujer cusita, diciendo "¿Solamente por Moisés ha hablado Jehová? ¿No ha hablado también por nosotros?".
- (Núm 12:13-15) Dios reprende a María y Aarón por no reverenciar a Moisés y castiga a María con lepra. Moisés ruega por su sanidad, pero Dios se niega a sanarla hasta que han pasado siete días.
- (Núm 12:16) Luego que a María se le permite regresar al campamento, el pueblo parte de Hazerot y se establece en Parán.

La historia de la oposición de María y Aarón incluye dos de los más famosos pasajes a cerca de Moisés. El Primero caracteriza a Moisés como "un hombre muy manso, más que todos los hombres que había sobre la tierra" (Núm 12:3). El segundo enfatiza la relación única de Dios con Moisés: "Y Jehová les dijo: "Oíd ahora mis palabras. Cuando haya entre vosotros profeta de Jehová, le apareceré en visión, en sueños hablaré con él. No así a mi siervo Moisés, que es fiel en toda mi casa. Cara a cara hablaré con él, y claramente y no por figuras, y verá la apariencia de Jehová. ¿Por qué, pues, no tuvisteis temor de hablar contra mi siervo Moisés?" (Núm 12:6-8; ver también Éxo 33:7-11).

Cuarenta años de deambular y el castigo de Moisés

- (Núm 13:25-29) Por mandamiento de Dios, Moisés envía a 12 espías a Canaán para que observen la productividad de la tierra y el pueblo que vivía allí. Luego de 40 días, los espías regresan con muestras de las riquezas de la tierra, pero informan que los pueblos son fuertes, las ciudades fortificadas y que allí viven los gigantes descendientes de Anac. Solamente Josué y Caleb, dos de los espías, creen que los israelitas pueden prevalecer.
- (Núm 14:1-10). La congregación grita contra Moisés y Aarón y decide escoger un nuevo líder para regresar a Egipto. Moisés, Aarón, Josué y Caleb están angustiados y tratan de convencer al pueblo que siga adelante.
- (Núm 14:11-19) Dios también está airado y ofrece matar a los israelitas y hacer una nación nueva con Moisés. De nuevo, Moisés intercede apelando a la reputación de Dios, tanto en Egipto como en el desierto
- (Núm 14:20-38) Dios perdona a Israel, pero no olvida sus pecados. Condena al pueblo a vagar por el desierto cuarenta años, un año por cada día que espiaron la tierra. Ninguno de los que fueron censados entraría a la tierra, con excepción de Josué y Caleb.
- (Núm 14:39-45) El pueblo se angustia e intenta borrar sus quejas yendo a pelear al otro día, a pesar de la advertencia de Moisés. Como resultado, los israelitas son derrotados.
- (Núm 20:2-9) Los israelitas se quejan acerca de las provisiones e invocan a Egipto por tercera vez. Dios manda a Moisés que ordene al agua que brote de la roca
- (Núm 20:10-13) Moisés golpea la roca con su vara dos veces debido a su frustración. La roca suple agua para el pueblo y su ganado, pero Dios promete a Moisés y Aarón que no le permitirá traer al pueblo a la tierra porque no creyeron en Dios ni lo santificaron ese día. Las aguas son llamadas Meriba porque el pueblo contendió con Dios allí.
- (Núm 16) Coré lidera una rebelión sin éxito, por lo cual Dios derrama una plaga sobre Israel que se detiene solamente luego que interviene Aarón (ver también Sal 106:16-18). Otros episodios en esta narrativa incluyen:
- (Núm 17) El florecimiento de la vara de Aarón
- (Núm 21:4-9) La serpiente de bronce (ver también 2 Rey 18:4; Juan 3:14)
- (Núm 20:1; 20:22-29) Los fallecimientos de María y Aarón

- Conflictos con:
- (Núm 20:14-21) Edom
- (Núm 21:1-3) Arad
- (Núm 21:21-30) El rey Sehón
- (Núm 21:31-35) El rey Og
- (Núm 22-24) Balac y Balaam
- (Núm 25:1-9; 31) Los madianitas

Los últimos días de Moisés
- Moisés y los israelitas vagan en el desierto por 40 años.
- (Núm 26) Cuando llegan a las planicies de Moab por última vez antes de ingresar a la tierra de Canaán, Moisés y Eleazar hacen otro censo y notan que no sobrevivió ninguna de las personas que fueron censadas anteriormente excepto por Moisés, Josué y Caleb.
- (Núm 27) Por mandato de Dios, Moisés enviste con parte de su autoridad a su sucesor, Josué, quien es formal y públicamente comisionado por Eleazar.
- (Núm 27:1-11, 28-30, 32-36) Moisés continúa juzgando casos y recibe instrucción divina cuando era de edad avanzada.
- (Deut 1:1-8) 40 años después de haber salido de Egipto, el primer día del mes 11, Moisés anuncia que es tiempo que los israelitas partan de Moab y tomen posesión de la tierra que Dios les juró a Abraham, Isaac, y Jacob.
- (Deut 1:3; 1:6-30:20) Moisés recuenta los años que pasaron vagando y dice "todas las cosas que Jehová le había mandado acerca de ellos". Este discurso abarca la mayor parte del libro de Deuteronomio e incluye la promesa que Dios levantará un profeta como Moisés de entre los israelitas, quien hablará todo lo que Dios ponga en su boca (Deut 18:15-19; ver también Hech 3:22).
- (Deut 31:1-13) Moisés nombra públicamente a Josué como su sucesor, luego escribe la ley para que los sacerdotes, los levitas y los ancianos instruyan al pueblo.
- (Deut 31:14-23) Dios ordena a Moisés que venga a la tienda de reunión con Josué. Allí, predice la infidelidad de Israel, les enseña a Moisés y a Josué una canción que deben enseñar a Israel como testimonio contra ellos, y comisiona a Josué para que lidere al pueblo.
- (Deut 31:24-32:43) Moisés le ordena a los levitas que llevan el arca que mantengan una copia de la ley que él había escrito cerca del arca como testigo contra el pueblo y luego les enseña la canción de Dios a los Israelitas.
- (Deut 32:47) Moisés le advierte al pueblo que tomen todas sus palabras seriamente, diciendo, "Porque no os es cosa vana; es vuestra vida, y por medio de esta ley haréis prolongar vuestros días sobre la tierra adonde vais, pasando el Jordán, para tomar posesión de ella".

Muerte y sepultura de Moisés. Moisés tiene 80 años cuando saca a Israel de Egipto (Éxo 7:7) y 120 cuando muere en la tierra de Moab, aunque "sus ojos nunca se oscurecieron, ni perdió su vigor" (Deut 34:7).

- (Deut 32:48–52) Dios ordena a Moisés que suba al monte Nebo, desde donde contemplará la tierra que Dios le da a Israel, donde morirá, y se reunirá a su pueblo.
- (Deut 33:1–29) Antes de que Moisés abandone al pueblo, da fe de las obras de Dios, bendice a toda la asamblea, y bendice a cada tribu individualmente.
- (Deut 34:1–4) Moisés asciende al monte Nebo y muere allí.
- (Deut 34:6) Dios sepulta a Moisés "en el valle en la tierra de Moab enfrente de Bet-Peor; y ninguno conoce el lugar de su sepultura hasta hoy" (ver también Jud 1:9).
- El pueblo hace duelo por 30 días y obedece a Josué en ausencia de Moisés.

El relato de la vida de Moisés, que abarca desde el libro de Éxodo hasta Deuteronomio, termina con un recordatorio de los hechos poderosos de Moisés y de su relación con Dios: "Y nunca más se levantó profeta en Israel como Moisés, a quien haya conocido Jehová cara a cara; nadie como él en todas las señales y prodigios que Jehová le envió a hacer en tierra de Egipto, a Faraón y a todos sus siervos y a toda su tierra, y en el gran poder y en los hechos grandiosos y terribles que Moisés hizo a la vista de todo Israel. (Deut 34:10–12).[2]

---

[2] Amy Balogh (Pfeister). (2014). Moisés. In J. D. Barry & L. Wentz (Eds.), *Diccionario Bíblico Lexham*. Bellingham, WA: Lexham Press.

Glosario II

Ley—*una regla de conducta*

Ley humana	Lc 20.22
Ley natural escrita en el corazón	Ro 2.14,15
Ley de Moisés	Gá 3.17–21
Todo el AT	Jn 10.34
Expresión de la voluntad de Dios	Ro 7.2–9
Principio operativo	Ro 3.27

Ley de Moisés

A. *Historia:*

Dada en el Sinaí	Éx 20.1–26
Llamado un pacto	Dt 4.13,23
Dedicada con sangre	He 9.18–22
Llamada la Ley de Moisés	Jos 8.30–35
Confirmada en el Deuteronomio	Dt 4.44–46
Escrita en piedra	Dt 4.4,13
Piedra cubierta de yeso	Dt 27.3–8
Colocada en el arca	Dt 31.9,26
Dada a Josué	Jos 1.1–9
Repetida por Josué	Jos 23.6–16
Desobedecida por:	
Israel	Jue 2.10–20
Reyes de Israel	2 R 10.31
Los judíos	Is 1.10–18
Hallazgo del libro de	2 Cr 34.14–33
Desobediencia a, causa del cautiverio	2 R 17.3–41
Leída a la asamblea pos-cautiverio	Neh 8.1–18
Recordada al terminar el AT	Mal 4.4
Significado de, cumplido por Cristo	Mt 5.17–48
Fariseos insisten en la observancia de	Hch 15.1–29

B. *Propósitos:*

Conocimiento del pecado	Ro 3.20
Manifestar la justicia de Dios	Ro 7.12
Llevar a Cristo	Gá 3.24-25

C. *Relación de Cristo con:*

    Nacido bajo   Gá 4.4
    Explica el significado adecuado de   Mt 5.17–48
                                                                Mt 12.1–14
    Redime a los pecadores de la maldición de   Gá 3.13
    Muestra su cumplimiento en sí mismo   Lc 24.27,44

D. *Relación del cristiano con:*
    Libre de   Hch 15.1–29
    Espíritu de, cumplido en amor   Ro 13.8–10
    Ahora escrita en el corazón   2 Co 3

E. *Lo inadecuado de, no puede:*
    Perfeccionar   He 9.9–15
    Justificar   Hch 13.38,39[3]

---

[3] Strong, J. (2002). *Índice temático Completo de la Biblia*. Miami, FL: Editorial Caribe.

La Torah (El Pentateuco)

La universalidad de la ley

¿Por qué hay que creer que Dios, el fundador del universo, el gobernador del mundo entero, el diseñador de humanidad, el sembrador[4] de las naciones universales, ha dado una ley por medio de Moisés a un pueblo, y no decir que la ha asignado a todas las naciones? Ya que si no la hubiera dado a todos, de ningún modo hubiera permitido, ni siquiera a los prosélitos de las naciones, tener acceso a ella.

La ley antes de Moisés

En el principio del mundo Dios dio una ley a Adán y a Eva que no debían comer de la fruta del árbol plantado en medio del paraíso; y que, si lo hacían, pagarían con la muerte.

Pero, como es congruente con la bondad de Dios, y con su equidad, en cuanto diseñador de la humanidad, dio a todas las naciones la misma ley, que en un tiempo determinado y señalado por Él, debería observarse cuando Él quisiera y por quien Él quisiera y como Él quisiera. Porque en el principio del mundo Dios dio una ley a Adán y a Eva que no debían comer de la fruta del árbol plantado en medio del paraíso; y que, si lo hacían, pagarían con la muerte (Gn. 2:16, 17; 3:2, 3). Ley que hubiera seguido siendo suficiente para ellos de haberla guardado.

En esta ley dada a Adán reconocemos el embrión de todos los preceptos que después brotaron cuando fue dada por Moisés; es decir: "Amarás al Señor tu Dios con todo tu corazón, con toda tu alma y al prójimo como a ti mismo" (Dt. 6:4, 5; Lv. 19:18; Mt. 22:34-40; Mr. 12:28-34). "No matarás, no cometerás adulterio; no robarás; no darás falso testimonio; honra a tu padre y a tu madre; no codiciarás los bienes ajenos" (Éx. 20:12-17).

En esta ley dada a Adán reconocemos el embrión de todos los preceptos que después brotaron cuando fue dada por Moisés.

La ley primordial fue dada a Adán y a Eva en el paraíso como la matriz de todos los preceptos de Dios. En resumen, si ellos hubieran amado al Señor su Dios, no habrían contravenido su precepto; si hubieran amado habitualmente al prójimo, es decir, a ellos mismos (*semetipsos*), no habrían creído la persuasión de la serpiente, y así no habrían cometido un asesinato en ellos mismos (*semetipsos*), escindiéndose mutuamente de la inmortalidad, al contravenir el precepto de Dios; también se hubieran abstenido del robo si no hubieran tomado furtivamente de la fruta del árbol, ni se hubieran escondido

---

[4] Cf. "He aquí vienen días, dice Jehová, en que sembraré la casa de Israel y la casa de Judá de simiente de hombre y de simiente de animal" (Jer. 31:27).

angustiosos bajo un árbol para escapar de la vista de Dios; tampoco hubieran sido compañeros de las falsedades del diablo, al creer que serían "como el Dios"; y así tampoco habrían ofendido a Dios, como su Padre, quien los había formado de la arcilla de la tierra, como de la matriz de una madre; si no hubieran codiciado lo ajeno no habrían probado la fruta prohibida.

Por lo tanto, en esta ley general y primordial de Dios, la observancia de la cual, en el caso de la fruta del árbol que Él había sancionado, reconocemos incluidos todos los preceptos, especialmente la Ley posterior, que germinó cuando se desveló a su propio tiempo. Porque la subsiguiente entrega de la ley es la obra del mismo Ser que antes había dado un precepto; ya que, además, es su providencia entrenar posteriormente a quien antes había resuelto formar, criaturas honradas. ¿De qué nos asombramos, pues, si Él amplía una disciplina que instituye? ¿Si Él adelanta a quien inicia?

La observancia de la cual, en el caso de la fruta del árbol que Él había sancionado, reconocemos incluidos todos los preceptos, especialmente la Ley posterior, que germinó cuando se desveló a su propio tiempo. Porque la subsiguiente entrega de la ley es la obra del mismo Ser que antes había dado un precepto; ya que, además, es su providencia entrenar posteriormente a quien antes había resuelto formar, criaturas honradas. ¿De qué nos asombramos, pues, si Él amplía una disciplina que instituye? ¿Si Él adelanta a quien inicia?

En resumen, mantengo que antes de la Ley de Moisés escrita en tablas de piedra, había una ley no escrita, que era habitualmente entendida de forma natural, que fue guardada habitualmente por los padres. ¿Cómo hubiera sido considerado Noé "varón justo" (Gn. 6:9; 7:1) si no hubiera sido por una ley natural precedente? ¿De dónde se consideraría a Abraham "amigo de Dios" (Is. 41:8), si no hubiera sido por el fundamento de equidad y justicia en la observancia de una ley natural? ¿De dónde que Melquisedec sea llamado "sacerdote del Dios altísimo" (Gn. 14:18), si, antes del sacerdocio de la ley levítica, no hubo levitas acostumbrados a ofrecer sacrificios a Dios? Porque la Ley fue dada a Moisés después de los patriarcas mencionados, en aquel conocido tiempo de su éxodo de Egipto, después de un intervalo y espacio de cuatrocientos años. De hecho, fue "cuatrocientos treinta años" después de Abraham (Gn. 15:13; Éx. 12:40-42; Hch. 7:6) que se dio la Ley.

De aquí entendemos que la ley de Dios fue anterior incluso a Moisés, y no fue primeramente dada en Horeb, ni en el Sinaí en el desierto, sino mucho más antigua; existía en el primer paraíso, posteriormente reformado para los patriarcas, y otra vez para los judíos, en períodos determinados; así que nosotros no debemos dar a la Ley de Moisés prioridad en cuanto a la ley primitiva, sino en cuanto subsiguiente, que en un período determinado Dios ha dado también a los gentiles y, después de haberlo prometido repetidamente mediante los profetas, la ha reformado para mejor; avisando que así como "la ley fue dada por Moisés" en un tiempo determinado (Jn. 1:17), debería creerse que fue temporalmente observada y guardada.

De aquí entendemos que la ley de Dios fue anterior incluso a Moisés, y no fue primeramente dada en Horeb, ni en el Sinaí en el desierto, sino mucho más antigua; existía en el primer paraíso.

No anulemos el poder que Dios tiene, que reforma los preceptos de la ley en respuesta a las circunstancias de los tiempos, con miras a la salvación del hombre. En castigo, dejemos que quien contiene que todavía debe observarse el sábado como un bálsamo de salvación, y la circuncisión al octavo día debido a la amenaza de muerte, que nos enseñe qué hombres justos del pasado guardaron el sábado o practicaron la circuncisión y fueron así llamados "amigos de Dios". Porque si la circuncisión purga al hombre, ya que Dios hizo a Adán incircunciso, ¿por qué no le circuncidó, ni siquiera después de pecar, si la circuncisión purga? A todos los efectos, al colocar Dios a Adán en el paraíso, designó a un incircuncidado como colono del paraíso. Por lo tanto, ya que Dios originó a Adán incircuncidado e inobservante del sábado, consecuentemente también su descendencia, Abel, ofreció sacrificios incircuncidados e inobservantes del sábado, y sin embargo fue aceptado por Él, ya que los ofrecía en la simplicidad de su corazón, y reprobó el sacrificio de su hermano Caín, que no hizo lo justo al dividir sus ofrendas (Gn. 4:1-7).

No anulemos el poder que Dios tiene, que reforma los preceptos de la ley en respuesta a las circunstancias de los tiempos, con miras a la salvación del hombre. En castigo, dejemos que quien contiene que aún debe observarse el sábado como un bálsamo de salvación, y la circuncisión al octavo día debido a la amenaza de muerte, que nos enseñe qué hombres justos del pasado guardaron el sábado o practicaron la circuncisión y fueron así llamados "amigos de Dios".

También Noé, incircuncidado e inobservante del sábado de Dios fue liberado del Diluvio (Gn. 6:18; 7:23). Porque también Enoc, el hombre más justo, incircuncidado y no observante del sábado, fue trasladado de este mundo (Gn. 5:22, 24; He. 11:5), el primero que no gustó la muerte para ser candidato a la vida eterna (*aeternitatis candidatus*), de modo que por este tiempo también nos muestra a nosotros que también podemos agradar a Dios sin la carga de la ley de Moisés.

Melquisedec, "sacerdote del Dios altísimo", incircuncidado y no observante del sábado, fue escogido para el sacerdocio de Dios. Asimismo, Lot, el hermano[5] de Abraham,

---

[5] Sobrino, según Génesis 11:31; 12:5.

demuestra que fue por los méritos de la justicia, sin la observancia de la ley, que él fue liberado de la conflagración de los sodomitas (Gn. 19:1–29; comparar 2ª P. 2:6–9).[4]

---

[4] Tertuliano. (2001). *Lo mejor de Tertuliano*. (A. Ropero, Ed.) (pp. 272–276). Terrassa: Editorial CLIE.

La Torah (El Pentateuco)

Bibliografía selecta

Albright, William F. 1968. *Yahweh and the Gods of Canaan: a Historical Analysis of Two Contrasting Faiths*. Winona Lake, IN: Eisenbrauns.

Cotton, Roger D. 1978. *A Study of the Rhetorical and Thematic Structure of the So-Called "Holiness Code" (Leviticus 17-26) in Order to Evaluate Unity and Authenticity*. S.T.M. thesis, Concordia Seminary, Fort Wayne, IN.

Horton, Stanley M. 1994. *Genesis*. The Complete Biblical Library: The Old Testament, Vol. 1, ed. Thoralf Gilbrant. Springfield, MO: World Library Press.

Kitchen, K. A. 1977. *The Bible in Its World*. Downers Grove, IL: InterVarsity Press.

Olson, Dennis T. 1985. *The Death of the Old and the Birth of the New: The Framework of the Book of Numbers and the Pentateuch*. Chico, CA: Scholars Press.

Walton, John H. 2001. *Genesis: From Biblical Text… to Contemporary Life*. The New International Version Application Commentary. Grand Rapids: Zondervan.

Wenham, Gordon J. 1981. *Numbers: An Introduction and Commentary*. Tyndale Old Testament Commentaries, D. J. Wiseman, ed. Downers Grove, IL: InterVarsity Press.

———. 1985a. *The Date of Deuteronomy: Linch-Pin of Old Testament Criticism, Part 1*. Themelios 10.3 (abril). 15-20.

———. 1985b. *The Date of Deuteronomy: Linch-Pin of Old Testament Criticism, Part 2*. Themelios 11.1 (septiembre). 15-18.

Wright, Christopher J. H. 1996. *Deuteronomy*. Peabody, MA: Hendrickson.

www.ancientmoney.org

Carter, Warren. "Paying the Tax to Rome as Subversive Praxis: Matthew 17:24-27". Matthew and Empire: Initial Explorations. Harrisburgh, Pa.: Trinity Press International, 2001.

Cassius, Dio, Historia Romana.

Currid, J.D. "Weights and Measures". Dictionary of the Old Testament Pentateuch. Editado por T. Desmond Alexander y D.W. Baker. Downers Grove, Ill.: InterVarsity Press, 2003.

Davies, W.D., y D.C. Allison. Matthew 8-18. International Critical Commentary 2. New York: T&T Clark, 2004.

Flavio, Josefo. War of the Jews.

Houghton, Arthur, y Catharine Lorber. Seleucid Coins, Part 1: Seleucus I through Antiochus III. Página 397 #1044.2 y Plate 53 #1044.1 (variante). New York: The American Numismatic Society, 2002.

Hill, George Francis. Catalogue of the Greek Coins of Phoenicia. Página 234 #48 y Plate XXIX #19 (variante). London: British Museum, 1910.

Jacobs, Jarod. "Numismatics", Jewish Encyclopedia

Meshorer, Ya'akov. "The Holy Land in Coins". Biblical Archaeological Review 4:1 (1978).

———. Ancient Jewish Coinage, Volume 1: Persian Period through Hasmoneans. Dix Hills, N.Y.: Amphora Books, 1982.

———. Ancient Jewish Coinage, Volume 2: Herod the Great through Bar Cochba. Dix Hills, N.Y.: Amphora Books, 1982.

Millar, Fergus. "The Palestinian Context of Rabbinic Judaism". Rabbinic Texts and the History of Late-Roman Palestine. Editado por Martin Goodman y Philip Alexander. New York: Oxford University Press, 2011.

Newell, Edward T. The Coinage of the Western Seleucid Mints from Seleucus I to Antiochus III. New York: The American Numismatic Society, 1977.

Sear, David R. Greek Coins and their Values. Volume 2: Asia and Africa. London: Seaby, 2004.

Shepherd, J. "קלש (qlsh), shekel". New International Dictionary of Old Testament Theology and Exegesis. Editado por Willem A. VanGemeren. Grand Rapids: Zondervan, 1997.

Reinach, Theodore. Jewish Coins. Chicago, Ill.: Argonaut, Inc., 1966.

Meyer, A. (2014). Monedas en los tiempos bíblicos. In J. D. Barry & L. Wentz (Eds.), Diccionario Bíblico Lexham. Bellingham, WA: Lexham Press.

Lista de lectura sugerida

Alexander, T. Desmond, y Brian S. Rosner, eds. 2000. *New Dictionary of Biblical Theology*. Downers Grove, IL: InterVarsity.

Alexander, T. Desmond, y David W. Baker, eds. 2003. *Dictionary of the Old Testament: Pentateuch*. Downers Grove, IL: InterVarsity.

Cotton, Roger D. 1995. Commentary on Leviticus. En *The Complete Biblical Library: The Old Testament Study Bible*, ed. Thoralf Gilbrant and Gregory A. Lint. Vol. 3, *Leviticus and Numbers*, Springfield, MO: World Library Press.

———. 2001. The Pentecostal Significance of Numbers. *The Journal of Pentecostal Theology* 10 (otoño):3–10.

Cotton, R. (2009). El Pentateuco (Libro de texto de estudio independiente). (L. Gustafsson, Trad., R. Arancibia, Ed.) (pp. 106–188). Springfield, MO: Global University.

Craigie, Peter C. 1976. *The Book of Deuteronomy*. New International Commentary on the Old Testament. Grand Rapids: Eerdmans.

Duvall, J. Scott y J. Daniel Hays. 2001. *Grasping God's Word: A Hands-On Approach to Reading, Interpreting, and Applying the Bible*. Grand Rapids: Zondervan.

Enns, Peter. 2000. *Exodus*. New International Version Application Commentary. Grand Rapids: Zondervan.

Goldsworthy, Graeme. 2000. *Preaching the Whole Bible as Christian Scripture*. Grand Rapids: Wm. B. Eerdmans Publishing Co.

Goodrick, Edward W. y John R. Kohlenberger III. 1991. *Zondervan New Internationa Version Exhaustive Concordance*. Grand Rapids: Zondervan.

Hamilton, Victor P. 1990 y 1995. *The Book of Genesis Chapters 1-17 and 18-50*. New International Commentary on the Old Testament. Grand Rapids: Eerdmans.

———. *Handbook on the Pentateuch*. 2005. 2nd ed. Grand Rapids: Baker.

Hoerth, Alfred, J., Gerald L. Mattingly, y Edwin M. Yamauchi. 1994. *Peoples of the Old Testament World*. Grand Rapids: Baker.

Horton, Stanley M. 1976. *What the Bible Says About the Holy Spirit*. Springfield, MO: Gospel Publishing House.

———. 1995. Commentary on Genesis. In The Complete Biblical Library: The Old Testament Study Bible, ed. Thoralf Gilbrant y Gregory A. Lint. Vol. 1, *Genesis*, Springfield, MO: World Library Press.

House, Paul R. 1998. *Old Testament Theology*. Downers Grove, IL: InterVarsity.

Kaiser, Walter C., Jr. 1978. *Toward An Old Testament Theology*. Grand Rapids: Zondervan.

———. 1990. Exodus. En *The Expositor's Bible Commentary: Genesis-Numbers*. 285-497. Vol. 2. Grand Rapids: Zondervan.

Kitchen, K. A. 1977. *The Bible in Its World: The Bible and Archaeology Today*. Downers Grove, IL: InterVarsity.

———. 1995. The Patriarchal Age: Myth or History? *Biblical Archaeology Review* 21 (marzo/abril 1995): 45-57, 88, 90, 92, 94-95.

Kohlenberger, John R., III, y James W. Swanson. 1998. *The Hebrew English Concordance to the Old Testament with The New International Version*. Grand Rapids: Zondervan.

Livingston, G. Herbert. 1987. *The Pentateuch in Its Cultural Environment*. Grand Rapids: Baker.

Longman, Tremper, III. 2005. *How To Read Genesis*. Downers Grove, IL: InterVarsity.

Martens, Elmer A. 1994. *God's Design: A Focus On Old Testament Theology*. 2nd ed. Grand Rapids: Baker.

Ross, Allen P. 1998. *Creation and Blessing: A Guide to the Study and Exposition of Genesis*. Grand Rapids: Baker.

———. 2002. *Holiness to the Lord: A Guide to the Exposition of the Book of Leviticus*. Grand Rapids: Baker.

Ross, Hugh. 2001. *The Genesis Question*, 2nd. ed. Colorado Springs: NavPress.

Ryken, Leland, James C. Wilhoit, y Tremper Longmen III, eds. 1998. *Dictionary of Biblical Imagery*. Downers Grove, IL: InterVarsity.

Schnittjer, Gary Edward. 2006. *The Torah Story*. Grand Rapids: Zondervan.

Thompson, J. A. 1974. *Deuteronomy: An Introduction and Commentary*. Tyndale Old Testament Commentaries. Downers Grove, IL: InterVarsity.

VanGemeren, Willem A., ed. 1997. *New International Dictionary of Old Testament Theology and Exegesis*. 5 Vols. Grand Rapids: Zondervan.

Waltke, Bruce K. y Cathi Fredricks. 2001. *Genesis: A Commentary*. Grand Rapids: Zondervan.

Walton, John H. 2001. *Genesis*. New International Version Application Commentary. Grand Rapids, MI: Zondervan.

——— y Victor H. Matthews. 1997. *The IVP Background Commentary: Genesis-Deuteronomy*. Downers Grove, IL: InterVarsity.

——— y Andrew E. Hill. 2004. *The Old Testament Today*. Grand Rapids: Zondervan.

Wenham, Gordon J. 1979. *The Book of Leviticus*. New International Commentary on the Old Testament. Grand Rapids: Eerdmans.

———. 1981. *Numbers: An Introduction and Commentary*. Downers Grove, IL: InterVarsity.

Wigram, George. 1984. *The New Englishman's Hebrew Concordance: Coded to Strong's Concordance Numbering System*. Peabody, MA: Hendrickson Publishers.

Williams, William C., ed. 2003. *They Spoke From God: A Survey of Old Testament*. Springfield, MO: Logion Press/Gospel Publishing House.

Wright, Christopher J. H. 1996. *Walking in the Ways of the Lord: The Ethical Authority of the Old Testament*. Downers Grove, IL: InterVarsity, 1996.

———. 1996. *Deuteronomy*. New International Bible Commentary. Peabody, MA: Hendrickson.

Made in the USA
Monee, IL
26 February 2024